Dr. phil. Anton Seljak, geboren 1968. Studium der Russistik, Neueren allgemeinen Geschichte und Alten Geschichte an der Universität Basel. 1998-2000 Assistent am Slavischen Seminar der Universität Basel. 1999-2002 Wissenschaftlicher Mitarbeiter des vom Schweizerischen Nationalfonds (SNF) geförderten Forschungsprojektes „Literatur und Kommerz. Schriftstellerberuf und Geldsymbolik im russischen Realismus 1840-1880". Archivaufenthalte in St. Petersburg (1999 und 2001) und Paris (2001). Promotion 2004 an der Universität Basel. Unterrichtstätigkeiten an den Universitäten Basel und St. Gallen.

Publikationen zu Ivan S. Turgenev, Fedor M. Dostoevskij, Nikolaj D. Dmitriev-Orenburgskij, Vladimir V. Majakovskij, zum russischen Geld- und Kreditsystem, zu Richard Wagner, Gustav Mahler und zu Literaturtheorien des 20. Jahrhunderts.

Forschungsschwerpunkte: Europäische Romantik, Literatursoziologie, Intertextualität und Kulturgeschichte.

Anton Seljak

Friedrich Nietzsche

Wegbereiter der philosophischen Moderne

Eine Annäherung

Books on Demand GmbH
Norderstedt

Beat Burri gewidmet

Keine Ideologiekritik, ob von rechts oder links, von außen oder von innen, von oben oder von unten, kann umhin, Nietzsche zur Kontrolle der Selbstbestimmung oder der gesellschaftlichen Analyse um Rat zu fragen. Die Antwort hat jeder selbst zu verantworten, ohne Schuld auf Nietzsche abzuschieben.

Reinhart Koselleck

Cave verbum. Etwas zu nennen könnte bedeuten, von ihm genannt zu werden.

„Wofür wir Worte haben, darüber sind wir auch schon hinaus. In allem Reden liegt ein Gran Verachtung."

Nietzsche, Götzen-Dämmerung

Botho Strauss: Vom Aufenthalt (2009)

„Tatsachen gibt es nicht, nur Interpretationen"

Als Schlüsselfigur der deutschen Philosophie und Denker von Langzeit-aktualität mit erheblichem, bis heute anhaltendem internationalem Echo war Friedrich Nietzsche (1844-1900) einer der schärfsten und wirkungs-mächtigsten Kritiker der traditionellen Philosophie, insbesondere des aufklärerischen Gedankenguts. Nietzsche zog den Wert und den Abso-lutheitsanspruch von Wahrheiten grundsätzlich in Zweifel:

> *Nie umsonst.* – Im Gebirge der Wahrheit kletterst du nie umsonst: entweder du kommst schon heute weiter hinauf oder du übst deine Kräfte, um morgen höher steigen zu können.[1]

Jede Philosophie, die sich im Vollgefühl der Wahrheit glaubte, betrach-tete Nietzsche als „lächerliche Unbescheidenheit". Auf die sich selbst gestellte Frage, welches denn die „Wahrheiten des Menschen" seien, antwortete er: „Es sind die *unwiderlegbaren* Irrtümer des Menschen."[2] Und selbst „die Erkenntnis" an sich sei…

> …ihrem Wesen nach etwas Setzendes, Erdichtendes, Fälschendes: „Wissenschaft" (wie man sie heute übt) ist der Versuch, für alle Er-scheinungen eine gemeinsame Zeichensprache zu schaffen, zum Zwe-cke der leichteren Berechenbarkeit und folglich Beherrschbarkeit der Natur. Diese Zeichensprache, welche alle beobachteten „Gesetze" zu-sammenbringt, erklärt aber nichts – es ist nur eine Art kürzester (ab-gekürztester) Beschreibung des Geschehens.[3]

Nietzsche hinterfragte die Aufklärung mit dem Argument, dass die Mo-tive, die hinter den Normen ihrer Erkenntnistheorie und Ethik stünden, letztlich im Ressentiment derer wurzelten, die nicht „stark" oder „mutig" genug seien, um die Herausforderungen eines freien Lebens an-zunehmen. Nietzsches Werk zeichnet sich durch scharfe Beobachtung und Analyse, eine sprachgewaltige und zugleich glissierende Darstellung sowie eine skeptische Grundhaltung und heterogene Sichtweise aus. Sein Œuvre enthält weitreichende Kritiken an Moral, Religion, Gesellschaft, Politik und Wissenschaft, aber auch an den verschiedenen Formen der Kunst. Mit seinen Theorien avancierte Nietzsche zum Vorboten sowohl moderner als auch postmoderner und dabei immer wieder höchst beden-kenswerter philosophischer Ansätze.

---

[1] Nietzsche, Werke, I, 861 (*Menschliches, Allzumenschliches*, Zweiter Band, Aphorismus 358)

[2] Nietzsche, *Werke*, II, 159 (*Die fröhliche Wissenschaft*, Drittes Buch, Aphorismus 265; Hervorhebung im Original).

[3] Nietzsche, KGW, VII, 2, 207 (nachgelassene Fragmente Sommer-Herbst 1884).

Bei Nietzsche werden Blickpunkte erreicht, aus deren Perspektive das Leben als großes Spiel und unendlicher Reigen erscheint. Kritiker bemängeln, dass sich in seinem Werk die klare Position eines bereits in seinen frühesten Veröffentlichungen manifesten Antihumanismus mit bisweilen äußerst widersprüchlichen und extremen Positionen zu allem und jedem verbinde. Dabei mutet etwa sein Rückgriff auf den zeitgenössischen Biologismus aus heutiger Sicht problematisch an. Tatsache ist, dass von Nietzsche, dessen Philosophie außerordentlich facettenreich ist und deshalb zu Deutungen, Projektionen und Indienstnahmen unterschiedlichster Art verleiten kann, eine enorme Faszination ausgeht. Gerade seine Rhetorik der totalen Erneuerung und des „Neuen Menschen" stellt eine dezidierte Gegensprache zu tradierten Denkmodellen dar. Nicht zuletzt deshalb wird im Folgenden auf das ausgreifende Paraphrasieren der Schriften Nietzsches zugunsten ausgewählter – und damit wiederum einem subjektiven Betrachtungshorizont unterworfener – Textpassagen im Original verzichtet.

Im Fluchtpunkt des Beitrags steht der Versuch einer Annäherung an zentrale Aspekte und Theoreme des philosophischen Denkens Nietzsches vor dem Hintergrund des Umbruchs zur europäischen Moderne. Dabei soll die philosophische Architektur Nietzsches schlaglichtartig beleuchtet und in zeitgenössische Zusammenhänge gebracht werden. Der Schwerpunkt des Vorhabens liegt auf den vielfältigen Wechselwirkungen zwischen Nietzsches Schaffen und den gesellschaftlichen, politischen, philologischen und künstlerischen Umbrüchen seiner Zeit. Veranschaulicht wird diese Reziprozität nicht zuletzt anhand von Nietzsches persönlicher Beziehung zu Richard Wagner. In diesem Sinne wird eine Engführung der übergeordneten epochalen Strömungen mit Nietzsches Weltsicht angestrebt.

Ich fürchte, ich schieße die Geschichte der Menschheit
in zwei Teile auseinander

Nietzsche im Oktober 1888 an Franz Overbeck

Der Schmerz gilt *nicht* als Einwand gegen das Leben

Nietzsche, Ecce homo (1888)

Bildnachweise:

Umschlag Vorderseite: Gustav Adolf Schultze, Friedrich Nietzsche (1882)
(Quelle: gemeinfrei)

Umschlag Rückseite und S. 151: der „Nietzsche-Stein" bei Surlej am
Silvaplanersee (Oberengadin, Schweiz)
© 2009 Anton Seljak

Frontispiz: F. Hartmann, Basel, Friedrich Nietzsche (um 1875)
(Quelle: gemeinfrei)

2., neu bearbeitete und mit einem Register versehene Auflage. 2012

Herstellung und Verlag:
Books on Demand GmbH, Norderstedt
ISBN 978-3-8370-7568-7

Inhaltsverzeichnis

Das europäische 19. Jahrhundert: Vieldeutigkeit und Ungewissheit, Rückblick und Aufbruch

Comme s'il suffisait de pouvoir mesurer pour comprendre

Jeanne Hersch

Hervorgegangen aus dem radikalen Bruch der Französischen Revolution von 1789, nahm das europäische 19. Jahrhundert den Charakter einer auf den ersten Blick äußerst diffusen Übergangszeit an, einer Passage gleichsam zwischen einer noch zu entdeckenden Vergangenheit und einer allenfalls zu erahnenden Zukunft. Mit dem Anbruch dieser Ära ging das endgültige Ende des Konfessionellen Zeitalters in Europa einher. Zum ersten Mal in ihrer abendländischen Geschichte bezog sich die Menschheit auf einen überwiegend säkularen Rahmen und entwickelte ein waches Bewusstsein ihrer selbst und ihrer Identität. Es überrascht daher nicht, dass das kennzeichnende Merkmal des 19. Jahrhunderts ein jenseits aller bisherigen historischen Erfahrung beschleunigter Wandel sämtlicher Lebensverhältnisse und Lebensformen war, ein Wandel, der allenthalben zu tiefen Verunsicherungen und mannigfaltigen Identitätskrisen führte.[4] In den wissenschaftlichen „Diskurs"[5] ist das Profil bzw. die Struktur dieser Epoche als das sogenannte „lange 19. Jahrhundert"

---

[4]   Corbin 2000, 9; Gall 1997, 1.

[5]   Den Begriff des „Diskurses" hat der französische Philosoph Michel Foucault zu Beginn der 1970er Jahre in die Selbstreflexion akademischer Textproduktion eingebracht (vgl. Foucault 2010 u. 1997). Was Foucault als „Diskurs" („discours") bezeichnet, ist, überspitzt formuliert, zunächst einmal der autorlose Text. Im foucaultschen Diskurs verdichtet und institutionalisiert sich die (epistemische Fach-)Diskussion über ein bestimmtes Thema oder einen Themenkomplex. Als ‚Filter' des Sagbaren und damit auch der Denk- und Handlungsweisen bestimmen Diskurse, wie man über etwas redet und wie über etwas nicht geredet wird bzw. werden darf oder kann. Interessanterweise hat Foucault keine abschließende Definition des Diskurses vorgelegt. Jedenfalls geht sein Diskursbegriff weit über die ‚bloße' Sprache hinaus. In der Überschreitung des simplen ‚Be-Nennens' konstituiert sich der Diskurs, so Foucault, durch die Fähigkeit, „Beziehungen zwischen Institutionen, ökonomischen und gesellschaftlichen Prozessen, Verhaltensformen, Normsystemen, Techniken, Klassifikationstypen und Charakterisierungsweisen herzustellen" (Foucault 1997, 68). Vgl. hierzu auch Sloterdijk 2011, 126 sowie Pühretmayer Hans / Puller Armin: *Grundlagen wissenschaftlicher Denkweisen*, s. v. „Foucaults Diskursbegriff", Wien 2011, http://www.univie.ac.at/sowi-online/esowi/cp/denkenpowi/denkenpowi-33.html; Link vom 22. Januar 2012).

(„the long 19th century") eingegangen. Dieser Terminus ist vom englischen Sozialhistoriker und Sozialwissenschaftler Eric J. Hobsbawm in seinen Schriften *The Age of Revolution: Europe, 1789-1848* (1962), *The Age of Capital, 1848-1875* (1975) und *The Age of Empire, 1875-1914* (1987) entfaltet worden.[6] Er bezieht sich auf den Zeitraum von 1789 bis zum Ausbruch des Ersten Weltkrieges im Jahr 1914 und umfasst rund 125 Jahre. Am Anfang der auf diese Weise terminologisch markierten Epoche stand die Zäsur der Französischen Revolution und der aus ihr folgenden Napoleonischen Kriege. Beides führte zu einer fundamentalen Neuordnung Europas, weshalb mit Recht behauptet werden kann, dass kein anderes Ereignis so viele grundsätzliche und nachhaltige Veränderungen in der europäischen Geschichte des 19. Jahrhunderts bewirkte wie die Revolution von 1789, sei es als Folge davon, sei es als Reaktion darauf.

Der Erste Weltkrieg (1914-1918) wiederum, der am Ende dieses langzeithistorischen Verlaufs steht, trennt als „Urkatastrophe des 20. Jahrhunderts"[7] (KENNAN) das lange 19. Jahrhundert vom anschließenden „kurzen 20. Jahrhundert" (HOBSBAWM). Dieses versteht die Epoche von 1914 bis zur Zeitenwende von 1989, mithin einen Zeitraum von 75 Jahren, als Einheit. Metaphorisch betrachtet, ‚verschlang' der Erste Weltkrieg buchstäblich das 19. Jahrhundert und brachte das 20. hervor.[8]

Mit seiner Vielzahl von in jeder Hinsicht „revolutionären" Entwicklungs- und Umbruchphänomenen trägt das 19. Jahrhundert folglich den Charakter einer völlig eigenen Epoche. Dieser ist geprägt vom Weg in die Moderne und manifestiert sich in einem sämtliche Lebenswelten durchziehenden Fortschrittsdenken, in einer tiefgreifenden Säkularisierung und Rationalisierung sowie in Nationenbildung, Liberalismus und Konstitutionalismus. Hinzu kommt, dass sich als Folge der Industriellen Revolution im 19. Jahrhundert vor allem in Europa und Nordamerika die Industrialisierung und kapitalistische Wirtschaftsweise durchsetzte. Von daher sind, eingebettet in vielfältige transnationale Beziehungsgeflechte,

---

[6] Hobsbawm 1962, 1975 u. 1987.
[7] Der amerikanische Historiker und Diplomat George F. Kennan hat den Ersten Weltkrieg als *„the* great seminal catastrophe" und „first great holocaust" bezeichnet (vgl. Kennan 1979, 3).
[8] Vgl. Kocka 2001, 139. Dieses Konzept vom „Zeitalter der Jahrhunderte" geht davon aus, dass eine Epoche nicht durch ein einzelnes Ereignis oder offizielle kalendarische Jahrhundertwechsel eingeleitet wird, sondern einer Entwicklung bedarf, die dann in eine epochale Zäsur mündet. Dahinter steht der Gedanke, dass Jahrhunderte für die Einteilung historischer Epochen wenig geeignet sind, da sich, überspitzt formuliert, historische Ereignisse nicht an Jahreszahlen halten.

Clusterphänomene und Rückkoppelungseffekte, die Industrialisierung, der Kapitalismus, der zunehmende Güterverkehr, der demographische Wandel mit seinen Massenphänomenen des Bevölkerungswachstums, der Auswanderung, Binnenwanderung, Landflucht und Verstädterung, sodann das Aufkommen von Frauenbewegungen und Frauenemanzipation,[9] die Propagierung und Durchsetzung des nationalstaatlichen und verfassunggebenden Prinzips sowie die Verbürgerlichung der Gesellschaft, aber eben auch Imperialismus und Kolonialismus sowie die größtenteils noch vergeblichen Emanzipationsbestrebungen von Minderheiten als die wesentlichen Unterströmungen des Jahrhunderts zu verstehen. Überwölbt wurde all dies vom Glauben an die nahezu unbegrenzten Möglichkeiten des quantitativen und qualitativen Fortschritts.

Dem Credo etwa des viktorianischen Zeitalters zufolge implizierte „Fortschritt" den unbedingten Drang zum immer Schnelleren, Höheren und Weiteren. Wenn die Rede vom „Wohlstand für viele" war, hieß dies in erster Linie: von allem mehr. Die trotz aller Weltwirtschaftskrisen, „Great Resets", Rezessionen und Konjunkturschwankungen evidenten wirtschaftlichen und sozialen Erfolge in den westlichen Staaten während der letzten 150 Jahre scheinen diesem Vorwärtsstreben recht zu geben. „Ideologien kamen und gingen, aber eines blieb: der Ruf nach Fortschritt durch Wachstum" (PRECHT).[10]

Nicht nur der Glaube an den allgemeinen Fortschritt, sondern vor allem jener an die Vernunft erreichte, angesichts der Triumphe der Naturwissenschaften und Maschinen, seinen Höhepunkt in den 1860er Jahren. Rationalismus und Antirationalismus haben, so der britische Philosoph Bertrand Russell, seit Beginn der griechischen Zivilisation stets nebeneinander bestanden. Und sooft sich eine der beiden Tendenzen zur Alleinherrschaft aufzuschwingen schien, kam es durch Reaktionen zu einem neuen Durchbruch der entgegengesetzten Richtung. Dies gilt auch – und in besonderem Maße – für das 19. Jahrhundert.[11]

Innerhalb der sich industrialisierenden Gesellschaften veränderten sich die Lebensweisen teilweise dramatisch: Der soziale Wandel zerstörte althergebrachte Verhaltens- und Denkweisen, aber auch etablierte und vermeintlich bewährte soziale Konstellationen, indem die gesellschaftlichen Strukturen sich zu verschieben, aufzufächern und durch die Entstehung neuer sozialer Schichten zu erweitern begannen.[12] Zum einen avan-

---

[9] Ausführlich hierzu: Biermann 1992 u. 2009 sowie Paletschek 1970 u. 1993.

[10] Precht 2011, 128; Seljak 2012, 13-15.

[11] Ausführlich hierzu: Gall 1997, 1-20. Zur Problematik und Unbestimmtheit des Epochenbegriffs: ebd. 103. Ferner: Russell 2006, v. a. 89-98.

[12] Zur Sozialstruktur um 1850 vgl. Gall 1997, 4f.

cierte das 19. Jahrhundert in vieler Hinsicht zum „Jahrhundert des Bürgertums" und der bürgerlichen Gesellschaft,[13] da Kunst, Kultur, Geistesgeschichte, im Zuge des aufkommenden Nationalismus und Liberalismus aber auch die politische Kultur vom Besitz- und Bildungsbürgertum geprägt wurden. Zum anderen entwickelte sich im weiteren Verlauf die Arbeiterbevölkerung zu einer neuen, gesellschaftlich prägenden Schicht. In der zweiten Hälfte des 19. Jahrhunderts gehörten die Arbeiterbewegung und der Sozialismus zu zentralen sozialen Erscheinungsformen, wohingegen der Adel und die Landbevölkerung tendenziell an Bedeutung verloren.

Während der Imperialismus im 19. Jahrhundert die direkte oder indirekte Dominanz Europas in der Welt zur Folge hatte,[14] erhöhte die Verkehrs- und Kommunikationsrevolution die Mobilität der Gesellschaften und deren Interdependenz. Damit einher ging nicht nur eine neue Wahrnehmung von Raum und Zeit, sondern auch die generelle Takterhöhung des Lebens und der Lebenswelten. Um 1800 vollzog sich der Reiseverkehr im Rhythmus des Pferdes, wohingegen um 1900 bestimmte Automobile bereits eine Geschwindigkeit von 100 Kilometern pro Stunde, 1906 sogar von 200 Kilometern pro Stunde erreichten. Einige Jahre zuvor hatte man ernsthaft darüber diskutiert, ob das Gehirn des Menschen die Rasanz einer Autofahrt überhaupt aushalten könne und ab welcher Geschwindigkeit der Mensch platzen würde. Nun war plötzlich Tempo angesagt, koste es, was es wolle.[15]

Einen weiteren Globalisierungsschub erfuhr die Welt vor und um 1900 durch neuartige Kommunikationsmittel wie Telegraf, Telefon und Telefunk sowie durch die Transportmittel Eisenbahn und Dampfschiff. Auch Wissenschaften wie Geographie, Kartographie, Biologie und Geschichte spielten eine wachsende Rolle im neuen Weltverständnis. Erfindungen, neben dem Telefon vor allem das Auto, verdichteten und beschleunigten das Leben auf allen Ebenen. In ihren Grundfesten erschüttert wurden althergebrachte Positionen und Theorien, aber auch das Selbstverständnis des Menschen, überdies durch die aufkommende Psychoanalyse, die Entdeckung (1895) und Nutzbarmachung der Röntgenstrahlung sowie durch Albert Einsteins Relativitätstheorie. Letztere revolutionierte die tradierte Vorstellung von Raum, Zeit und Gravitation. Während Einsteins 1905 veröffentlichte „spezielle Relativitätstheorie"

---

[13] Ausführlich zur bürgerlichen Gesellschaft im 19. Jahrhundert und zum Begriff „Bürgertum": Kocka 1988, Mosse 1988 u. Tilly 1988.
[14] Vgl. hierzu Gall 1997, 18f.
[15] Corbin 2000, 11f. Ausführlich zu Verdichtung und Beschleunigung des Verkehrs als Beitrag zur Entwicklung der „modernen Welt": Zorn 1977.

den Bewegungen im gravitationsfreien, also schwerelosen Raum nachgeht, betrachtet seine 1916 publizierte „allgemeine Relativitätstheorie" die Gravitation bzw. Schwerkraft als ein Phänomen, das durch die Krümmung der Raumzeit entsteht. Ein anschauliches Beispiel zur Relativitätstheorie ist Einsteins Theorem der „Zeitdilatation": Demnach geht eine Uhr, die einen beliebigen Punkt im Raum verlässt und dann wieder zu diesem zurückkehrt, gegenüber einer während der ganzen Zeitdauer an diesem Punkt verbliebenen Uhr nach. Viele Menschen waren angesichts dieser Entwicklungen und Erkenntnisse sowie der damit einhergehenden Reizüberflutung überfordert. Die sogenannte „Neurasthenie", also „Nervenschwäche", avancierte zur Modekrankheit (heute spräche man wohl von „Burnout"). Mit der Urbanisierung wiederum begann sich eine spezifisch neuzeitliche, städtische Lebensweise durchzusetzen, die ihre Fortsetzung und ihren Höhepunkt dann im 20. Jahrhundert finden sollte.

Schließlich erfolgten nachhaltige und wirkungsmächtige Umbrüche bei den politischen Organisationsformen: So erlebte das Prinzip des Nationalstaates im 19. Jahrhundert eine Hochkonjunktur. Dabei kam dem Nationalstaatsgedanken eine Mittel- oder Übergangsposition zwischen absolutistisch-feudalistischen Regierungsmodellen der Frühen Neuzeit und „postnationalen" oder „transnationalen" Konzepten des späten 20. Jahrhunderts zu. Einer der wenigen, die schon sehr früh ahnten, wohin diese Entwicklung führen sollte, war der Weimarer Hofprediger und Universalgelehrte Johann Gottfried Herder. In seinen zwischen 1793 und 1797 erschienenen *Briefen zu* (sic) *Beförderung der Humanität* konstatiert er:

Was ist Nation? Ein großer, ungejäteter Garten voll Kraut und Unkraut. Wer wollte sich dieses Sammelplatzes von Torheiten und Fehlern sowie von Vortrefflichkeiten und Tugenden ohne Unterscheidung annehmen und, wenn es eine bloße Meinung von Seelenkräften oder Verdiensten gilt, für diese Dulcinea gegen andre Nationen den Speer brechen? Lasset uns, so viel wir können, zur Ehre der Nation beitragen; auch verteidigen sollen wir sie, wo man ihr Unrecht tut […]; sie aber ex professo (lat.; dt. „von Amts wegen", „berufsmäßig", A.S.) preisen, das halte ich für einen Selbstruhm ohne Wirkung. […].

Offenbar ist's die Anlage der Natur, daß wie ein Mensch, so auch ein Geschlecht, also auch ein Volk von und mit dem andern lerne, unaufhörlich lerne, bis alle endlich die schwere Lektion gefasst haben: „Kein Volk sei ein von Gott einzig auserwähltes Volk der Erde; die Wahrheit müsse von *allen* gesucht, der Garten des gemeinen Besten von *allen* gebauet werden. Am großen Schleier der Minerva[16] sollen alle Völker, jedes auf seiner Stelle, ohne Beeinträchtigung, ohne stolze Zwietracht wirken." Den Deutschen ist's also keine Schande, daß sie von andern Nationen, alten und neuen, lernen. Das alte Vernunfttestament, wie der Autor die Weisheit der Griechen nennt, ist gewiss nicht verjährt, noch durch die Weisheit der Neuern unkräftig gemacht worden. So darf sich auch kein Volk Europas vom andern abschließen und töricht sagen: „Bei mir *allein,* bei mir wohnt *alle* Weisheit." Der menschliche Verstand ist wie die große Weltseele, sie erfüllt alle Gefäße, die sie aufzunehmen vermögen; belebend, ja selbst neuorganisierend, dringt sie aus allen in alle Körper.

[…] leider ist bekannt, daß es fast nichts Ansteckenderes in der Welt als Wahn und Wahnsinn gebe. Die Wahrheit muss man durch Gründe mühsam erforschen; den Wahn nimmt man durch Nachahmung, oft unvermerkt, aus Gefälligkeit, durch das bloße Zusammensein mit dem Wähnenden, durch Teilnehmung an seinen übrigen guten Gesinnungen, auf guten Glauben an. Wahn teilt sich mit, wie sich das Gähnen mitteilt, wie Gesichtszüge und Stimmungen in uns übergehen, wie eine Saite der andern harmonisch antwortet. Kommt nun noch die Bestrebsamkeit des Wähnenden dazu, uns die Lieblingsmeinungen seiner Ichheit als Kleinode anzuvertrauen, und er weiß sich dabei recht zu nehmen; wer wird einem Freunde zu Gefallen nicht gern zuerst unschuldig mitwähnen, bald mächtig glauben und auf andre mit eben der Bestrebsamkeit seinen Glauben fortpflanzen? Durch guten Glauben hängt das Menschengeschlecht aneinander; durch ihn haben wir, wo nicht alles, so doch das Nützlichste und Meiste gelernt; und ein Wähnender, sagt man, ist deshalb ja noch kein Betrüger. Der Wahn, eben weil er Wahn ist, gefällt sich so gern in Gesellschaft; in ihr erquicket er sich, da er für sich selbst ohne Grund und Gewissheit wäre; zu diesem Zweck ist ihm auch die schlechteste Gesellschaft die beste.

Nationalwahn ist ein furchtbarer Name. Was in einer Nation einmal Wurzel gefasst hat, was ein Volk anerkennet und hochhält, wie sollte das nicht Wahrheit sein? Wer würde daran nur zweifeln? Sprache, Gesetze, Erziehung, tägliche Lebensweise – alle befestigen es, alle weisen darauf hin; wer nicht mitwähnet, ist ein Idiot, ein Feind, ein Ketzer, ein Fremdling. Gereicht überdem, wie es gewöhnlich ist, der Wahn zur Bequemlichkeit einiger, der geehrtesten, oder wohl gar,

---

[16] Unter dem „Schleier der Minerva" ist ein sowohl in der christlichen als auch in der griechischen Mythologie dokumentierter Olivenzweig zu verstehen, der eine Metapher für das Nützliche und Sinnvolle darstellt. Olivenbäume gelten generell als anspruchslos und nahrhaft. Überdies schlagen sie ihre Wurzeln selbst in steinigste Hänge, wodurch sie die Erde vor Erosion schützen.

dem Wahn nach, zum Nutzen aller Stände, haben ihn die Dichter besungen, die Philosophen demonstriert, ist er vom Munde des Gerüchts als Ruhm der Nation ausposaunt worden: Wer wird ihm widersprechen wollen? Wer nicht lieber aus Höflichkeit mitwähnen? Selbst durch lose Zweifel des Gegenwahnes wird ein angenommener Wahn nur befestigt. Die Charaktere verschiedener Völker, Sekten, Stände und Menschen stoßen gegeneinander; eben desto mehr setzt jeder sich auf seinem Mittelpunkt fest. Der Wahn wird ein Nationalschild, ein Standeswappen, eine Gewerksfahne.[17]

In seiner theoretischen Prägung griff das 19. Jahrhundert auf die Aufklärung zurück, die nun zwar definitiv politisch und gesellschaftlich ausgeformt, gleichzeitig jedoch auch – gerade kulturgeschichtlich – von Gegenentwürfen wie der romantischen Bewegung subvertiert wurde. Wissenschaft und Bildung gewannen nicht nur an Bedeutung, sondern wurden auch „demokratisiert", also breiteren Bevölkerungsschichten zugänglich gemacht. Insbesondere die Schriftsteller der Aufklärung maßen den Künsten und der Geselligkeit einen hohen Stellenwert bei, während sie gleichzeitig den Fortschritt in den Wissenschaften priesen und förderten. Denn gerade die Wissenschaft sollte in der Folgezeit entscheidend zur Emanzipation des Bürgertums von der Vorherrschaft des Adels beitragen.

Zu Beginn des Jahrhunderts herrschte vielerorts der Glaube vor, dass die wichtigsten Prinzipien der Aufklärungsphilosophie nunmehr verwirklicht werden könnten. Weit verbreitet war das Gefühl einer historischen Mission. Man glaubte, in einer Zeit zu leben, die von entscheidender und nachhaltiger Bedeutung für das künftige Schicksal der Menschheit wäre. Der Fortschrittsglaube wurzelte derart tief, dass seine Anhänger die Gegenwart bereits als den Anfang der Zukunft betrachteten. Die Gewissheit von der Vervollkommnungsfähigkeit des Geistes und der Institutionen hatte eine positive und antizipierte Lektüre der laufenden Epoche zur Folge. Kurz: Das 19. Jahrhundert „inflationierte die Vorstellung einer progressiven Erweiterung der Perspektiven. Das Wissen und der Reichtum erschienen als unendlich akkumulierbar."[18] (CORBIN). Alles schien darauf hinzudeuten, dass sich die Menschheit nur in eine Richtung bewegen konnte: vom Mangel zum Überfluss, von der Unwissenheit zur Wissenschaft, von der Rückständigkeit zur Zivilisation.

Dieser vermeintlich teleologischen Entwicklung lief indes die Wahrnehmung der Zeitgenossen zuwider, die sich ‚ihr' Jahrhundert ständig anders wünschten, als es war – und die tatsächliche Entwicklung bisweilen bitter beklagten. Rückblickend analysierte der Verhaltensforscher

---

[17] Herder 1971, I, 217f. u. 238f. (Hervorhebungen im Original).
[18] Corbin 2000, 14.

Konrad Lorenz in den siebziger und achtziger Jahren des 20. Jahrhunderts den „Irrglauben an den sogenannten Fortschritt", wobei er mit dem „technokratischen System" und der von ihm genährten großen Illusion, „dass schlechterdings alles machbar sei" und „jede Entwicklung notwendigerweise neue Werte hervorbringe", scharf ins Gericht ging.[19] Damit verwarf er nicht nur den althergebrachten vermessenen Glauben an einen endlosen Fortschritt hin zu einer stets besseren Welt, sondern auch jene allgemeine Zuversicht, der gerade Charles Darwins Evolutionstheorie Vorschub geleistet hatte.

Vor allem in Deutschland bekämpfte die Kirche Darwin und seine Anhänger noch bis zum Ersten Weltkrieg, wenngleich mit wenig Erfolg: Ein freiwilliges Zurück zur früheren Weltsicht, der Gott als persönlicher Urheber und Lenker der Menschheit zugrunde gelegen hatte, war nicht mehr möglich. Die Naturwissenschaften wollten Gott seine ‚Betriebsgeheimnisse' nicht lassen und feierten im 19. Jahrhundert ihren Siegeszug mit einem neuen, nüchternen Bild des Menschen. Gleichzeitig zerfiel die erhabene Wahrheit vom Menschen als einer gottgleichen Kreatur in zwei Teile: in das unglaubwürdig gewordene Erhabene und die schlichte Wahrheit vom Menschen als einem intelligenten Tier.[20]

Auch Friedrich Nietzsche sollte sich, wie viele andere Wissenschaftler und Philosophen seiner Zeit, für diese neue Weltsicht begeistern, im letzten Drittel des Jahrhunderts an einer biologischen Daseinslehre ohne Gott arbeiten und dieses Bestreben in seiner Schrift *Menschliches, Allzumenschliches* (1878-80) auf den Punkt bringen:

> Alles, was wir brauchen und was erst bei der gegenwärtigen Höhe der einzelnen Wissenschaften uns gegeben werden kann, ist eine *Chemie* der moralischen, religiösen, ästhetischen Vorstellungen und Empfindungen, ebenso aller jener Regungen, welche wir im Groß- und Kleinverkehr der Kultur und Gesellschaft, ja in der Einsamkeit an uns erleben […].[21]

Die sich bereits Jahrzehnte vor dem eigentlichen Übergang zum 20. Jahrhundert manifestierende Zeitenwende griff also nachhaltig, gestaltend und umformend in sämtliche Lebensbereiche des Menschen ein. Damit verbunden war eine intensive Kulturarbeit, die sich mit der ebenso attraktiven wie abstoßenden Seite dieser Umbruchzeit auseinandersetzte. Der Kunst kam in diesem Zusammenhang eine besondere Rolle zu, da sie nach einer neuen Aussage, nach adäquaten künstlerischen Werkzeugen und ästhetischen Maßstäben zu suchen begann, um dieser grundle-

---

[19] Vgl. Lorenz 1983.
[20] Corbin 2000, 13f.; Stähr 2007, 218; Precht 2007, 23f. u. 128.
[21] Nietzsche, *Werke*, I, 447 (Hervorhebung im Original).

gend veränderten Sphäre Herr zu werden. Die eigene Wahrnehmung hatte gegenüber der Phänomenologie der Welt buchstäblich Schlagseite bekommen. Und das vorhandene ästhetische Instrumentarium erwies sich als ungeeignetes Rohmaterial für die scheinbar naturgetreue Abbildung einer Welt, die sich den Sinneseindrücken entgegenstellte. So wagte Egon Schiele den psychologischen Blick auf bis dahin kaum ausgeleuchtete Winkel der Sexualität. Ungewohnt wilde Farbstudien und -werke gingen mit geordneten Tuschearbeiten und, wie etwa bei Else Lasker-Schüler, eigentümlichen Privatmythologien einher. Aus künstlerischer Klarheit, radikalen Brüchen und sanften Bindegliedern formte sich allmählich eine Kunst-Saat, die während der darauffolgenden Jahrzehnte in ganz Europa aufgehen sollte.

Kennzeichnend für das 19. Jahrhundert war somit der fortwährende Gleichschritt von entgegengesetzten Positionen und Thesen, die sich freilich keineswegs ausschlossen, sondern vielmehr aufeinander bezogen und auch aufeinander angewiesen waren: Akkumulation und Verlust, Freiheit und Gleichheit, Ordnung und Fortschritt, „Widerstand" und „Vorwärtsbewegung", Künstler und Bourgeois, um nur einige der antithetischen Begriffspaare zu nennen, die die Kulturgeschichte jener Epoche prägten. Man könnte sogar so weit gehen und die rhetorische Figur des *Oxymorons*[22] für die Charakterisierung des 19. Jahrhunderts bemühen, waren doch die Zeitgenossen dem permanenten Aufeinandertreffen von zutiefst Widersprüchlichem ausgesetzt. Immer wieder wurden die Hoffnungen auf einen Neuanfang, auf einen Bruch mit dem Alten und scheinbar Überlebten durch Enttäuschungen konterkariert. Mit den Misserfolgen wuchs aber auch die Angst vor dem Verlust von Schwung, Energie oder Lebenskraft, und über dem lauthals verkündeten Fortschrittsglauben begann das Gespenst der Dekadenz zu schweben. Die Gleichzeitigkeit von Zivilisation und Barbarei, Pracht und Elend, Innovation und Rückschritt lag der disparaten Identität der Epoche zugrunde.

Aus heutiger Sicht ist die Komplexität der Verflechtungen, in welche dieses Säkulum verstrickt war, nicht ohne Weiteres zu überblicken: Der Glaube an die Zivilisation und der Traum von der Harmonie unter den Völkern gingen damals einher mit dem ständigen Streben nach Herrschaft, wie der Kolonialismus und dessen Auswüchse zeigen. Vertreter der Epoche, die die Gleichheit und Brüderlichkeit zu Grundwerten erhob, propagierten wie selbstverständlich die natürliche Hierarchie der „Rassen", höchst fragwürdige Theorien der Eugenik oder ihrer Ansicht

---

[22] Das „Oxymoron" bezeichnet eine häufig in der Dichtung verwendete rhetorische Figur, in der zwei einander widersprechende Begriffe verbunden werden, so z. B. „alter Junge", „traurigfroh", „beredtes Schweigen" oder „Eisbrand".

nach ‚evidente' Unterschiede zwischen den Geschlechtern. Während vielfach ausgerechnet überzeugte Vertreter des Nationalismus universalistische Aussagen und Menschheitsappelle machten, folgte auf das Eintreten für zwischenmenschliche Solidarität immer wieder die Warnung vor allzu sorgloser Wohltätigkeit. Und selbst das Vertrauen in die Zukunft der Wissenschaft war mit einer immer wieder aufscheinenden pessimistischen Haltung verschränkt.[23]

Das Zeitalter schien, ungeachtet seines fulminanten Vortriebs, immer wieder rückwärtsgewandten Impulsen anheimzufallen, als hätte sich das Jahrhundert vor dem Sprung nach vorne in eine unbekannte Zukunft gefürchtet, diesen zugleich aber auch befürwortet. Die Fortschrittserwartungen und der vor allem nach dem wirtschaftlichen Einbruch von 1873 verstärkte Fortschrittspessimismus gingen in Intensität und Breitenwirkung weit über das hinaus, was man Fin-de-Siècle-Stimmung[24] genannt hat, und verwiesen bereits auf die politischen und gesellschaftlichen Krisen des 20. Jahrhunderts.

Die Verschränkung von Pro- und Regressivem, das Experimentieren mit dem Neuen und der gleichzeitige Argwohn gegenüber dem Innovativen sind Konstanten des 19. Jahrhunderts. Diese Widersprüchlichkeit mündete zum Teil auch in Verdammungsurteile, die das Zeitalter zu einer Missgestalt erklärten. Der Grund hierfür mag in den Umbrüchen gelegen haben, die gerade den religiösen Diskurs zu beherrschen begannen,[25] in jenem Auseinanderbrechen von Diesseits und Jenseits, das die Epoche kennzeichnete. Das 19. Jahrhundert, so die Historikerin Gisèle Séginger, habe das Fragen selbst zur spirituellen Lebensform des modernen Menschen erhoben.[26]

Die zunehmend attraktive Perspektive, der zufolge alle religiösen Glaubensvorstellungen vergänglich seien, konnte nicht verhindern, dass die Gottesfrage fortdauerte, wenngleich als großes Fragezeichen. Dies führte einerseits zu jener Entzauberung, die bereits der französische Schriftsteller Alfred de Musset beklagte, es zeitigte andererseits aber auch eine Spiritualität, die sich weniger über den Glauben definierte als über die Konfrontation mit der Ungewissheit. Der Atheismus mündete fortan in die Suche nach neuen spirituellen Ideen jenseits aller Religio-

---

[23] Walser Smith 2010, 244-246; Corbin 2000, 14f.

[24] Vgl. hierzu Schorske 1982.

[25] Vgl. hierzu Hölscher 1993.

[26] Vgl. Séginger 1998, 4. Umschlagseite: „L'ombre de Dieu survit à sa mort annoncée et, s'il n'est plus toujours possible de croire en l'Absolu, l'homme se sent cependant encore entraîné au-delà de lui-même vers un infini qu'il perçoit sous des formes variées."

26

nen – der Schatten Gottes schien tatsächlich seinen angekündigten Tod zu überleben.[27]

Die Französische Revolution hatte zur Folge, dass der Mensch auf sich selbst zurückgeworfen wurde, auf seine Geschichtlichkeit und zugleich auf die Abgründe seiner Natur. Das 19. Jahrhundert erlebte denn auch nicht nur die Entdeckung, ja, die buchstäbliche Erfindung des Subjektes, eine Neubestimmung der alten Dualität von Körper und Seele sowie das Aufkommen der Psychiatrie, sondern auch die Entfremdung des Selbst, was eine tiefe Sehnsucht nach Versöhnung und Harmonisierung der tiefen Seelengründe weckte. Nicht von ungefähr diagnostizierten die Zeitgenossen den „mal de siècle", die „Krankheit der Jahrhundertwende". In diesem Zusammenhang wurden auch die Formen des Dualismus von Körper und Seele diskutiert: *Contemplatio* und *Actio*, Einsamkeit und Geselligkeit, Intelligenz und Soziabilität. Und im Rückgriff auf die Temperamentenlehre beklagte man das Aufkommen von Kräften der Nervosität und bedauerte die „Verschlechterung des Blutes". Die resolutesten Verfechter des Fortschritts hegten gleichzeitig Zweifel angesichts der „entnervenden" Einflüsse der Zivilisation. Auch dieser Antagonismus ist kennzeichnend für das lange 19. Jahrhundert.

Doch letztlich ist es wenig opportun, die Signatur dieses Zeitalters auf eindeutige Gegensatzpaare zu reduzieren und in der Figur des augenfällig Disparaten das Wesen des 19. Jahrhunderts zu sehen. Honoré de Balzac beispielsweise betrachtete sein Zeitalter als „unförmigen Basar", als eine heterogene Ansammlung unvereinbarer Objekte, als Harlekin-Kleid oder Mumienstapel. Den einzigen Zweck der literarischen Form des Romans sah Balzac darin, die Katastrophen zu beschreiben, die aus dem Wandel der Werte hervorgingen. Und Musset postulierte, dass der zeitgenössische Geschmack eklektizistisch sei. Solche Aussagen tragen zum Versuch bei, das Wesen und die Morphologie des 19. Jahrhunderts aus heutiger Sicht zu erfassen: Die Erfahrung der Revolutionen nach 1789 hatte den tiefen Glauben an die Stabilität und Nachhaltigkeit von Ordnungen erschüttert und zugleich ein Gefühl für das Ephemere hervorgebracht. In diesen Kontext gehörte der Begriff des provisorischen Gleichgewichts ebenso wie das Bewusstsein für die Zerstreuung jener Elemente, aus denen sich die Gesellschaft aufbaute.

Das Monolithische, das bis 1789 den zeitgenössischen Wahrnehmungshorizont prägte, fächerte sich durch die darauffolgenden revolutionären Zäsuren in höchst verschiedenartige Strukturen auf. Das damit einhergehende Gefühl der Zerbrechlichkeit und Fragmentierung verband sich mit der Überzeugung, dass ein anarchisches Nebeneinander unähnlicher Elemente eine Bedrohung darstelle und aus diesem Grunde in ge-

---

[27] Corbin 2000, 15f.; Séginger 1998; Gall 1997, 2 u. 77f.

ordnete Trennung überführt werden müsse. So wurde, wie bereits Michel Foucault aufgezeigt hat, in der ersten Hälfte des Jahrhunderts eine Reihe von Maßnahmen eingeführt, die zwischen den Menschen Distanz schaffen sollten: Im Krankenhaus, in der Kaserne oder im Internat wurde beispielsweise das Einzelbett eingeführt, und in den Städten entstanden insofern neue Distanzen, als die Angehörigen der verschiedenen sozialen Klassen sich räumlich immer mehr voneinander entfernten. In den bürgerlichen Stadthäusern etwa wurden die Unterkünfte der Dienstboten in die letzte Etage verbannt.[28]

Die Gewissheit, Zeuge der Geburt, des Aufbruchs in eine neue Epoche zu sein, der sich manifestierende Zauber des Zukünftigen, die Verführung durch utopische Versprechen, das Gefühl vom und die Hoffnung auf einen totalen Umbruch, eine bessere Welt – all dies bewahrte die Menschen des 19. Jahrhunderts nicht vor jener bereits angedeuteten Rückwärtsgewandtheit, einer schier unendlichen Nostalgie und einem Festhalten am Bekannten und Bewährten. Es befreite sie nicht von Verlustängsten und musste sich genauso gegen die Faszination der Ursprünge wie gegen den bisweilen tief verwurzelten Glauben an die Rückkehr des Goldenen Zeitalters durchsetzen. Diese regelrechte Obsession des Verlustes, aus dem der Wunsch nach Rekapitulation erwuchs, verband sich mit einer Heilserwartung, die am Horizont aufschimmerte und doch immer wieder enttäuscht zu werden drohte. In dieser Lesart und angesichts seiner außerordentlichen Vielfalt, der wirkungsmächtigen, global zu beobachtenden Veränderungen und des permanenten Widerstreites von Rationalismus und Antirationalismus war das 19. Jahrhundert tatsächlich die Epoche des Eklektizismus, der Vermengung verschiedenster Elemente und Diskurse, kurz: des Oxymorons.

Der das Säkulum konstituierende Fortschrittsglaube mündete immer wieder in ein Konglomerat von Hoffnung und Sorge, Enthusiasmus und Abschiedsgesang. Eine bisweilen radikale Ambivalenz bestimmte nicht nur das Selbstverständnis der Menschen, sondern auch der Institutionen. Den Gefahren von Exzess und Abenteuer versuchte man mit einer Alchemie der Kräfte zu begegnen. Revolution und Restauration, Revolution und Reaktion, desintegrierend wirkender Nationalismus und politische Strukturbewahrung bedingten sich gegenseitig und führten zu permanenten Vor- und Rückwärtsbewegungen. Ihren architektonischen Ausdruck fand die Moderne, wie das Beispiel des zwischen 1887 und 1889 erbauten Eiffelturms in Paris paradigmatisch zeigt, immer mehr in Gusseisen und Stahl.

Vielleicht ist es gerade die Kunst, die den widersprüchlichen und eklektizistischen Geist jenes Jahrhunderts am eindrücklichsten verkörpert:

---

[28] Corbin 2000, 16 u. 19f.

Die Denkmäler der Epoche und die Ansichten bürgerlicher Interieurs sind Zeugnisse für dieses Reich des Zusammengesetzten und der Juxtaposition. Das Mosaik, das abgesonderte Objekt, Nippes aller Art, Lutherstühle, Zinnbecher oder Nähkästchen in Form von Gutenbergbibeln, aber auch die Architektur des Historismus, „dominierten dieses Jahrhundert aus Gips, das gerne in Zitaten schwelgte und lustvoll sich mit fremden Federn schmückte." (CORBIN).

Die Lust am Nachgemachten, Unechten, ja, der Geist des ‚Als ob' triumphierte: Eindruck machte, was nach etwas aussah. Es wurde „geschönt, geschmückt, drapiert, ziseliert" (SAFRANSKI), damit das Ganze etwas darstellte und dadurch auch an Geltung gewann. Gefragt war Inszenierung, und nur wenige wussten diese Sehnsucht so virtuos zu bedienen wie Richard Wagner, der alle Register des Theaterzaubers zog, um die germanisch-mythische Vorzeit wirkungsmächtig auf die Bühne zu bringen. Für Nietzsche wiederum war klar, dass dieser Historismus lediglich einen Mangel an Lebenskraft kompensieren sollte.[29]

---

[29] Precht 2011, 128; Seljak 2012, 48 u. 64; Safranski 2007, 283f. (Zitat 284); Corbin 2000, 21 (Zitat ebd.).

Zum Begriff der „Moderne"

> Moderne, das bedeutet: Die Evangelien ändern sich. Die schlechten und die guten Nachrichten sind nicht mehr fest an ihren Plätzen. Das Dekorum schwankt, bis es dahin kommt, dass das Gehörige und das Ungehörige die Plätze tauschen. Was nun noch Vorbild sein kann, muss ermittelt werden, fortwährend von neuem. [...] Moderne, das bedeutet: Betroffenheit von dem Zwang zu wählen zwischen der Selbsterhaltung in stationären Verhältnissen und der Steigerung durch Versuche.[30]
>
> *Peter Sloterdijk*, Ich sage, man muss noch Chaos in sich haben (2006)

Der Versuch eines kulturgeschichtlichen Überblicks über das 19. Jahrhundert ist insofern heikel, als die Auswahl der Schwerpunkte ebenso wie die Erarbeitung von Bedingungs-, Einwirkungs- und Abhängigkeitsverhältnissen oder die Untersuchung von Überschneidungen, Entsprechungen und Spannungen nie das Ganze umfassen kann und demzufolge fragmentarisch bleiben muss. Theorieangebote mit synthetisierendem Anspruch sind nur in begrenzter Zahl vorhanden und in der Regel ebenfalls nicht erschöpfend.

Am ehesten kann man sich daher der wieder entdeckten Tragfähigkeit des Moderne-Begriffs bedienen. So wurde das späte 18. und das frühe 19. Jahrhundert von der Forschung als „Sattelzeit" analysiert, in der sich in Europa die „moderne Welt" herausbildete: Im Hinblick auf die materielle Zivilisation, die Organisation von Gesellschaft und Staat, die Strukturen des wirtschaftlichen Lebens, die Kategorien und Bestimmungsgründe von Kultur und Wissenschaft, die Weltansicht und das Lebensgefühl stehen wir heute stärker als zuvor auf den Grundlagen des 19. Jahrhunderts. Gestützt wird diese Annahme durch begriffsgeschichtliche Befunde aus der Zeit selbst und durch theoretische Überlegungen aus heutiger Perspektive. In dieselbe Richtung weist die Denkfigur der „Doppelrevolution".

Mit diesem ebenfalls von Hobsbawm geprägten Begriff wird zum Ausdruck gebracht, dass erst das Zusammenwirken der politisch-emanzipatorischen Bestrebungen im Zuge der sich radikalisierenden Aufklärung und der Französischen Revolution von 1789 mit den technisch-maschinellen Neuerungen der sich ab 1770 in England, Schottland und Wales entfaltenden Industriellen Revolution zu einer Dynamik und Revolutionierung der Lebensverhältnisse sowie ihrer politisch-sozialen Grundlagen geführt hat. Auch Autoren, die, wie Norbert Elias, die Geburt der

---

[30] Sloterdijk 2006, 1.

30

Moderne als einen langfristigen, weit in frühere Jahrhunderte zurück-reichenden Prozess sehen, stützen die These dieser Zuspitzung und Beschleunigung im Zuge der großen Zäsuren gegen Ende des 18. Jahrhunderts.[31]

Wenn allgemein von der „Moderne" die Rede ist, so bedarf das einer weiteren Erläuterung. Bereits die Romantiker hatten mit ihrem Unbehagen an der Normalität jenes Unbehagen an der „Entzauberung der Welt durch Rationalisierung" und Abstumpfung der Kräfte des Geistes vorweggenommen, das Max Weber ein Jahrhundert später in seiner berühmten Münchner Rede „Wissenschaft als Beruf" (1917, 1919 veröff.) kritisch zur Sprache bringen sollte. Für Weber bedeutete die „Entzauberung der Welt" zweierlei: Zum einen vertrat er die Ansicht, dass mit dem Siegeszug der empirischen Wissenschaften wachsende Anteile der Wirklichkeit als „prinzipiell" erklärbar und folglich als „rational" zu gelten haben. Das Rationale seinerseits war Ausdruck der selbstbewussten Aufklärung, an der sich die Romantiker abarbeiten mussten. Zum anderen konstatierte Weber, dass die Lebens- und Arbeitsbereiche zunehmend „rationell" organisiert seien. Im Rationellen erkannten wiederum die Romantiker das pragmatische bürgerliche Nützlichkeitsdenken, das zu ihrer Zeit mächtig emporkam. Beide Implikationen, das Rationale und das Rationelle, verdichten sich bei Weber zum „stahlharten Gehäuse" der Moderne.[32]

Überlegungen zum Weg Europas in die Moderne müssen denn auch die Romantik und ihre Vertreter mit einbeziehen: Die Romantiker – und das macht ihre Modernität und ihre bis in die Gegenwart hinein wirkende Strahlkraft aus – waren metaphysische Unterhaltungskünstler in einem sehr anspruchsvollen Sinn. Sie wussten nur zu genau: Unterhalten, oder besser: ‚unter-gehalten' werden müssen die Absturzgefährdeten. Genauso aber empfanden sich die Romantiker: als absturzgefährdet, und das macht sie noch heute zu Zeitgenossen. Während sich das vormoderne Bewusstsein nicht vorstellen konnte, aus der Welt zu fallen (irgendein wie auch immer gestaltetes Jenseits stand immer in Aussicht), so sah sich erst die Moderne, jedes metaphysischen Rückhalts beraubt, mit der Endlichkeit konfrontiert. Sie wusste sich nicht mehr zweifelsfrei von einem sinngesättigten Kosmos getragen.[33]

---

[31] Schäfers 2006, 52; Kocka 2001, 149f.; Gall 1997, 3, 6 u. 105; Borchardt 1972. Zur „Moderne" und „Modernisierung": Koselleck 1977 u. Lepsius 1977 (v. a. 13-15). Ausführlich zur industriellen wie auch politischen „Doppelrevolution" in Deutschland: Wehler 1995 u. 1989.

[32] Walser Smith 2010, 53f.; Safranski 2007, 193f.

[33] Safranski 2007, 208.

Eine weitere Nuancierung erfährt der Begriff der „Moderne" bei Nietzsche, der die Bezeichnung auf eigentümliche Weise mit Wagner korreliert hat. So heißt es in Nietzsches Schrift *Der Fall Wagner* (*Ein Musikanten-Problem*; 1888):

> Dem Philosophen [...] steht es nicht frei, Wagners zu entraten. Er hat das schlechte Gewissen seiner Zeit zu sein – dazu muss er deren bestes Wissen haben. Aber wo fände er für das Labyrinth der modernen Seele einen eingeweihteren Führer, einen beredteren Seelenkündiger als Wagner? Durch Wagner redet die Modernität ihre *intimste* Sprache: sie verbirgt weder ihr Gutes, noch ihr Böses, sie hat alle Scham vor sich verlernt. Und umgekehrt: man hat beinahe eine Abrechnung über den *Wert* des Modernen gemacht, wenn man über Gut und Böse bei Wagner mit sich im klaren ist. – Ich verstehe es vollkommen, wenn heut ein Musiker sagt: „ich hasse Wagner, aber ich halte keine andere Musik mehr aus". Ich würde aber auch einen Philosophen verstehn, der erklärte: „Wagner *resümiert* die Modernität. Es hilft nichts, man muss erst Wagnerianer sein..." [...]
> Gerade, weil nichts moderner ist als diese Gesamterkrankung, diese Spätheit und Überreiztheit der nervösen Maschinerie, ist Wagner der *moderne Künstler par excellence*, der Cagliostro der Modernität. In seiner Kunst ist auf die verführerischste Art gemischt, was heute alle Welt am nötigsten hat – die drei großen Stimulantia der Erschöpften, das *Brutale*, das *Künstliche* und das *Unschuldige* (Idiotische).[34]

Nietzsche äußerte sich höchst abfällig über das „Moderne", das er auf Distanz halten wollte. Und wenn er Wagner als „modern" disqualifizierte, so versuchte er selbst, die Moderne noch deutlicher abzutun. Was zu Nietzsches und auch Wagners Abwehrreflex gegenüber dem „Modernen" führte, war zunächst nicht in irgendeiner Form inhaltlich fassbar, sondern betraf – rein formal – dasjenige, was beide als das aktuell „Modische", also das in ihren Augen ‚morgen Gestrige' betrachteten.

Gerade Wagner hielt dem, wie er es sah, krampfhaft „Modernen" eine standhaft verteidigte Ursprünglichkeit entgegen. Das Verständnis der Moderne, die dieser Polemik Nietzsches gegenüber Wagner zugrunde liegt, ist freilich höchst dürftig: Beide Protagonisten wandten sich grundsätzlich gegen das „Moderne", während Nietzsche gerade durch die Betonung der „Modernität" Wagners diesen aburteilte. Wörtlich verstanden, wurde der Begriff „Modernität" seinerzeit mit denjenigen verbun-

---

[34] Nietzsche, *Werke*, II, 904 u. 913 (Hervorhebungen im Original). Giuseppe Balsamo alias Alessandro Graf von Cagliostro (1743-1795) war ein italienischer Alchemist und Scharlatan, dessen ‚magische' Praktiken bei seinen Zeitgenossen Bewunderung hervorriefen (vgl. Haumann 2011, 86).

den, die man „die Modernen" („les modernes") nannte. Gemeint waren damit die ‚Derzeitigen', „die sich um ein akutes Bewusstsein ihrer historischen Situation bemüh[t]en." (THOMÄ). „Modernität" bezeichnete in dieser Lesart die Aufmerksamkeit für das Derzeitige und damit den Versuch, im höchsten Sinne ‚zeitgemäß' zu sein. Darin war und ist Modernität unüberbietbar. Und in diesem Sinne war auch Nietzsche – *nolens volens* und als Verfasser ausdrücklich „unzeitgemäßer Betrachtungen" – ebenso „modern" wie Wagner.[35] Es liegt sogar der Verdacht nahe, dass Nietzsche und Wagner beide zeitlos Zeitgemäße waren.

Dem Begriff „Moderne" liegt also eine doppelte, nämlich formale und inhaltliche Bedeutung zugrunde. Formal gesehen, ist modern, was oder wer seiner Zeit ‚gerecht' wird, der Aktualität folgt, sich dieser bedient und sie auch fördert. Inhaltlich betrachtet, zeichnet sich die Moderne durch ein „Doppel-Programm" (THOMÄ) aus, das einerseits die Sicherung und Verbesserung der Lebensumstände aller, mithin den sozialen und materiellen Fortschritt zum Ziel hat, andererseits die individuelle Selbstbestimmung – auch im Sinne einer Emanzipation und Distanzierung von der Natur – propagiert. Daraus ergibt sich ein Komplex von Spannungen, der für die Moderne und insbesondere für die Ästhetik von eminenter Bedeutung ist. Ästhetik und Politik, vor allem jedoch ihre vielfältigen Wechselwirkungen, geben eine wesentliche Attraktivitätsbedingung für die Moderne vor. Man ist versucht, sie gar als Bedingung der Moderne aufzufassen.[36]

Angesichts der inflationären Verwendung und der bisweilen vehementen Kritik des Modernisierungsbegriffs in den Sozialwissenschaften seit dem Zweiten Weltkrieg ist vor allem in den letzten beiden Jahrzehnten des 20. Jahrhunderts viel und auch vielstimmig darüber reflektiert worden, ob die Moderne bzw. ihre erste Phase schon längst oder erst kürzlich zu Ende gegangen und der „Postmoderne", einer „zweiten Moderne", gar einer „Post-Postmoderne" oder, ironisch gebrochen und anthropomorphisiert, einem „Postmodernisten" gewichen sei, „der zweimal klingelt" (so der britische Schriftsteller Gilbert Adair in seiner Essaysammlung „*The Postmodernist Always Rings Twice*" (1992). Zumeist wurde mehr vorausgesetzt als aufgezeigt, dass es so etwas wie eine „Klassische Moderne" gab, deren Zeit aber zu Ende war und deren Eigenart erst aus der Differenz zu dem, was folgte, erkannt werden konnte.[37]

---

[35] Thomä 2006, 12f. (Zitat 13).

[36] Thomä 2006 (Zitat 13); vgl. hierzu auch Früchtl 2006.

[37] Kocka 2001, 150.

Abschließend stellt sich die Frage, ob angesichts des bislang Erörterten das 19. Jahrhundert als die Epoche der klassischen Modernisierung schlechthin zu betrachten ist. In der Tat könnten viele entscheidende Umbrüche im 19. Jahrhundert mit einem Modell der „Modernisierung" und ihrem Resultat, der „Moderne", erklärt werden: die Durchsetzung der Marktwirtschaft, ja, generell des kapitalistischen Wirtschaftens, die Industrialisierung, die folgenreichen demographischen Entwicklungen, eine allgemeine Mobilitätszunahme, sodann Territorialisierung, Nationalismus und Nationenbildung, Imperialismus und Kolonialismus, Konstitutionalisierung und beginnende Demokratisierung der politischen Herrschaft bis hin zum nahenden Ende der europäischen Monarchien, schließlich die soziologisch relevante Bewegung vom Stand hin zur Klasse, die Individualisierung, aber auch der Durchbruch eines empirisch-analytischen Verständnisses von Wissen. „Klassisch" kann diese Moderne, so der weiterführende Gedanke, nur in jener Phase sein, in der sie sich erst herausbildete und noch längst nicht das Ganze darstellte.[38]

---

[38] Kocka 2001, 150f.; Gall 1997, 1-20. Zur Herausbildung demokratischen Denkens und demokratischer Strukturen in Europa: Kaelble 2001.

Zwischen Prospektion, Antizipation und Retrospektion: Kunst im Zeitalter der Moderne

> Das absolute Wissen führt zum *Pessimismus*: die Kunst ist das Heilmittel dagegen.
> Die Philosophie ist zur *Bildung* unentbehrlich, weil sie das *Wissen* in eine künstlerische Weltkonzeption *hineinzieht* und dadurch veredelt.
>
> *Nietzsche*, aus den nachgelassenen Fragmenten (Sommer 1872 bis Ende 1874)[39]

Die für den politischen Diskurs im Europa des 19. Jahrhunderts charakteristische historische und nationale Selbstvergewisserung fand auch in der Kunst bzw. in den Künsten der verschiedenen Länder ihren Niederschlag: Zum einen stellten Maler, Bildhauer, Architekten, Komponisten und Schriftsteller ihr Œuvre zunehmend in übergreifende nationalkulturelle und nationalpolitische Bezüge. Zum anderen wurden deren Werke aber auch von Publikum und Kritik in solche Zusammenhänge gebracht. Dabei überlagerten sich oft national bezogene Selbst- und Fremdwahrnehmung im Werk eines Künstlers. Anhand der Opern Giuseppe Verdis oder Wagners lässt sich dies beispielhaft zeigen. Es gilt jedoch ebenso für Architekten wie Gottfried Semper in Dresden und dann in Zürich, für Charles Garnier, den Baumeister der „Opéra de Paris" („Opéra Garnier" oder „Palais Garnier") in Paris, aber auch für die akademische Ausrichtung ganzer Bauschulen.

In Wien begann man 1858 im Rahmen der Entfestigung mit der Schleifung der inneren Stadtmauer und der Errichtung der als Repräsentationsboulevard und Flaniermeile konzipierten Ringstraße. Diese wurde ihrerseits durch eine parallel dazu verlaufende „Lastenstraße" für den eigentlichen Gewerbeverkehr ergänzt. Als besondere Ausprägung des Historismus war die Wiener Ringstraße in weiten Teilen der österreichisch-ungarischen Monarchie stil- und namensprägend für die Architektur der 1860er bis 1890er Jahre. Generell hatten im Europa jener Zeit durch den Rückgriff auf die antike Baukunst historisierende Baustile Hochkonjunktur. Zudem erforderte die Herausbildung des Nationalstaates und der bürgerlichen Gesellschaft moderne Lösungen für die neu aufkommenden Gebäudetypen wie Museen, Denkmäler oder Verwaltungs- bzw. Kommunalbauten. Dabei avancierte in mehreren Ländern Europas die gotische Architektur zum Nationalstil. In den Formen der Architektur wurden demzufolge historische Bezüge mit gesellschaftlichen wie auch

---

[39] Nietzsche, KGW, III, 4, 24 (Hervorhebungen im Original).

staatspolitischen Vorstellungen und Erfordernissen verknüpft. Gegen Ende des 19. Jahrhunderts trat dann in der Repräsentations- und Denkmalarchitektur an die Stelle des Historismus die bewusste Gestaltung von Stimmungswerten mit Hilfe mehr oder weniger freier Verweise auf Baustile. Beim Opernhaus in Paris etwa setzte Garnier feinste Abstufungen in der Stillage ein, um eine der jeweiligen Räumlichkeit angemessene Atmosphäre zu erzeugen.[40]

In besonderem Maße gilt diese Feststellung aber für die Literatur, die in praktisch allen europäischen Ländern vom großen Gesellschaftsroman in der Tradition so unterschiedlicher Autoren wie Walter Scott und Charles Dickens in England, Stendhal und Honoré de Balzac in Frankreich, Carl Leberecht Immermann, Heinrich Laube und Karl Ferdinand Gutzkow in Deutschland oder Michail Lermontow und Nikolai Gogol in Russland dominiert wurde.[41] Sei es in William Thackerays *Vanity Fair. A Novel without a Hero* (1847/1848; dt. *Jahrmarkt der Eitelkeiten*), in Gustave Flauberts *Madame Bovary* (1856), in Gustav Freytags *Soll und Haben* (1855), sei es in Theodor Fontanes *Stechlin* (1898) oder *Frau Jenny Treibel* (1892) oder in Iwan Gontscharows *Oblomow* (1859) – stets ging es neben dem Individuellen um das Typische, um das soziale und kulturelle Milieu, gespiegelt in der nationalen Identität, in der die Charakteristika der Individuen ebenso wie der sozialen Gruppen ihre letzte Begründung fanden.[42]

Nur wenige Schriftsteller gingen dabei so weit wie Emile Zola, der, zumindest in der Theorie, die exakte Dokumentation auf der Basis eines wissenschaftlich begründeten sozialen Weltbildes als entscheidende Voraussetzung und generelles Qualitätskriterium jedes künftigen Romans betrachtete. Zola postulierte nämlich, dass der Romancier lediglich seine Dokumentation beisammenhaben und die Tatsachen logisch anordnen müsse, der Roman würde sich dann von selbst schreiben. Das Wirklichkeitsverständnis, das dieser akzentuierten Äußerung zugrunde lag, war freilich weit verbreitet: Das eigene Werk wurde in unmittelbarem Zusammenhang, im Gleichschritt mit den empirischen Wissenschaften und deren Erkenntnissen gesehen. Umgekehrt fanden die Vertreter der Wissenschaften ihre eigenen Vorstellungen und Überzeugungen in der zeitgenössischen Kunst und Literatur unmittelbar widergespiegelt: So soll etwa der Historiker Heinrich von Treitschke vom seinerzeit berühmten Bild *Jan Hus vor dem Konzil zu Konstanz* (1842) des romantischen Ma-

---

[40] Breitling 2003; Gall 1997, 28; Schorske 1982, 23-109.

[41] Im Interesse der leichteren Lesbarkeit folgt die Umschrift des Russischen im vorliegenden Beitrag der sogenannten Dudentranskription.

[42] Gall 1997, 28.

lers Carl Friedrich Lessing spontan dazu inspiriert worden sein, Geschichte so zu schreiben, wie sie dort gemalt worden war.[43]

Es war interessanterweise gerade die Malerei, in der schon sehr früh der Bruch mit dem vorherrschenden Welt- und Wirklichkeitsverständnis erfolgte. Diese Zäsur löste die leidenschaftlichsten Kontroversen aus, die bis weit in das 20. Jahrhundert hinein andauern sollten. Bereits die Schule der sogenannten „Präraffaeliten" in England um Dante Gabriel Rossetti, William Holman Hunt und John Everett Millais, einer sich in der Mitte des 19. Jahrhunderts in England formierenden Gruppe von Malern, unterlief die dominierenden zeitgenössischen Tendenzen in der Malerei, indem sie nachdrücklich auf der Autonomie der Kunst und der individuellen Sehweise der einzelnen Künstlerpersönlichkeit beharrte. Diese Maler brachten den Stil des „Präraffaelismus" hervor, der unter starkem Einfluss der Maler des italienischen Trecento (also der Protorenaissance des 14. Jahrhunderts) und Quattrocento (der Frührenaissance des 15. Jahrhunderts) stand und zu einem eher rückwärtsgewandten romantischen Eskapismus in der Tradition der deutschen Nazarener neigte.

Mit Edouard Manet, Pierre-Auguste Renoir, Claude Monet, Camille Pissarro und Paul Cézanne setzte dann im Frankreich der 1860er Jahre eine Bewegung ein, die den während des Zweiten Kaiserreichs in Frankreich bei aller Bandbreite doch sehr klar formulierten und allgemein angewandten Normen ein in Theorie und Praxis dezidiert dargelegtes eigenes Programm entgegensetzte. Dieses zeichnete sich durch unprätentiöse Themen sowie, in maltechnischer Hinsicht, eine neuartige Pinselführung aus und unterschied sich deutlich von dem linearen, auf die Gesellschaft und ihre Entwicklung bezogenen Fortschrittsgedanken der Epoche. Das Interesse der neuen Kunstrichtung, die die althergebrachte Diskurs- bzw. Deutungshoheit in der Kunst herauszufordern begann, galt der „Impression", der Darstellung eines Motivs in der freien Natur unter Berücksichtigung von Tageszeiten und Lichtreflexen, kurz: der Wiedergabe des flüchtigen Augenblicks.[44] Die wie zufällig wirkende Wahl des Bildaus-

---

[43] Gall 1997, 28.

[44] 1874 fand die erste von insgesamt acht Ausstellungen der „Société Anonyme Coopérative des Artistes Peintres, Sculpteurs, Graveurs et Lithographes" im Pariser Atelier des Fotografen Nadar statt. Der Kunstkritiker Louis Leroy leitete in seiner Rezension von dem dort gezeigten Gemälde Claude Monets mit dem Titel *Impression, soleil levant* (1872/1873?) die geringschätzig intendierte Bezeichnung ab, mit der er dann – unbeabsichtigt – den Ausdruck „Impressionismus" prägte: „Impression, j'en étais sûr. Je me disais aussi, puisque je suis très impressionné, il doit y avoir de l'impression là-dedans... et quelle liberté,

schnitts, der häufig fleckenhafte Pinselduktus und die reinen, unvermischten Farben fingen erstmals die ephemere Erscheinung der Wirklichkeit unter wechselnden Lichtverhältnissen ein.

Die Vertreter dieser Ästhetik schlossen sich zu einer Gruppe zusammen und fanden im „Salon des Refusés" eine Einheit, die ihnen durch die von außen entgegengebrachte Ablehnung regelrecht aufoktroyiert wurde. Der Gegensatz zwischen der gleichsam mit höheren Weihen ausgestatteten offiziellen und der oppositionell-progressiven Kunst war für den Durchbruch der Moderne ebenso charakteristisch wie entscheidend. Die Angehörigen der neuen Malergruppierung waren sich dessen bewusst, dass sie mit der Proklamation einer individuellen, zudem an einen spezifischen Ort und an eine spezifische (Tages-)Zeit gebundenen „impressionistischen" Sehweise mehr einforderten als nur die Autonomie und Souveränität des Künstlerindividuums. Vielmehr stellte die Bewegung des Impressionismus, von ihren Wurzeln der Freilichtmalerei („Pleinairismus") über die optischen, auf teilweise streng wissenschaftlichen Theorien beruhenden Farbexperimente des Pointillismus bzw. Divisionismus bis hin zum Postimpressionismus, den traditionellen Realitätsbegriff radikal in Frage: Die Realität, die das Individuum, sein Schöpfertum und seine eigenständige Existenz zu erdrücken drohte, erschien bis anhin als eine in diesem Sinne apodiktisch gesetzte. Die neue, von den Impressionisten propagierte Individualitätsvorstellung verneinte zwar nicht den Zusammenhang von Individuum und Gesellschaft. Sie verortete jedoch die konstitutiven Elemente der Einzelpersönlichkeit und das Eigentliche und Zentrale jenseits dieser Sphäre. Auf diese Weise wurde die tiefe – und letztlich auch unüberbrückbare – Kluft zwischen Individuum und Gesellschaft betont.[45]

Dieser neuen Sicht auf die Welt und den damit verbundenen Darstellungsmethoden gingen umwälzende Erfindungen voraus, die dem allgemeinen Innovationstrend des 19. Jahrhunderts entsprachen: Besondere Bedeutung gewannen beispielsweise Tubenfarben, die luftdicht verschlossen werden konnten und daher, im Gegensatz zu selbst gemischten Farben, nicht austrockneten. Hinzu kamen die Erfindung besonders heller und intensiver, synthetisch erzeugter Farben sowie das Aufkommen neuer Pinselformen, etwa des flachen Borstenpinsels, die einen bis dahin

---

quelle aisance dans la facture. Le papier peint a l'état embryonnaire est encore plus fait que cette marine-là!" („Impression – was sonst! Gerade hab ich zu mir gesagt, wenn ich impressioniert bin, muss da eine Impression vorliegen. Und welche Freiheit, welche Leichtigkeit des Pinsels! Eine Tapete im Embryonalstadium ist weiter gediehen als dieses Seestück."). Im Original zitiert nach Lévêque 1990, 248.

[45] Bätschmann 2009; Schaefer et al. 2009; Schneede 2003; Gall 1997, 28f.

einzigartigen Reichtum an künstlerischen Ausdrucksmöglichkeiten boten. Zu erwähnen ist ferner die Entwicklung vorgrundierter, gebrauchsfertiger und genormter Leinwände. Während Walzenstühle die Farbproduktion beschleunigten und professionalisierten, wurden Leinwände nunmehr auf mechanischen Webstühlen in beliebiger Länge hergestellt. Die Produktion neuer und die Verfeinerung bereits bestehender Malbehelfe ermöglichten den Impressionisten zudem überhaupt erst das direkte und vor allem zeitlich ausgedehnte Malen vor dem Motiv, insbesondere die Arbeit in der freien Natur bei unbeständigen Wetterverhältnissen. Die neuartigen Accessoires befreiten den Künstler von mancherlei praktischen Abhängigkeiten und umfassten etwa in Standardgrößen erhältliche und zu den handelsüblichen Leinwänden passende Holztafeln oder Malmappen sowie fahrbare Staffeleien bzw. Feldstaffeleien, die für größere Bildformate herangezogen wurden und sich an die Unebenheiten des Geländes anpassen ließen.

Obwohl die Impressionisten die Freilichtmalerei nicht erfunden haben, erhoben sie diese doch als Erste bewusst zum künstlerischen Programm.[46] Ermöglicht wurde dieser impressionistische Pleinairismus erst durch das große Angebot an vorgefertigten Malutensilien. Die neuen Entdeckungen und Erfindungen des Industriezeitalters auf den Gebieten der Chemie, Physik und Mineralogie veränderten die technologischen Bedingungen der Malerei radikal und wurden – im wahrsten Sinne des Wortes – zum Antriebsriemen des Impressionismus und Postimpressionismus. Indes: So wichtig die Farben- und Leinwandproduzenten bzw. -händler für den Impressionismus auch waren, standen für sie in erster Linie doch wirtschaftliche Interessen im Mittelpunkt.[47]

---

[46] Während die Künstler der „Schule von Barbizon" (Ecole de Barbizon) überwiegend im Freien Naturstudien malten, die sie anschließend im Atelier ausarbeiteten, wurde diese Trennung der verschiedenen Arbeits- bzw. Malschritte bei den Impressionisten überflüssig. Sie betrachteten den spontanen Malakt im Freien mit flüchtiger Pinselführung und skizzenhaft bemaltem Bildträger als künstlerischen Ausdruck der subjektiven Sinneswahrnehmung. In manchen Fällen haben die Malbehelfe der Impressionisten an deren Gemälden sichtbare Spuren hinterlassen. Diese können Aufschluss über den Ort und die Art der Entstehung des Bildes geben. So zeugen etwa Abdrücke und Leerstellen an den Rändern des Bildträgers von der Befestigung auf einer Feldstaffelei oder in einem Malkoffer. Und Sandkörner, Blüten oder Knospen, die in die Malschicht eingeschlossen sind, erbringen den Nachweis, dass die Bilder im Freien entstanden sind (ausführlich hierzu: Schaefer et al. 2009).

[47] Schaefer et al. 2009.

Cézanne, der über seinen väterlichen Freund Camille Pissarro zum Impressionismus gefunden hatte, begann Mitte der 1880er Jahre in der Normandie dem mittlerweile etablierten Spiel von Licht und Schatten, von „Impression" und Ephemerem, etwas Dauerhaftes und Stabiles entgegenzusetzen. Damit wurde er zum wichtigsten Vertreter jener Bewegungen, die den Impressionismus letztlich überwanden. Er bereitete neuen, avantgardistischen Tendenzen in der Malerei den Weg und trug wesentlich zum analytischen Bildaufbau des Kubismus bei. Cézanne hob das impressionistische Prinzip einer künstlerischen Dokumentation des subjektiv Erlebten auf die Ebene der Objektivität, wobei der Grad der Vollendung eines Bildwerks zum zentralen Thema und Merkmal seiner Kunst wurde. Nach Cézanne war die ‚gegenständliche' Lesbarkeit des Gegenstandes nicht länger Ziel und Zweck der Malerei.

Monets Gemälde wiederum bestanden von den 1890er Jahren an zunehmend aus einem abstrakten Gewebe von reinen Farb- und Lichtwerten. In seinem Spätwerk bezog er die Untermalung immer stärker in seine Gestaltung ein, um etwa eine bestimmte Nebelstimmung oder Wasserspiegelung wiederzugeben. Dabei ging Monet schließlich bis zur völligen Auflösung der Form. In seinen späten Seerosenbildern (Nymphéas) lassen sich die Vorboten des Abstrakten Expressionismus, insbesondere der Arbeiten Jackson Pollocks und Marc Rothkos, erkennen. Mit Cézanne und Monet ging jene letzte künstlerische Bewegung zu Ende, deren Ziel die Nachahmung der Wirklichkeit und nicht die Erfindung einer eigenen Realität war.[48]

Dem neuen, gerade von den Impressionisten nachhaltig geprägten Individualitätsbegriff war das Anarchische und potentiell Zerstörerische eigen, das nur noch durch die Form gebannt werden konnte. Dies wiederum verlieh der Kunst als der eigentlichen formgebenden Instanz einen existentiellen, lebensbewahrenden, aber auch lebensermöglichenden Charakter, wodurch ihr in letzter Konsequenz eine quasireligiöse Bedeutung zukam. Im europäischen Geistesleben wuchs denn auch die Skepsis gegenüber dem unbedingten Fortschrittsglauben, einem ausschließlich wissenschaftlich begründeten Weltbild, ja, einer sich herausbildenden Wissensgesellschaft. Aus diesem Unbehagen ging eine neue Lebens- und Weltsicht hervor, die zu einer immer mächtigeren Strömung wurde, was sich schon daran zeigte, dass nach der Bildenden Kunst ähnliche Tendenzen bald auch die Musik, die Literatur und die Philosophie in ihrer Mittlerstellung zwischen Kunst und Wissenschaft erfassten.

In Wagners Musikdrama *Tristan und Isolde* (1865) etwa, einem Werk von „gefährlicher Faszination", wie Nietzsche in *Ecce homo* (1888) befand, gelangte die neue Richtung fast unvermittelt zum Durchbruch und

---

[48] Bätschmann 2009; Schaefer et al. 2009.

sprengte nicht nur die althergebrachte musikalische Formsprache, sondern widersprach auch inhaltlich, gerade durch die handfeste Auseinandersetzung mit den zeitgenössischen gesellschaftlichen Bedingungen, entschieden der bürgerlichen Moral jener Zeit.[49] So schreibt Wagner im April 1859 aus Luzern an Mathilde Wesendonck nach Zürich:

> Kind! Dieser Tristan wird was <u>Furchtbares</u>! Dieser letzte Akt!!! – – –
> – – – – Ich fürchte die Oper wird verboten – falls durch schlechte Aufführung nicht das Ganze parodiert wird – : nur mittelmäßige Aufführungen können mich retten! Vollständig <u>gute</u> müssen die Leute verrückt machen, – ich kann mir's nicht anders denken. So weit hat's noch mit mir kommen müssen!! O weh! – Ich war eben im vollsten Zuge![50]

Überdies verlegte Wagner erstmals in der Geschichte der Oper die Handlung ins Innere seiner Protagonisten, so dass deren Seelenvorgänge zum Wesentlichen des Werkes erhoben wurden.

Sodann gewann mit Fjodor Dostojewskis *Verbrechen und Strafe* (1866; dt. auch *Schuld und Sühne*), *Teufeln* (1871/72; dt. auch *Die Dämonen*) und *Brüdern Karamasow* (1880/81) die Idee der Fragilität aller menschlichen Existenz und der bereits früh von Søren Kierkegaard dekretierten Irrationalität allen Fortschrittsglaubens beklemmenden Ausdruck. Nietzsches Denken schließlich setzte sich wie das kaum eines anderen Zeitgenossen damit auseinander, wie die veränderte Stellung des Menschen zur Welt zu bestimmen wäre und welches neue Welt- und Menschenbild der Fortgang des Zeitalters hervorbrächte. Es erstaunt daher nicht, dass Nietzsche in *Götzen-Dämmerung oder Wie man mit dem Hammer philosophiert* (1889) ausgerechnet Dostojewski als den „einzigen Psychologen", „von dem ich etwas zu lernen hatte", und als einen der „schönsten Glücksfälle meines Lebens" bezeichnete.[51]

---

[49] Dietrich 2008; Safranski (2007, 273) erkennt gerade in *Tristan und Isolde* Wagners eigene Spielart der Romantik: „Die Sphäre des schopenhauerschen Willens ist […] bei Wagner vollkommen erotisiert, ähnlich wie bei Novalis. ‚Tristan und Isolde' zeigen Wagners Romantik, sein Spiel mit den ozeanischen Gefühlen, auf dem Höhepunkt. Die Liebenden werden die *Nachtgeweihten* genannt, sie sterben den Liebestod, lösen sich auf in das dynamische Grundgeschehen von ‚Stirb und Werde'." (Hervorhebung im Original).

[50] Wagner, *Werke, Schriften und Briefe*; *Sämtliche Briefe*, XI, 58 (Hervorhebungen im Original).

[51] Gall 1997, 29f.; Nietzsche, *Werke*, II, 1021 (*Götzen-Dämmerung*, Streifzüge eines Unzeitgemäßen 45) sowie 1091 (*Ecce homo*, 6. Abschnitt des Kapitels „Warum ich so klug bin"). Wagners *Tristan und Isolde* hatte einen erheblichen Einfluss auf die Musik der nachfolgenden Generatio-

Immer deutlicher manifestierte sich die Moderne in Kunst, Musik, Literatur und Philosophie als Antipode jener Kräfte, die die Moderne in Naturwissenschaft und Technik, im politischen, ökonomischen und sozialen Leben hervorbrachten und vorantrieben. Dies führte zunächst dazu, dass sich hier wie dort Skepsis und das Gefühl eines tiefen Bruchs in der Entwicklung bemerkbar machte. Der wechselseitige Eindruck der Bedrohung durch die jeweils ‚andere‘ Moderne, die technisch-wissenschaftliche auf der einen, die geistig-kulturelle auf der anderen Seite, mündete dann in eine weitreichende Identitätskrise, die letztlich „den Untergrund der Konvulsionen und Katastrophen des 20. Jahrhunderts bildete“ (GALL).[52] Insofern traf Max Webers 1919 geäußertes Diktum von der „Entzauberung der Welt“ und vom „stahlharten Gehäuse“ der Moderne, in welchem sich die aufgrund der empirischen Wissenschaften prinzipielle Erklärbarkeit wachsender Anteile der Wirklichkeit mit der rationellen Organisation von Lebens- und Arbeitsbereichen vermengt hätten, den Nerv der Zeit.[53] Es waren, neben Nietzsche, nun gerade Komponisten wie Wagner und Gustav Mahler, die die Ambivalenz der beiden offenbar unvereinbaren Stoßrichtungen der Moderne in ihrem

---

nen. Dass die *Tristan*-Partitur, die Nietzsche nur mit Handschuhen anfassen zu wollen verkündet hatte, eine enorme Faszination ausübte und die Tür weit in die Zukunft öffnete, veranschaulicht etwa ein Vergleich von Brangänes „Wächterlied“ aus dem *Tristan* mit Schönbergs Streichsextett *Verklärte Nacht* (1899), dem das gleichnamige Gedicht von Richard Dehmel („Zwei Menschen gehn durch kahlen, kalten Hain“) aus der 1896 veröffentlichten Sammlung *Weib und Welt* zugrunde liegt. Dieses wiederum ist, so der deutsche Musikwissenschaftler, Musikkritiker und Komponist Hans Heinz Stuckenschmidt, getragen vom „Pathos einer neuen, unbürgerlichen Geschlechtsmoral [und] der Idee des alles überwindenden, jede Konvention beiseite schiebenden Eros“ (Dietrich 2008, 6).

Darauf, dass Wagner *Tristan und Isolde* unter dem Gesichtspunkt der Unerfüllbarkeit einer von der Gesellschaft nicht tolerierten Liebe schuf, verweist auch ein Passus aus seiner *Mitteilung an meine Freunde* (1851), wo es heißt: „Der Tod ist […] nur das (sic) Moment der Verzweiflung; er ist der Zerstörungsakt, den wir an uns ausüben, weil wir ihn – als Einzelne – nicht an den schlechten Zuständen der uns zwingenden Welt ausüben können. Der Akt der wirklichen Vernichtung der äußeren, wahrnehmbaren Bande jener ehrlosen Sinnlichkeit ist aber die *uns* obliegende gesunde Kundgebung dieses, bisher auf die Selbstvernichtung gerichteten Dranges.“ (Wagner, *Dichtungen und Schriften*, VI, 312; Hervorhebung im Original).

[52] Gall 1997, 30.

[53] Vgl. Seite 31.

Werk reflektierten und Wege aus dem Kräftegeschiebe zwischen dem Rationalen und dem Rationellen suchten.[54]

Keiner anderen Kunstgattung, weder der Literatur noch der Bildenden Kunst, war das dialektische Widerspiel von Rückblick und Aufbruch, Tradition und Moderne derart deutlich eingeschrieben wie der Musik des 19. Jahrhunderts. Der Blick zurück in die Vergangenheit schien zwar die Wahrheit näher zu bringen, führte jedoch in die Unendlichkeit und konfrontierte den Menschen mit der Trauer um die Vergänglichkeit. Diese hatte freilich nichts mehr mit dem mittelalterlich-barocken *Memento mori* zu tun, sondern war vielmehr der hegelschen „Furie des Verschwindens"[55] verpflichtet. In der Literatur widerspiegelt etwa die Dichtung Clemens Brentanos oder Joseph von Eichendorffs die Sehnsucht nach dem Bleibenden und zugleich die Einsicht, dass ebendieses nicht zurückzuhalten ist.[56]

Charles Baudelaire, der sich von Wagners Musik zu einer Farbenfantasie zwischen Dunkelrot und glühendem Weiß anregen ließ, propagierte im Anschluss an die Pariser *Tannhäuser*-Aufführung von 1861, die er wie einen Opiumrausch erlebt haben soll, den Kult der „Künstlichen Paradiese".[57] Ähnlich intensiv wirkte Wagners Klangwelt auf Camille Saint-Saëns, dessen Kommentar der sowjetische Regisseur Sergei Eisenstein festgehalten hat:

> Jene Anspannung der Sinne, die durch die Anwendung bisher nie gehörter Harmonie- und Orchestrierungsmöglichkeiten entsteht, führt zu

---

[54] Seljak 2012; Thieme 2008; Fischer 2003; Eggebrecht 1982; Adorno 1960; Adorno 1930.

[55] Koch 2000, 84. Der Ausdruck „Furie des Verschwindens" stammt aus Georg Wilhelm Friedrich Hegels *Phänomenologie des Geistes* (1807) und bezeichnet das problematische Verhältnis zwischen allgemeiner Freiheit und historischem Handeln, da, so Hegel, weder das positive Werk noch die Tat die allgemeine Freiheit hervorbringen könne und ihr daher nur das negative Tun bleibe. Mit dieser Redefigur werden in einem allgemeineren Sinn auch das Phänomen der Moderne, der Drang zur Verdrängung des Alten, der Innovationsdruck sowie der unbedingte Wille zu Neuerung und Fortschritt gekennzeichnet.

[56] Koch 2000, 83f.

[57] Über Baudelaires Verhältnis zu Wagner schreibt Thomas Mann: „Er (Nietzsche, A.S.) hat sie (Wagners Kunst, A.S.) geliebt, wie Baudelaire, der Dichter der ‚Fleurs du Mal', sie geliebt hat, von dem man erzählt, der habe noch in der Agonie, in der Lähmung und halben Verblödung seiner letzten Tage, vor Freude gelächelt, wenn der Name Wagners genannt wurde – il a souri d'allégresse." (Mann 1974, 83; vgl. auch ebd. 133f. sowie Safranski 2007, 273 u. Thomä 2006, 136).

einer Überreizung des Nervensystems und einer Exaltation, die über das Ziel hinausgeht, das der Kunst gestellt ist. Diese Musik erregt das Hirn derart, dass sie es aus seinem normalen Gleichgewicht zu bringen droht. […] Der Ozean verschlingt, der Blitz erschlägt uns.[58]

Interessanterweise fiel gerade Wagners Scheitern in Paris anlässlich des *Tannhäuser*-Skandals von 1861 mit der Geburtsstunde einer Strömung zusammen, die in Frankreich als „Wagnérisme" eine ganz eigentümliche Art der Wagner-Rezeption hervorgebracht hat. Im Zuge der Aufführungsvorbereitungen zum *Tannhäuser* hatte sich Wagner geweigert, gemäß den Usancen der Pariser Grand Opéra[59] ein Ballett in den zweiten Akt seiner Oper einzufügen (viele Pariser Opernbesucher pflegten, erst nach dem Dîner, aber doch rechtzeitig zum zweiten Akt und der Ballettszene in die Oper zu gehen). Stattdessen erweiterte Wagner lediglich das Bacchanal des ersten Akts zu einer Ballettszene. Mit diesem Bacchanal hat Wagner in chromatisch-sinnlicher Musik und unter Umgehung expliziter Textlegung den immensen Drang des ‚Fleisches' nach sexueller Befriedigung ausgedrückt. Vor diesem Hintergrund kamen letzten Endes nach 164 Proben nur gerade drei Vorstellungen am 13., 18. und 24. März 1861 zustande. Diese wiederum gerieten zum handfesten Theaterskandal, zumal sie von Mitgliedern des sogenannten „Jockey Clubs" durch Zwischenrufe und eigens für diesen Anlass angefertigte, mit der Gravur „Pour Tannhauser" (sic) versehene silberne Trillerpfeifen mehrmals unterbrochen wurden.[60] Daraufhin zog Wagner seine Partitur tief gekränkt zurück und wandte sich von Paris ab.

---

[58] Zitiert nach Thomä 2006, 246.

[59] Ausführlich zur Pariser Grand Opéra als Institution und Instanz: Gerhard 2007 u. Fulcher 1987.

[60] Ausführlich zum „Jockey-Club" vgl. Erbe 2002. Obwohl die Gründer des sogenannten „Cercle de la Société d'encouragement pour l'amélioration des races des chevaux en France" den Begriff „Club" bewusst vermieden hatten, wurde die 1835 inaugurierte „Société" unter dem erst 1904 offiziell bestätigten Namen „Jockey Club" bekannt. Das offizielle Ziel der Gesellschaft bestand in der Förderung von Pferdezucht und Pferdesport in Frankreich.
    Mit der Erweiterung um einen „Club" kam ein zweites Motiv hinzu, nämlich „die seit der Julirevolution einander entfremdeten Fraktionen des Adels im Zeichen der Eleganz wieder zu einen und mit repräsentativen Persönlichkeiten der Großbourgeoisie zusammenzuführen." Der „Jockey Club" repräsentierte die *fashion*, das *highlife* – oder schlicht: *Tout Paris*. Insofern überrascht es nicht, dass die meisten Klubmitglieder auch Stammgäste der Grand Opéra waren, wo sie eine Loge besaßen, die den Namen *loge infernale* trug. Diese Bezeichnung geht auf den

Als Initiator des daraufhin entbrannten französischen „Wagnérisme" gilt, wenig überraschend, Baudelaire, dessen am 1. April 1861 in der *Revue Européenne* erschienener Artikel „Richard Wagner et ‚Tannhäuser' à Paris" sich als regelrechte Kampfschrift eines enthusiastischen Wagnerianers gegen die Gegner des verehrten Meisters profilierte. Bereits in dieser Abhandlung findet sich das für den späteren Wagnerismus typische Projektionsphänomen, nämlich die Übertragung eigenen Denkens und eigener Ästhetik auf das wagnersche Œuvre. Zwar wurden Wagners Werke in den französischen Spielplänen jener Zeit aufgrund der Parteinahme des Komponisten im Deutsch-Französischen Krieg von 1870/71 sowie wegen seiner antifranzösischen Satire *Eine Kapitulation* (1870), eines Lustspiels in antiker Manier für Soli, Chor und Orchester, weitgehend zurückgedrängt, und in Paris wurden Wagner-Aufführungen gar von tumultartigen Protestdemonstrationen begleitet. Des ungeachtet entwickelte sich gerade in diesen Boykottjahren die Wagner-Begeisterung in Frankreich stetig weiter. Wagner war eines der Hauptthemen der Salons, und eine Reise zu den Festspielen nach Bayreuth gehörte zum guten Ton. Insofern bildete Wagner einen wesentlichen Bestandteil im zeitgenössischen Kulturhabitus der französischen Aristokratie und Großbourgeoisie.[61]

Neben den Franzosen ließen sich auch die Russen von Wagner begeistern. Insbesondere Alexander Skrjabin, der mittels orgiastischer Klangfantasien Erregungszustände in Musik übertrug und den schöpferischen Drang in die Nähe der Ekstase rückte (*Le Poème de l'Extase*; 1908), war sowohl von Wagners demiurgischen Totalitätsansprüchen fasziniert als auch von der ihm eigenen synästhetischen Komponente. Darunter ist Skrjabins Vorstellung zu verstehen, dass es nur eine einzige Kunst gebe, in der die verschiedenen Ausprägungen des ästhetischen Weltgeistes miteinander vernetzt seien, Hören und Sehen demnach auf geheime Weise korrespondierten (und einem daher auch vergehen können). In *Tristan und Isolde*, dem „Brennpunkt nahezu aller romantischen Tendenzen"[62] (KOCH), spitzte Wagner dies zu mit der Wendung „Ich höre das Licht." Und im Zusammenhang mit seiner *Parsifal*-Musik (1882) sprach Wagner vom „Spiel farbig bewegter Wolken".

---

höllischen Lärm zurück, den die Herren des „Jockey Clubs" veranstalteten, wenn die Darbietungen, wie 1861 die *Tannhäuser*-Inszenierung, nicht nach ihrem Geschmack waren (Erbe 2002, 1, 3 [Zitat ebd.] u. 5f.).

[61] Malisch 2006 sowie Meysenbug, *Memoiren*, Bd. 2, 195-200 (3. Teil, 8. Kapitel). Zu Wagners Reflexion seiner Rezeption in Frankreich vgl. Wagner, *Das Judentum in der Musik* [1869], 31.

[62] Koch 2000, 84.

Je düsterer die Romantik wurde, desto verlockender war im Zeichen von Wagners Gesamtkunstwerk-Utopie[63] die mediale Leuchtkraft der Synästhesie. Skrjabin fügte zum Solo-Klavierpart seines orchestralen *Promethée* (*Le Poème du Feu*; 1911) sogar eine „luce"-Stimme hinzu, die ein sogenanntes „Farbenklavier" verlangte. Dieses sollte zu bestimmten Klangwirkungen den gesamten Konzertsaal mit analogen Lichteffekten ausleuchten (Skrjabins Vision eines solchen synästhetischen Gesamtspektakels gelangte dann aber wegen seines frühen Todes 1915 nicht zur Aufführung). Skrjabin ging aber noch einen Schritt war weiter, indem er für sein Fragment gebliebenes utopisches „Mysterium"-Projekt *L'Acte Préalable* (*Vorbereitende Handlung*; um 1914/15) eine präzise einzusetzende „Duftorgel" vorsah. Aus Skrjabins Entwürfen lässt sich erschließen, bis zu welchem Grad ihm eine intermediale Verschmelzung der Künste und Sinne – Musik, Poesie, Tanz, Plastik, Licht bzw. Visuelles und Olfaktorik – vorschwebte. Ein vergleichbares synästhetisches Modell, nämlich die Verwendung von Farbattributen in der Dichtung, findet sich bei Arthur Rimbaud. Sein 1886 von Paul Verlaine veröffentlichter Gedichtband *Illuminations* enthält das bekannte *Sonnet des voyelles* (*Sonett der Vokale*), in dem jedem der fünf Vokale eine bestimmte Farbe zugeordnet wird: „A noir, E blanc, I rouge, U vert, O bleu : voyelles," (dt. „A schwarz, E weiß, I rot, O blau, U grün: Vokale".[64] Der Versuch, Musik, Sprache und bunte Bildwelten zu parallelisieren, fußte auf dem Traum einer sensuell vernetzten, buchstäblich narkotischen Überwältigung des Rezipienten, mithin eines „Generalangriff[s] auf alle Sinne"[65], was letztlich auf die romantische Suche nach dem Verlorenen rekurrierte.

Spürbar ist dieser emotionale Impuls in vielen musikalischen Werken des 19. Jahrhunderts: In Robert Schumanns *Davidsbündlertänzen* (1837) lautet eine Vortragsanweisung „Wie aus der Ferne", und schöner als alle Singstimmen hat wohl das Waldhorn die sehnsuchtsvolle Imagination akustischer Distanz ertönen lassen: Die Soli bei Carl Maria von Weber, Franz Schubert, Johannes Brahms, Anton Bruckner oder Gustav Mahler üben noch heute eine Wirkung aus, der man sich kaum entziehen kann – vielleicht gerade weil sie so betörend elegische Nostalgie mit der Ahnung unendlicher romantischer Weite verbinden. Bei Wagner schließlich findet sich die entsprechende instrumentalsymbolische Kulmination: Des Hirten „traurige Weise" im dritten Akt von *Tristan und Isolde* ertönt vom Englischhorn, dem prototypischen Instrument der Klage. Hoff-

---

[63] Ausführlich zum Konzept des „Gesamtkunstwerks": Lütteken 2008, Brock 1983, Lingner 1983, Marquard 1983 u. Szeemann 1983.

[64] Vgl. hierzu Weisstein 1992, 20.

[65] Zitiert nach Safranski 2007, 274.

nungslosere und orientierungslose Musik ist im 19. Jahrhundert kaum hervorgebracht worden.[66]

In vielen Ländern Europas wurde Wagner zum Idol der artistischen Kosmiker und Symbolisten. Für die 1885 vom französischen Schriftsteller, Redakteur sowie Gesellschafts-, Literatur- und Kunstkritiker Edouard Dujardin in Paris gegründete Avantgarde-Zeitschrift *Revue Wagnérienne* war er gar ein „Führer und Anreger auf schlechthin allen Gebieten". Gerade die „Décadence und das Fin-de-Siècle, ob in Paris, Wien oder München, fanden in Wagner ihren Kosmos der umgestülpten Welt wieder, wo die Krankheit über die Gesundheit, der Tod über das Leben, Künstlichkeit über Natürlichkeit, Nutzlosigkeit über den Nutzen und Hingabe über vernünftige Selbstbehauptung triumphierten."[67] (SAFRANSKI). Bei Wagner glaubte man, wehmütig auf das Zeitalter der Romantik zurückblickend, die Welt wieder in Geheimnisse gehüllt. Es manifestierte sich eine allgemeine Faszination angesichts seiner Motive des Liebestodes und der Götterdämmerung, seines dunklen Reichs aus Schicksal, Eros und Thanatos. Bei Wagner offenbaren sich das Dämonische und Dionysische[68] als Antwort auf, aber auch als Klage über die Nüchternheit des bürgerlichen Zeitalters: „Die Orchesterstürme und die unendliche Melodie ließen einen versinken in die seelischen Untergründe und ihre dunklen Verheißungen. Man fühlte sich im Auge des Orkans, im Inneren der Formgewalten." (SAFRANSKI).[69]

---

[66] Floros 2010, 77; Thomä 2006, 136f.; Koch 2000, 84-86; Metken 1983, 76-80; Szeemann (Hg.) 1983, 279-284; Mann 1974, 133f.

[67] Safranski 2007, 273f.

[68] Vgl. Seite 69.

[69] Safranski 2007, 273-275 (Zitat 274).

Nietzsche und seine Epoche: Begriffskritik und Erkenntnis- skeptizismus

> Mit Nietzsche erscheint die schwarze Freibeuterflagge des Piraten zum ersten Mal auf den Meeren der deutschen Erkenntnis: ein Mensch anderer Art, anderen Stammes, eine neue Art des Heldentums, Philosophie nicht mehr im wissenschaftlichen Kathedertalar, sondern kriegerisch gepanzert und bewehrt.
>
> *Stefan Zweig*, Der Kampf mit dem Dämon (1925)

Nietzsche stand einer Ära gegenüber, deren Gesicht, wie gezeigt wurde, höchst ambivalent war. Optimismus und Pessimismus, Verzauberung und Entzauberung überlagerten und verschränkten sich in einem fort. Hinzu kamen immer neue Triumphe der Wissenschaften: Empirismus, Ökonomismus, Positivismus und, damit einhergehend, die radikal antimetaphysische Forderung, Erkenntnis auf die Interpretation „positiver Befunde" zu beschränken, bestimmten, im Gleichschritt mit einem exzessiven Utilitarismus und allgemeinen Optimismus, den Zeitgeist. So war Nietzsche zufolge „die Gründung des neuen deutschen Reiches" (1871) „der entscheidende und vernichtende Schlag gegen alles ‚pessimistische' Philosophieren" (*Dritte Unzeitgemäße Betrachtung – Schopenhauer als Erzieher*; 1874).[70] Für sein eigenes Zeitalter stellt Nietzsche bereits im Fragment *Die drei Jahrhunderte* (1888) die Diagnose, es sei gegenüber den beiden vorangehenden Jahrhunderten „redlicher" und „besser", wenngleich „pöbelhafter":

> Das 19. Jahrhundert ist *animalischer*, unterirdischer, hässlicher, realistischer, pöbelhafter und eben deshalb ‚besser', ‚ehrlicher', vor der ‚Wirklichkeit' jeder Art unterwürfiger, *wahrer*, aber willensschwach, aber traurig und dunkel-begehrlich, aber fatalistisch. Weder vor der ‚Vernunft' noch vor dem ‚Herzen' in Scheu und Hochachtung; tief überzeugt von der Herrschaft der Begierde (Schopenhauer sagte ‚Wille'; aber nichts ist charakteristischer für seine Philosophie, als dass das eigentliche *Wollen* in ihr fehlt). Selbst die Moral auf *einen* Instinkt reduziert (‚Mitleid'). […] Das 19. Jahrhundert sucht instinktiv nach *Theorien,* mit denen es seine *fatalistische Unterwerfung unter das Tatsächliche* gerechtfertigt fühlt.[71]

Vor Augen hatte Nietzsche hier primär „den biedermeierlichen, auch kleinmütigen Aspekt dieses Realismus"[72] (SAFRANSKI). Allerdings gras-

---

[70] Seljak 2012, 13-18; Safranski 2007, 278; Nietzsche, *Werke*, I, 310f.

[71] Nietzsche, *Werke*, III, 511 (Hervorhebungen im Original).

[72] Safranski 2007, 278.

sierte etwa seit der Mitte des 19. Jahrhunderts eine Spielart des Realismus, die sich dem „Tatsächlichen" nur unterwarf, um es noch mehr beherrschen und in ihrem Sinne umgestalten zu können: Nietzsches „Wille zur Macht", den er erst später explizit verkünden sollte,[73] erfuhr bereits erste Anerkennung – noch nicht in der abgehobenen Sphäre des Übermenschentums, sondern im rastlosen Betrieb einer Zivilisation, die in allen praktischen Belangen (noch) an die Wissenschaft glaubte.

Den damals gültigen gesellschaftlichen Maßstäben zufolge war der Mensch, was er arbeitete, und die Gesellschaft demzufolge eine Arbeitsgesellschaft, während sich zugleich auch die Natur, die für Nietzsche das schlechthin Ungeheure war, durch die Evolution gewissermaßen ‚voranarbeitete'. Die Vorstellung von der großen Gesellschaftsmaschine, in welcher der Einzelne ein kleines Rad darstellte, prägte die Selbstwahrnehmung der Menschen und gab zugleich den allgemeinen Orientierungshorizont vor.

Diesem Realismus der zweiten Jahrhunderthälfte gelang es in der Folge, „klein vom Menschen zu denken und doch Großes mit ihm anzustellen" (SAFRANSKI). Im letzten Drittel des Jahrhunderts begann dann die jüngste Moderne mit einer Gesinnung, die alles Überspannte und Phantastische – und damit auch den Geist der Romantik – verurteilte. Nietzsche aber gehörte zu den wenigen Denkern, die das Ungeheure in Sichtweite behalten wollten, jede Vergemütlichung anprangerten, sich gegen die drei mächtigen Tendenzen des Zeitgeistes – Materialismus, Realismus und Historismus – auflehnten und damals bereits ahnten, welche Katastrophen der Geist der positivistischen Ernüchterung in dieser Wissenschafts- und Nützlichkeitskultur hervorbringen würde. Die Widersprüche der damaligen Lebenswelten, das Entweder-oder ließen sich, ähnlich wie heute, nicht am Reißbrett lösen. Trennlinien liefen quer durch die tradierten und fest etablierten gesellschaftlichen, politischen oder auch topologischen Schemata. Es entstand ein Kräftegeschiebe, das althergebrachte Strukturen aufbrechen ließ. Nichts schien mehr wie vorher. ‚Werte' im weitesten Sinne des Wortes wurden einer umfassenden Umwertung unterzogen. Mit dem Aufkommen neuer Ideologien ergaben sich neue Frontstellungen, Solidarisierungen und Feindbilder. Die Gesellschaft wurde quasi zur Summe ihrer Wettbewerbe.[74]

In der neueren Forschung zur Geistes- und Kulturgeschichte ist wiederholt postuliert worden, dass bei den zentralen anthropologischen Fragen und Zusammenhängen die Trias Karl Marx, Nietzsche und Sigmund

---

[73] Vgl. Seite 141.

[74] Precht 2011, 129; Safranski 2007, 278f. (Zitat 279), 281-283; Sloterdijk 2006, 1.

Freud durch ihre revolutionären Vorgaben und markanten Brüche mit bis dahin gültigen Denkmodellen die Moderne entscheidend vorwegnahm. Unabhängig voneinander, teilweise auch in deutlicher Abgrenzung zueinander, führten ihre Theorien und Philosopheme zu einer Subversion des Subjekts. Denn sie versuchten nachzuweisen, dass die Vernunft und das „Ich", mithin die zentralen Kategorien der Philosophie, nicht, wie Freud anmerkte, selbstmächtige Herren im eigenen Hause seien.[75] Damit standen Marx, Nietzsche und Freud in fundamentalem Gegensatz zur philosophischen Tradition, aber auch zu der alltäglichen Überzeugung, die gerade diese Annahme behauptet oder zumindest als Möglichkeit begriffen und – vermeintlich – bewiesen hatte.[76]

Durch die Begründung der Psychoanalyse und in seiner Theorie des Unbewussten spürte Freud die der Selbstbestimmung und Selbsteinschätzung nicht unmittelbar zugänglichen Motive und Funktionsmechanismen des menschlichen Wollens, Handelns und Denkens auf und setzte diese in einen neuen Kontext. Zuvor hatte Marx eine in mancher Hinsicht vergleichbare Analyse soziologisch-ökonomisch-kultureller Strukturen durchgeführt und Nietzsche alle „Werte" als undurchschauten Schein und Produkt des „Willens zur Macht" dargestellt (*Also sprach Zarathustra. Ein Buch für Alle und Keinen*; 1883-1885).[77]

Mit ihren Theorien griffen Marx, Nietzsche und Freud Zerfallserscheinungen ebenso wie fundamentale Fragestellungen und Unsicherheiten ihrer Zeit auf und überführten diese in neue Dimensionen des Denkens und anthropologischen Diskurses. Zugleich läuteten sie durch ihre Arbeiten und Spekulationen die Moderne ein. Hinter der Fassade der auch auf geistig-kulturellem Gebiet scheinbar ungebrochenen Fortschrittszuversicht und der allenthalben in Europa forcierten nationalen Kulturpropaganda begann in der zweiten Hälfte des 19. Jahrhunderts der Glaube an die Zukunft und an einen permanenten geistigen wie auch moralischen Fortschritt zu schwinden. Und dies ungeachtet der bis dahin geleisteten Wissensvermehrung und Weiterentwicklung der materiellen Zivilisation. Auf breiter Front kündigte sich das Ende des Zukunftsopti-

---

[75] Der Originalpassus aus Freuds 1917 in der Zeitschrift *Imago* publiziertem Beitrag *Eine Schwierigkeit der Psychoanalyse* lautet: „[…] Aber die beiden Aufklärungen, dass das Triebleben der Sexualität in uns nicht voll zu bändigen ist, und da die seelischen Vorgänge an sich unbewusst sind und nur durch eine unvollständige und unzuverlässige Wahrnehmung dem Ich zugänglich und ihm unterworfen werden, kommen der Behauptung gleich, dass *das Ich nicht Herr sei in seinem eigenen Haus*." (Freud 1917, 6f.; Hervorhebung im Original).

[76] Delius 2005, 90; Gasser 1997. Vgl. auch Precht 2007, 15.

[77] Delius 2005, 90; Nietzsche, *Werke*, II, 369.

mismus und des Vertrauens in den historischen Prozess eines, so Hegel, säkularen Fortschritts im Bewusstsein der Freiheit an und zehrte mehr und mehr am bürgerlichen Selbstbewusstsein und Selbstvertrauen.

Es begann eine Epoche der allgemeinen Unzufriedenheit, in der pessimistische Weltanschauungen als zusammenfassender Ausdruck der zeitgenössischen Geistesrichtung auftraten. Die Erschließung des menschheitsgeschichtlichen Kosmos und die damit einhergehende enorme Zunahme des geistigen, künstlerischen und literarischen Wissens wurden relativiert, ja, widerlegt durch ein wachsendes Gefühl der Beliebigkeit, Relativität und strengen Zeitgebundenheit allen Menschenwerks wie überhaupt der gesamten menschlichen Existenz.

Dem optimistischen Weltbild stand zunehmend der Eindruck gegenüber, „dass Dasein nur ein ununterbrochenes Gewesensein ist, ein Ding, das davon lebt, sich selbst zu verneinen und zu verzehren, sich selbst zu widersprechen", wie Nietzsche 1874 in seinen *Unzeitgemäßen Betrachtungen* formulierte.[78] Der Flucht in den Positivismus, in den Historismus, den er als Kompensation eines Mangels an Lebenskraft betrachtete, aber auch in den Relativismus, der jegliche Aussage zur „Wahrheit" stets als bedingt (und nicht als absolut) versteht, setzte Nietzsche seine Forderung nach einer „Umwertung aller Werte" entgegen. Diese wird von einigen Kritikern primär als *Ab*wertung aller Werte und damit als programmatische Vorbereitung eines allgemeinen Werteverfalls gedeutet. Nietzsche ging es um einen radikalen Neubeginn, der den europäischen Menschen aus der „Tortur", einer „von Jahrzehnt zu Jahrzehnt" wachsenden „Spannung" befreien sollte. Denn mit dieser Spannung bewege sich, so Nietzsche, die „ganze europäische Kultur" „seit Langem schon" „wie auf eine Katastrophe los: unruhig, gewaltsam, überstürzt [...]".[79] Die Ursache für die von ihm konstatierte „Schwächung" der „Lebenskraft" sah Nietzsche in der allgemeinen und mythenlosen Orientierungslosigkeit als Ergebnis der für das Jahrhundert charakteristischen Sammelwut und Taxonomie des Wissens.

Diese Welt des Realismus, der Nützlichkeit, des allgemeinen Arbeitseifers, des geheimnislosen Behagens und des Historismus war für Nietzsche der Ausgangspunkt des sogenannten „Wahnsinns der allgemeinen Begriffe". Und Nietzsche hoffte, dass Wagner als der Meister der Musik diesen Wahnsinn der Plattheit würde heilen können. Denn Nietzsche hatte vertiefte Einsichten in die Mechanismen der Mythenproduktion ge-

---

[78] Gall 1997, 23f. u. 77f.; Nietzsche, *Werke*, I, 212.

[79] Aus dem Nachlasstorso einer Kompilation mit dem Titel „Der Wille zur Macht. Versuch der Umwertung aller Werte" (Nietzsche, *Werke*, III, 634). Vgl. hierzu auch Zweig 2009, 311.

wonnen und war davon überzeugt, dass nicht nur der einzelne Mensch, sondern ganze Kulturen einen „mit Mythen umstellten Horizont" benötigten, um ihre Lebenswelt zur „Einheit" abzuschließen (*Die Geburt der Tragödie aus dem Geiste der Musik*; 1872). Wenn man nicht bei einem Gott Zuflucht suche und finde, könne man zu diesem Zweck auch Technik, Wissenschaft oder Besitz zum sinnstiftenden Mythos erheben:

> Ohne Mythus […] geht jede Kultur ihrer gesunden schöpferischen Naturkraft verlustig: erst ein mit Mythen umstellter Horizont schließt eine ganze Kulturbewegung zur Einheit ab. Alle Kräfte der Phantasie und des apollinischen Traumes werden erst durch den Mythus aus ihrem wahllosen Herumschweifen gerettet. Die Bilder des Mythus müssen die unbemerkt allgegenwärtigen dämonischen Wächter sein, unter deren Hut die junge Seele heranwächst, an deren Zeichen der Mann sich sein Leben und seine Kämpfe deutet: und selbst der Staat kennt keine mächtigeren ungeschrieb[e]nen Gesetze als das mythische Fundament, das seinen Zusammenhang mit der Religion, sein Herauswachsen aus mythischen Vorstellungen verbürgt.

> Man stelle jetzt daneben den abstrakten, ohne Mythen geleiteten Menschen, die abstrakte Erziehung, die abstrakte Sitte, das abstrakte Recht, den abstrakten Staat: man vergegenwärtige sich das regellose, von keinem heimischen Mythus gezügelte Schweifen der künstlerischen Phantasie: man denke sich eine Kultur, die keinen festen und heiligen Ursitz hat, sondern alle Möglichkeiten zu erschöpfen und von allen Kulturen sich kümmerlich zu nähren verurteilt ist – das ist die Gegenwart, als das Resultat jenes auf Vernichtung des Mythus gerichteten Sokratismus.[80] Und nun steht der mythenlose Mensch, ewig hungernd, unter allen Vergangenheiten und sucht grabend und wühlend nach Wurzeln, sei es dass er auch in den entlegensten Altertümern nach ihnen graben müsste. Worauf weist das ungeheure historische Bedürfnis der unbefriedigten modernen Kultur, das Umsichsammeln zahlloser anderer Kulturen, das verzehrende Erkennenwollen, wenn nicht auf den Verlust des Mythus, auf den Verlust der mythischen Heimat, des mythischen Mutterschoßes? Man frage sich, ob das fieberhafte und so unheimliche Sichregen dieser Kultur etwas anderes ist als das gierige Zugreifen und Nach-Nahrung-Haschen des Hungernden – und wer möchte einer solchen Kultur noch etwas geben wollen, die durch alles, was sie verschlingt, nicht zu sättigen ist, und bei deren Berührung sich die kräftigste, heilsamste Nahrung in „Historie und Kritik" zu verwandeln pflegt?[81]

---

[80]   Zu Nietzsches „Sokratismus" vgl. Seite 73.
[81]   Nietzsche, *Werke*, I, 125f.

52

Um die beängstigende Macht des undurchschaubaren Seins zu bannen, erfand der Mensch also Mythen und verlieh ihnen Namen – etwa „Apollon" oder „Dionysos", später „christliche Wahrheit" und noch später „Fortschritt" oder „Geschichte". Voraussetzung hierfür ist jedoch Nietzsche zufolge das Eingeständnis, dass man sich all dies als Mythos zurechtgelegt habe. Mythen sind Erfindungen, auch wenn sie oft über einen historisch nachweisbaren Kern verfügen. Sie stoßen auf Resonanz, werden mündlich oder schriftlich weitergereicht und können sich dabei entwickeln. Mythen hängen oft mit Fragen nach dem Ursprung der Welt oder mit Erklärungsversuchen zusammen, um das Ferne und Fremde, das Unbegreifliche und Existentielle zu fassen. Laut Nietzsche benötigt jede Kultur und jeder Mensch Mythen, um der Realität im besten Fall aus dem Weg zu gehen oder zumindest ihre Kanten zu glätten, um vom Unheimlichen wegzuschauen und auf Vertrautes zu blicken. Dies schließt das Bestreben ein, selbst in Unheimliches etwas Vertrautes hineinzudeuten.[82]

Nietzsche blieb allerdings mit derartigen Postulaten zunächst noch weitgehend allein, da größere Teile der europäischen Intelligenz erst Jahre später von einem ähnlichen, alle überlieferten Glaubensfundamente in Frage stellenden Krisenbewusstsein erfasst wurden. Dennoch mehrten sich die Zweifel, ob die Geschichts- und Kulturphilosophie der Aufklärung, aus welcher der Fortschrittsglaube und die Idee der Einheit der kulturellen Entwicklung im neuen Europa hervorgegangen waren, nicht eine einzige große Illusion sei.[83] Es war Nietzsche, der diese Zweifel einer radikalen Analyse unterzog und in der Philosophie Denkmodelle der Moderne antizipierte.

Durch seine Neukonzeption des Subjekts, des „Ich", des Willens und der seines Erachtens illusorischen Auffassung von „Sein" hat Nietzsche einen erheblichen Einfluss auf manche Denker des 20. Jahrhunderts ausgeübt, so etwa auf Martin Heidegger und manche französische Philosophen der Postmoderne. Diese wiederum rekurrierten in ihrem Denken teilweise zugleich auf Marx und Freud.[84]

In der Tat lassen sich bei Nietzsche unzählige moderne, von den althergebrachten Denktraditionen völlig oder weitgehend abgekoppelte Auffassungen finden, welche die tradierten philosophischen Erkenntnistheoreme über das „Ich" und sein (Selbst-)Bewusstsein hinwegfegen und zugleich die freudsche Psychoanalyse mit ihren Einsichten in die Rolle des Unbewussten, der Sexualität und der Ressentimentbildung vorweg-

---

[82] Haumann 2011, 67; Böhm 2009, 34f.; Safranski 2007, 285 u. 295; Nietzsche, *Werke*, I, 388 u. 125 (Zitat).

[83] Safranski 2007, 284; Kahl 2000, 7f.; Gall 1997, 24.

[84] Delius 2005, 90. Ferner: Gasser 1997.

nehmen.[85] So zweifelt Nietzsche etwa gerade an dem, was René Descartes mit seinem Grundsatz *Cogito, ergo sum* (lat.; deutsch „*Ich denke, also bin ich*") als etwas Unzweifelhaftes voraussetzt, nämlich, dass es das „Ich" als Subjekt tatsächlich gibt, da das zweifelnde Bewusstsein von seiner eigenen Aktivität und damit auch von seiner Existenz weiß. Dieses *fundamentum inconcussum*, also die nicht weiter kritisierbare Basis der philosophischen Erkenntnis, auf die Descartes setzen zu können glaubte, führt in Nietzsches Augen jedoch nicht über den Menschen hinaus, sondern erst recht wieder zu ihm zurück, zur enttäuschenden Selbstkonfrontation.[86] In *Jenseits von Gut und Böse* (*Vorspiel einer Philosophie der Zukunft*; 1886) merkt er denn auch an, man müsste eigentlich sagen „es denkt" statt des üblichen descartesschen „ich denke":

> Was den Aberglauben der Logiker betrifft: so will ich nicht müde werden, eine kleine kurze Tatsache immer wieder zu unterstreichen, welche von diesen Abergläubischen ungern zugestanden wird – nämlich, dass ein Gedanke kommt, wenn „er" will, und nicht wenn „ich" will; so dass es eine *Fälschung* des Tatbestandes ist zu sagen: das Subjekt „ich" ist die Bedingung des Prädikats „denke". *Es* denkt: aber dass dies „es" gerade jenes alte berühmte „Ich" sei, ist, milde geredet, nur eine Annahme, eine Behauptung, vor allem keine „unmittelbare Gewissheit".[87]

In Nietzsches Nachlass aus dem Jahr 1888 findet sich eine vernichtende Kritik, die sich nicht nur gegen die Philosophie in ihrer Gänze, sondern auch gegen die vermeintliche Macht des „Bewusstseins" richtet:

> Die ungeheuren Fehlgriffe:
>
> 1. die unsinnige *Überschätzung des Bewusstseins*, aus ihm eine Einheit, ein Wesen gemacht: „der Geist", „die Seele", etwas, das fühlt, denkt, will –
> 2. der Geist als *Ursache*, namentlich überall wo Zweckmäßigkeit, System, Koordination erscheinen;

---

[85] Kahl 2000, 6.

[86] Kohler 1998, 23. Zu Descartes vgl. Precht 2007, 51-57. Descartes streifte kirchliche Glaubensgewissheiten ab und hob den Zweifel in das Zentrum seines Denkens. Er ging davon aus, dass die Frage, wie die Welt „an sich" sei, nur beantwortet werden könne, wenn man ergründe, wie sie sich dem menschlichen Denken darstelle. Auf die Frage, woher ich wisse, wer ich sei, hat Descartes die Antwort gegeben: „Durch mein Denken" – „*Cogito, ergo sum*". Nietzsche nannte Descartes dafür später den „Großvater der Revolution", die der Vernunft allein die Autorität zuerkannt hatte (ebd. 55).

[87] Nietzsche, *Werke*, II, 580f. (Hervorhebungen im Original).

3. das Bewusstsein als höchste erreichbare Form, als oberste Art Sein, als „Gott";

4. der Wille überall eingetragen, wo es Wirkung gibt;

5. die „wahre Welt" als geistige Welt, als zugänglich durch die Bewusstseins-Tatsachen;

6. die *Erkenntnis* absolut als Fähigkeit des Bewusstseins, wo überhaupt es Erkenntnis gibt.[88]

Angesichts dieser in seinen Augen fundamentalen Fehleinschätzungen der Philosophie postuliert Nietzsche, die Menschen seien „eine Vielheit, welche sich eine Einheit eingebildet hat". Es müsse „eine Menge Bewusstseins und Willens in jedem komplizierten organischen Wesen geben", aber „unser oberstes Bewusstsein hält für gewöhnlich die anderen geschlossen." Die „Vielheit", die Nietzsche im „*In-dividuum*", dem angeblich „Ungeteilten", erkennt, liegt für ihn auch den philosophischen Welterklärungen zugrunde.[89] Diese können demnach immer nur verschiedene Perspektiven, nie jedoch absolute Wahrheiten bieten. Nietzsche hielt alles, vor allem aber das Absolute – so etwa die Idee des Wahren, Guten und Gerechten – für ein Konstrukt, für eine abhängige Variable der Endlichkeiten und Bedürfnisse menschlichen Existierens bzw. Existenzwillens. Auch das Wissen der Wissenschaft betrachtete er als ein solches Konstrukt des Daseinswillens.

Leben, menschliches Leben, verlangt demzufolge gleichsam nach Täuschung, Schein und Selbstillusionierung. Wenn jedoch dem Menschen keine transzendente, absolute, „wahre" Wahrheit zur Verfügung stehe, müssten Metaphysik, Religion – zu welcher in Nietzsches Augen eben auch die Vernunftreligion „Wissenschaft" zu zählen sei – und deren Erfindungen die Leerstelle ausfüllen. Sie alle verkörpern das Versprechen und die Hoffnung auf ein besseres Leben und eine glücklichere Zukunft.[90] In einem seiner nachgelassenen Fragmente von Ende 1886 / An-

---

[88] Nietzsche, *Werke*, III, 733 (Hervorhebungen im Original).

[89] So heißt es in einem Nachlassfragment aus dem Jahre 1881: „Wie kommt es, dass wir unsere stärkeren Neigungen auf Unkosten unserer schwächeren Neigungen befriedigen? – An sich, wenn wir eine Einheit wären, könnte es diesen Zwiespalt nicht geben. Tatsächlich sind wir eine Vielheit, *welche sich eine Einheit eingebildet hat*. Der Intellekt als das Mittel der Täuschung mit seinen Zwangsformen ,Substanz' ,Gleichheit' ,Dauer' – *er* erst hat die Vielheit sich aus dem Sinne geschlagen." (zitiert nach   http://www.nietzschesource.org/texts/eKGWB/NF-1881,12;   Link vom 22. Januar 2012; Hervorhebungen im Original).

[90] Delius 2005, 90; Kohler 1998, 23f. Zu widersprechen wäre demnach Kahls Postulat (2000, 8), Nietzsches „Preisgabe des Wahrheitsbegriffs" sei „desasträs für das Leben in Alltag, Politik und Philosophie". Sie ge-

fang 1887 wendet sich Nietzsche entschieden gegen den Positivismus und subjektiven Idealismus, indem er dem Tatsachendenken eine Absage erteilt und diesem seine Idee der Vielfalt der Perspektiven und Lesarten entgegensetzt:

> Gegen den Positivismus, welcher bei den Phänomenen stehn bleibt „es gibt nur *Tatsachen*", würde ich sagen: nein, gerade Tatsachen gibt es nicht, nur *Interpretationen*. Wir können kein Faktum „an sich" feststellen: vielleicht ist es ein Unsinn, so etwas zu wollen. „Es ist alles *subjektiv*" sagt ihr: aber schon das ist *Auslegung*. Das „Subjekt" ist nichts Gegebenes, sondern etwas Hinzu-Erdichtetes, Dahinter-Gestecktes. – Ist es zuletzt nötig, den Interpreten noch hinter die Interpretation zu setzen? Schon das ist Dichtung, Hypothese. Soweit überhaupt das Wort „Erkenntnis" Sinn hat, ist die Welt erkennbar: aber sie ist anders *deutbar,* sie hat keinen Sinn hinter sich, sondern unzählige Sinne. – „Perspektivismus." Unsere Bedürfnisse sind es, *die die Welt auslegen;* unsere Triebe und deren Für und Wider. Jeder Trieb ist eine Art Herrschsucht, jeder hat seine Perspektive, welche er als Norm allen übrigen Trieben aufzwingen möchte.[91]

In diesem Sinne öffnet sich die Welt unendlich vielen Interpretationen, die durchzuführen, also zu leben und nachzuvollziehen, immer an eine bestimmte Art des Existierens gebunden ist. Damit verbunden ist auch der Wille zur Durchsetzung von „Macht". Diese unbegrenzten Interpretationen können völlig inkommensurabel sein, also miteinander nicht vergleich- oder messbar. Sie können sich aber auch weder ganz ausschließen noch ineinander überführt werden und in Überlappungs-zonen koexistieren. Dass in Nietzsches Denken und Werk Unvereinbares aufeinanderprallt und dadurch erst eine fruchtbare Eristik herausgebildet wird, hat die Schriftstellerin, Psychoanalytikerin und Vertraute Nietzsches, Lou Andreas-Salomé,[92] als eine der ersten gezeigt. Stefan Zweig wiederum bringt diesen Umstand auf die Formel:

---

höre zum Bild des „Übermenschen", der alle objektiven Normen des Erkennens und Handels zurückweise. Vielmehr führt Nietzsches Kritik an absoluten Wahrheiten zur höchst modernen Propagierung eines multi-perspektivischen Weltbildes, das verschiedene Sichtweisen zulässt und diese Spannung auch aushalten muss. Von daher überrascht Kahls Behauptung, Nietzsche hätte am Leben und seiner Kontingenz vorbeige-dacht (ebd. 13).

[91] Nietzsche, *Werke*, III, 903 (Hervorhebungen im Original).

[92] Ausführlich hierzu: Salber 2004; Deimel 2002; Wiesner-Bangard / Welsch 2002; Schahadat 1998; Welsch / Wiesner 1988; Andreas-Salomé 1974; Pfeiffer 1970; Freud / Andreas-Salomé 1966.

Aber Nietzsche ist nicht zu bannen in eine Lehre, nicht festzunageln an eine Überzeugung – nie ist […] das Schulmeisterkunststück versucht, aus einer erschütternden Tragödie des Geistes eine kalte „Erkenntnistheorie" zu exzerpieren – denn nie hat sich der leidenschaftliche Relativist aller Werte an irgendein Wort seiner Lippe, an eine Überzeugung seines Gewissens, an eine Leidenschaft seiner Seele dauernd gebunden oder gar verpflichtet erachtet. „Ein Philosoph braucht und verbraucht Überzeugungen", antwortet er überlegen den Sesshaften, die stolz sich ihres Charakters und ihrer Überzeugungen rühmen.[93]

Verglichen mit den bis dahin gültigen bzw. angestrebten Erkenntnistheorien, fußte Nietzsches eigenes, höchst ambivalentes Streben nach Erkenntnis auf einem, wie Zweig pointiert festhielt, „ganz andere[n] Temperament", auf „einer geradezu antipodischen Welt des Gefühls". Nietzsches Einstellung zur Wahrheit sei, so Zweig, …

… eine durchaus dämonische, eine zitternde[,] atemheiße, nervengejagte, neugierige Lust, die sich nie befriedigt und nie erschöpft, die nirgends stehenbleibt bei einem Resultat und über alle Antworten hin sich immer wieder ungeduldig und unbändig weiterfragt. Niemals zieht er eine Erkenntnis dauernd an sich und macht sie mit Eid und Treueschwur zu seinem Weibe, zu seinem „System", zu seiner „Lehre". Alle reizen ihn an, und keine kann ihn halten. […] ihn reizt bis zum Schmerz, bis zur Verzweiflung nicht das Erobern, nicht das Halten und Haben, sondern immer nur das Fragen, das Suchen und Jagen. […]
     Er weiß, der ewige Relativist der Werte, dass keiner dieser Erkenntnisakte, dieser Besitzergreifungen mit heißem Geist schon ein wirkliches „zu Ende kennen" ist […]. Darum richtet sich Nietzsche niemals haushälterisch ein im Sinne des Sparens und Bewahrens und baut kein geistiges Haus […].[94]

Nietzsche, der ewige „Relativist der Werte", beschwor nicht die Dauer des Gefühls, sondern die großen und verzückten Augenblicke, die „gefährlichen Vielleichts".[95] Er war davon überzeugt, dass kein Erkenntnisakt zu einem letztgültigen Ende führen kann, dass sich Wahrheit im abschließenden Sinn weder erfassen noch besitzen lässt, da sie stets, in allen Problemen und Fragen, nur für einen Augenblick aufscheint – und in keinem für immer:[96]

---

[93] Zweig 2009, 281.

[94] Zweig 2009, 261f.

[95] Nietzsche, Werke, II, 568 (*Jenseits von Gut und Böse*); Zweig 2009, 262.

[96] Zweig 2009, 261-263, 273 u. 284.

Es gibt immer noch harmlose Selbst-Beobachter, welche glauben, dass es „unmittelbare Gewissheiten" gebe, zum Beispiel „ich denke", oder, wie es der Aberglaube Schopenhauers war, „ich will": gleichsam als ob hier das Erkennen rein und nackt seinen Gegenstand zu fassen bekäme, als „Ding an sich", und weder vonseiten des Subjekts, noch vonseiten des Objekts eine Fälschung stattfände. Dass aber „unmittelbare Gewissheit", ebenso wie „absolute Erkenntnis" und „Ding an sich", eine *contradictio in adjecto* in sich schließt, werde ich hundertmal wiederholen: man sollte sich doch endlich von der Verführung der Worte losmachen! Mag das Volk glauben, dass Erkennen ein zu Ende-Kennen sei, der Philosoph muss sich sagen: wenn ich den Vorgang zerlege, der in dem Satz „ich denke" ausgedrückt ist, so bekomme ich eine Reihe von verwegnen Behauptungen, deren Begründung schwer, vielleicht unmöglich ist, – zum Beispiel, dass *ich* es bin, der denkt, dass überhaupt ein Etwas es sein muss, das denkt, dass Denken eine Tätigkeit und Wirkung seitens eines Wesens ist, welches als Ursache gedacht wird, dass es ein „Ich" gibt, endlich, dass es bereits feststeht, was mit Denken zu bezeichnen ist – dass ich *weiß*, was Denken ist. (*Jenseits von Gut und Böse*) [97]

Ich will sagen: die *allermeisten* finden es nicht verächtlich, dies oder jenes zu glauben und darnach zu leben, *ohne* sich vorher der letzten und sichersten Gründe für und wider bewusst worden zu sein und ohne sich auch nur die Mühe um solche Gründe hinterdrein zu geben – die begabtesten Männer und die edelsten Frauen gehören noch zu diesen „Allermeisten". Was ist mir aber Gutherzigkeit, Feinheit und Genie, wenn der Mensch dieser Tugenden schlaffe Gefühle im Glauben und Urteilen bei sich duldet, wenn *das Verlangen nach Gewissheit* ihm nicht als die innerste Begierde und tiefste Not gilt – als das, was die höheren Menschen von den niederen scheidet! Ich fand bei gewissen Frommen einen Hass gegen die Vernunft vor und war ihnen gut dafür: so verriet sich doch wenigstens noch das böse intellektuale Gewissen! Aber inmitten dieser *rerum concordia discors* („der Dinge zwieträchtige Eintracht", A.S.)[98] und der ganzen wundervollen Unge-

---

[97] Nietzsche, *Werke*, II, 579f. (Hervorhebungen im Original). Eine *Contradictio in adjecto* (lat.) bezeichnet einen unmittelbaren Widerspruch (*contradictio*) in sich (eigentlich „in der Beifügung") und damit einen logischen Widerspruch, der in Begriffen und Urteilen zu finden ist. Eine solche *contradictio* besteht darin, dass ein Begriff einander widersprechende Merkmale enthält oder dass einem Gegenstand, wie der „absoluten Erkenntnis" bei Nietzsche, gegensätzliche Merkmale zugeschrieben werden.

[98] Die „der Dinge zwieträchtige Eintracht" (*rerum concordia discors*) ist ein Oxymoron, das Horaz im ersten Buch seiner *Epistulae* (um 20 v.

wissheit und Vieldeutigkeit des Daseins stehen *und nicht fragen*, nicht zittern vor Begierde und Lust des Fragens, nicht einmal den Fragenden hassen, vielleicht gar noch an ihm sich matt ergötzen – das ist es, was ich als *verächtlich* empfinde, und diese Empfindung ist es, nach der ich zuerst bei jedermann suche – irgendeine Narrheit überredet mich immer wieder, jeder Mensch habe diese Empfindung, als Mensch. Es ist meine Art von Ungerechtigkeit. […]

Wer da empfindet „ich bin im Besitz der Wahrheit", wie viel Besitztümer lässt der nicht fahren, um diese Empfindung zu retten! Was wirft er nicht alles über Bord, um sich „oben" zu erhalten – das heißt *über* den andern, welche der „Wahrheit" ermangeln!⁹⁹

Die Standpunkte und Einsichten, die Nietzsche gewann, waren nie von Dauer. Nietzsche lehnte jeden Blick zurück ab, jeden Stolz über und jede Freude am Gewonnenen. Er, der ewige „Homo quaerens", wollte die sich ihm eröffnenden Erkenntnisse nicht besitzen und verwalten. Vielmehr war „das Unbekannte, nie Eroberte, nie Erkannte […] seine unendliche Zone, das Entladen seiner Kraft, das ‚Aufstören der Schläfrigkeit' seine einzige Lust" (ZWEIG). Insofern war es nur konsequent, dass Nietzsche keinem Glauben angehörte, keinem Land, auch keiner Nation verschworen war und als „Immoralist" alle althergebrachten Moralvorstellungen und Ethiken als „widernatürlich" betrachtete (*Die fröhliche Wissenschaft* [*„la gaya scienza"*]; 1882, 1887 ergänzt).¹⁰⁰ So heißt es in der *Götzen-Dämmerung*:

Der Immoralist redet. – Einem Philosophen geht nichts *mehr* wider den Geschmack als der Mensch, *sofern er wünscht...* Sieht er den Menschen nur in seinem Tun, sieht er dieses tapferste, listigste, ausdauerndste Tier verirrt selbst in labyrinthische Notlagen, wie bewunderungswürdig erscheint ihm der Mensch! Er spricht ihm noch zu... Aber der Philosoph verachtet den wünschenden Menschen, auch den „wünschbaren" Menschen – und überhaupt alle Wünschbarkeiten, alle *Ideale* des Menschen.¹⁰¹

Nietzsche unterzog auch die gegen Ende des 19. Jahrhunderts aufkommende Wissenschaft der Psychologie einer dezidierten Kritik und zugleich einer weiter führenden Interpretation. Denn die Psychologie sei,

---

Chr.) (12, 19) anführt, um das Entstehen und Vergehen der Dinge bzw. Stoffe aus dem Zusammenwirken entgegengesetzter Kräfte (z. B. „Hassliebe") in der Natur zu veranschaulichen.

⁹⁹ *Die fröhliche Wissenschaft.* Nietzsche, *Werke*, II, 36f. (Aphorismus 2: „Das intellektuelle Gewissen") u. 46 (Aphorismus 13: „Zur Lehre vom Machtgefühl") (Hervorhebungen im Original).

¹⁰⁰ Nietzsche, *Werke*, II, 35; Zweig 2009, 268 (Zitat ebd.).

¹⁰¹ Nietzsche, *Werke*, II, 1007 (Hervorhebungen im Original).

so Nietzsche, mit der Begabung und der Hand des Psychologen noch nicht erschöpft. Vielmehr müsse sie in erster Linie als Sache des Charakters betrachtet werden, d. h. jenes Mutes, „alles zu denken, was man weiß". Nietzsche hielt die Psychologie im Idealfall für „Erkenntnis*fähigkeit*, gepaart mit einer ganz urhaften männlichen Kraft des Erkenntnis*willens*."[102] (ZWEIG). In Nietzsches Augen muss der wirkliche Psychologe dort, wo er sehen *kann*, auch sehen *wollen*. In Sachen Erkenntnis ist „Blindheit nicht Irrtum, sondern Feigheit". Um über einen ethischen Wert zu verfügen und die letzten Geheimnisse zu eröffnen, muss jede Wahrheit und jede Wahrhaftigkeit bis zum Äußersten gehen. Wahrheit, wie sie Nietzsche verstand, konnte nicht in fester, kristallener Form vorliegen und den Schlusspunkt einer Gleichung darstellen, sondern sich ausschließlich als unbedingter Wille „zum *Wahrsein* und *Wahrbleiben*" manifestieren, in stetiger Steigerung und Anspannung des eigenen Lebensgefühls.[103] So heißt es in Aphorismus 287 der *Fröhlichen Wissenschaft*:

> *Lust an der Blindheit.* – „Meine Gedanken", sagte der Wanderer zu seinem Schatten, „sollen mir anzeigen, wo ich stehe; aber sie sollen mir nicht verraten, *wohin ich gehe.* Ich liebe die Unwissenheit um die Zukunft und will nicht an der Ungeduld und dem Vorwegkosten verheißener Dinge zugrunde gehen."[104]

Für Nietzsche forderte alles Verborgene eine ‚harte Hand'. Unbeugsam brachte er sich gegen alle Halbheiten und jegliches Sfumato der Erkenntnislehren in Stellung. „Blind sein" oder „wissen wollen", mit dieser grundlegenden Entscheidung sah er sich und die Menschheit konfrontiert:

> Mein Gewissen des Geistes will es so von mir, dass ich eins weiß und sonst alles nicht weiß: es ekelt mich aller Halben des Geistes, aller Dunstigen, Schwebenden, Schwärmerischen.
>
> Wo meine Redlichkeit aufhört, bin ich blind und will auch blind sein. Wo ich aber wissen will, will ich auch redlich sein, nämlich hart, streng, eng, grausam, unerbittlich. (*Also sprach Zarathustra*)[105]

---

[102] Zweig 2009, 273 (Hervorhebungen im Original).

[103] Zweig 2009, 272f. u. 275f. (Zitate 273 u. 275; Hervorhebungen im Original). Nietzsches Kritik an Kant ist u. a. auch darauf zurückzuführen, dass Kant Nietzsche zufolge den Gottbegriff auf Umwegen und gleichsam „mit weggewendetem Blick" wieder in sein System „einschleichen ließ" (Zweig) und auf diese Weise das Streben nach unbedingter Wahrhaftigkeit unterlief (ebd. 273).

[104] Nietzsche, *Werke*, II, 167 (Hervorhebungen im Original)

[105] Nietzsche, *Werke*, II, 489f.

Vor diesem Hintergrund wird deutlich, weshalb die Perspektiven, unter denen Nietzsches Werk gesehen und ausgelegt wird, äußerst unterschiedlich sind. Sein Œuvre entstand innerhalb von nur zwei Jahrzehnten, zwischen 1869, als er im Alter von vierundzwanzig Jahren auf Empfehlung seines Leipziger Lehrers Friedrich Ritschl außerordentlicher Professor für Klassische Philologie in Basel geworden war, und Anfang 1889, als er in geistige Umnachtung fiel.

Die meisten Schriften Nietzsches bestehen, bis auf wenige Ausnahmen, überwiegend aus kurzen Absätzen, im Grunde genommen eher aus Aphorismen und Sentenzen. Sie sind in einem klaren Prosastil und zugleich in einer artistischen, stilistisch an die Rhetorik des Sturm und Drang erinnernden, teilweise auch den Sprachgestus des deutschen Frühexpressionismus vorwegnehmenden Sprache verfasst. Demgegenüber gibt *Also sprach Zarathustra*, einem alttestamentlichen Bericht ähnlich, die Gleichnisreden eines Weisen und Propheten wieder und wurde wohl nicht zuletzt deshalb zu der „heiligen Schrift" einer ganzen Generation, die den Ruf nach einem neuen Menschen und der Befreiung von den Fesseln des Fortschrittsglaubens begeistert aufnahm. Hier ist für das Verständnis ein anderer hermeneutischer Zugang erforderlich als bei Nietzsches philosophischen Traktaten, die einer strengen Argumentationslogik folgen.[106]

Was Nietzsches Gegnern so sehr missfiel und heute noch missfällt – sein Pathos und sein umfassender Anspruch, die irritierende, zur systematischen Selbstaufhebung führende Bereitschaft des Textes, Erkenntnisperspektiven zu verschieben und umzudrehen, aber auch die schmerzhafte Offenheit und Fraglichkeit der in Aussicht gestellten großen Antworten – begründet für Nietzsches Anhänger seinen einzigartigen stilistischen Rang sowie die philosophische Tiefe seiner Rede.

Entsprechend weit gehen die Nietzsche-Deutungen auseinander, was nicht nur Nietzsches philosophischem Kosmos, sondern auch seiner Intention entsprochen haben dürfte. Bei der Nietzsche-Rezeption ist die Bewegung des Nichtverstehens zusammen mit jener des Verstehens zu

---

[106] Kahl 2000, 5 u. 12. Kahl weist im Zusammenhang mit Nietzsches Schreibstil darauf hin, dass seine Diktion „die Grenze zum Kitsch nicht selten überschreitet (Hauptbeispiel: Zarathustra)." (ebd. 5). Der Einfluss von Nietzsches Sprache und Ausdrucksweise lässt sich u. a. anhand der heute außerordentlich populären Schrift *Der Prophet* (1923) des libanesisch-amerikanischen Künstlers, Dichters und Schriftstellers Ḫalīl Ǧibrān, (Khalil Gibran) aufzeigen (vgl. Ǧibrān [Gibran] 2008), der Nietzsche zwar bewunderte, sich jedoch von dessen Atheismus abgestoßen fühlte.

vollziehen, wenn schließlich „so etwas wie ein Verständnis gewonnen werden soll."[107]

Der französische Schriftsteller, Soziologe, Anthropologe und Philosoph Georges Bataille erhob in diesem Zusammenhang die Forderung nach einem „identifikatorischen Verstehen": „Von Nietzsche zu sprechen ist sinnvoll nur von innen heraus und wenn man dem, was er verneinte, abschwört und es *vergisst*."[108]

Als Denker, der stolz von sich behauptete, er sei „kein Mensch", sondern „Dynamit" (*Ecce homo*), und er philosophiere „mit dem Hammer" (*Götzen-Dämmerung oder Wie man mit dem Hammer philosophiert*), kann Nietzsche durchaus Kontaktängste schüren. Für manche Rezipienten kündigt sich gerade in solchen Aussagen auch das Gewaltpotential seiner Gedankenwelt an:

> Eine andre Genesung, unter Umständen mir noch erwünschter, ist *Götzen aushorchen*... Es gibt mehr Götzen als Realitäten in der Welt: das ist *mein* „böser Blick" für diese Welt, das ist auch mein „böses *Ohr*"... Hier einmal mit dem *Hammer* Fragen stellen und, vielleicht, als Antwort jenen berühmten hohlen Ton hören, der von geblähten Eingeweiden redet – welches Entzücken für einen, der Ohren noch hinter den Ohren hat – für mich alten Psychologen und Rattenfänger, vor dem gerade das, was still bleiben möchte, *laut werden muss*... (*Götzen-Dämmerung*)[109]

Von Nietzsches hyperbolischem Selbstbewusstsein zeugen ferner buchstäblich einverleibte Metaphern wie jene in Aphorismus 62 der *Fröhlichen Wissenschaft*:

> Ja! Ich weiß, woher ich stamme!
> Ungesättigt gleich der Flamme
> Glühe und verzehr ich mich.
> Licht wird alles, was ich fasse,
> Kohle alles, was ich lasse:
> Flamme bin ich sicherlich.[110]

Zugleich war Nietzsche ein ausgesprochen feinsinniger, feinfühliger und feinhöriger Ästhet und Psychologe. Und dieser Antagonismus mag den Zugang zu seiner Persönlichkeit und seinem Œuvre erschweren, diese „Verschränkung von Ästhetentum und Barbarei"[111] (KAHL). Das Urteil

---

[107] Haas 1998, 38 (Zitat ebd.).
[108] Haas 1998, 38 (Zitat ebd.; Hervorhebung im Original).
[109] Nietzsche, Werke, II, 941 (Hervorhebungen im Original).
[110] Nietzsche, *Werke*, II, 32.
[111] Kahl 2000, 5f.

des französischen Lyrikers, Philosophen und Essayisten Paul Valéry bringt alle diese Rezeptionsambivalenzen auf den Punkt: „Nietzsche n'est pas une nourriture – c'est un excitant." Nietzsche ist demnach keine Nahrung, sondern ein Aufputschmittel, eine Droge. Und Thomas Mann hält in seinem oft zitierten Nietzsche-Essay aus dem Jahre 1946 fest: „Wer Nietzsche ‚eigentlich' nimmt, wörtlich nimmt, wer ihm glaubt, ist verloren." Nietzsche wörtlich nehmen, das heißt ihn richten, wie der Philosoph Karl Joël schon vor Thomas Mann erkannt hatte. Für den exegetischen Spielraum, den Nietzsches proteusartige Texte lassen, fand Kurt Tucholsky 1932 die treffende Formel: „Sage mir, was du brauchst, und ich will dir dafür ein Nietzsche-Zitat geben."[112]

In diesen Kontext fügt sich auch Nietzsches provokative Nachlassnotiz ein: „Es schmeichelt mehr, missverstanden zu sein als unverstanden: gegen das Unverständliche bleibt man kalt, und Kälte beleidigt." Von einer rhetorischen Schuld ist Nietzsche dennoch nicht freizusprechen, da seine Sprache wenig Widerstand gegenüber Indienstnahmen aller Art bietet, wie das Beispiel des Nationalsozialismus zeigt.[113]

Die Werke, die Nietzsche in den frühen 1870er Jahren veröffentlichte, als er den Lehrstuhl für Klassische Philologie in Basel innehatte, waren noch deutlich weniger radikal, originell und auch weniger vielschichtig als jene, die nach seinem Rücktritt vom Lehramt an die Öffentlichkeit gelangten. Dass diese frühen Schriften überdies in einem wesentlich zugänglicheren Stil verfasst waren, liegt zum einen sicher an der Entstehungszeit, zum anderen aber auch daran, dass Nietzsche damals, wie auch sein älterer Kollege Jacob Burckhardt, nach wie vor stark von Ar-

---

[112] Zweig 2009, 266-268; Delius 2005, 90; Raabe 2005, 7; Heftrich 2000, 208 (Thomas Mann-Zitat); Kahl 2000, 5f.; Walther 2000; Kohler 1998, 21; Mazenauer, 1998, 62 (Tucholsky-Zitat); Safranski 1998, 42; Nietzsche, *Werke*, II, 939 u. 1152.

Im ersten Band seiner 1973/74 postum veröffentlichten *Cahiers* schreibt Valéry über Nietzsche: „Toute métaphysique est un produit de l'inattention. On voit Nietzsche, par exemple, si prévenu, si actif contre les fantômes verbaux, en arriver à la *volonté de puissance*, lui qui mettait la volonté *entre guillemets*, comme les mots suspects dont on ne prend pas la responsabilité." (*Cahiers*, I, 568; Hervorhebungen im Original; dt.: „Jede Metaphysik ist ein Produkt der Unaufmerksamkeit. Man denke zum Beispiel an Nietzsche, wie er, stets wachsam und unerbittlich gegen verbale Phantome, schließlich beim *Willen zur Macht* anlangte, er, der den Willen *in Anführungszeichen* setzte, wie die verdächtigen Wörter, für die man keine Verantwortung übernimmt.").

[113] Mazenauer 1998, 63; Nietzsche, KSA, XII, 51.

thur Schopenhauer beeinflusst war,[114] obschon er bereits erste kritische Einwände gegen dessen System erhob.

Der deutsche Philosoph, Autor und Hochschuldozent Schopenhauer vertrat als einer der ersten Philosophen des 19. Jahrhunderts die Ansicht, dass der Welt ein irrationales Prinzip zugrunde liegt. Schopenhauer zufolge existiert die Erscheinungswelt nur so, wie sie wahrgenommen wird und sich im menschlichen Bewusstsein verankert: „Die Welt ist meine Vorstellung" gilt als Hauptformel seiner Philosophie. Was den Menschen als „Welt" erscheine, sei nur „für sie" vorhanden – und nicht „an sich".

Bereits im Titel seines Hauptwerkes *Die Welt als Wille und Vorstellung* (1818) wird diese Grundidee von Schopenhauers Philosophie verdeutlicht: Schopenhauer stimmt mit Immanuel Kant darin überein, dass der erkennende Mensch die Welt nur innerhalb seiner „Vorstellung" erfährt, was bedeutet, dass die Welt durch die Erkenntnisweise des Subjekts bedingt ist. Indes gibt es für Schopenhauer – im Gegensatz zur Auffassung Kants – etwas, was dieser Vorstellungswelt zugrunde liegt und damit unabhängig von aller Erfahrung und Erkenntnis besteht. Diesen Urgrund nennt Schopenhauer den „Willen". Der „Wille" ist weder ein Ziel noch eine Absicht, sondern eine Art alles durchdringende Kraft, mithin das innere Wesen der Dinge und die Triebkraft der Natur. Als „Ding an sich" liegt der Wille der gesamten Wirklichkeit zugrunde, und er offenbart sich stets in einzelnen Willensmanifestationen, die wiederum allesamt Manifestationen dieses einen Willens sind.

Nietzsche war bewusst geworden, dass das lösende, auch befreiende Moment, das er bei Schopenhauer gefunden hatte, nicht in dessen Dogmen lag, sondern primär in Schopenhauers geistigem Charakter, in seiner Wahrhaftigkeit, seinem denkerischen Mut, seiner überlegenen Weite und der künstlerischen Kraft seines Stils. Noch bestand zwischen den unkonventionellen Ansichten des jungen Nietzsche und der Denkart seines Publikums eine gewisse Übereinstimmung. Und doch entfaltete Nietzsche bereits in seinen frühen Schriften manche jener zentralen Themen, die er in seinen späteren Jahren weiterführen, akzentuieren und den traditionellen philosophischen Überzeugungen entgegenstellen sollte. Überdies legt sein Frühwerk mit großer Klarheit die Positionen dar, die Nietzsche mit Schopenhauer teilte, insbesondere die Kritik und Abwehr des Liberalismus, der demokratischen Bewegungen und ihrer Bildungskonzepte, der zunehmenden Macht des Staates sowie grundsätzlich des rationalistischen Wissensoptimismus, den das 19. Jahrhundert als Erbe der Aufklä-

---

[114] Vgl. hierzu Laska 2002.

rung übernommen hatte.[115] Damit stellte bereits der junge Nietzsche zentrale Postulate und Entwicklungen im bürgerlichen Europa des 19. Jahrhunderts zur Diskussion oder eher: in Frage. Im *Versuch einer Selbstkritik* (1886) zur *Geburt der Tragödie aus dem Geiste der Musik* prononciert Nietzsche sein Anliegen:

> Wie? könnte vielleicht, allen „modernen Ideen" und Vorurteilen des demokratischen Geschmacks zum Trotz, der Sieg des *Optimismus*, die vorherrschend gewordene *Vernünftigkeit*, der praktische und theoretische *Utilitarismus*, gleich der Demokratie selbst, mit der er gleichzeitig ist, – ein Symptom der absinkenden Kraft, des nahenden Alters, der physiologischen Ermüdung sein? Und gerade *nicht* – der Pessimismus?[116]

---

[115] Delius 2005, 88; Gossman 2005, 543f.; Laska 2002; Janz 1978, I, 244-246 u. 258-260.

[116] Nietzsche, *Werke*, I, 13 (Hervorhebungen im Original).

Die Rechtfertigung des Daseins aus ästhetischer Sicht

> Die Wissenschaft hat das mit der Kunst gemein, daß ihr das Alltäglichste völlig neu und anziehend, ja wie durch die Macht einer Verzauberung als eben geboren und jetzt zum ersten Male erlebt erscheint. Das Leben ist wert, gelebt zu werden, sagt die Kunst, die schönste Verführerin; das Leben ist wert, erkannt zu werden, sagt die Wissenschaft.
>
> *Nietzsche*, Homer und die klassische Philologie. Ein Vortrag (1869)[117]

Nietzsche vertrat die Ansicht, dass die von den zeitgenössischen Altertumswissenschaften verehrte Antike eine Verharmlosung der historischen Realität darstelle, angepasst an die Bedürfnisse und Erfordernisse eines ‚aufgeklärten‘ Zeitalters, das jedoch nicht mehr in der Lage sei, die Wahrheit des Lebens ebenso frei und offen ins Auge zu fassen wie seinerzeit die Griechen selbst. Als altphilologische Abhandlung entwirft Nietzsches *Geburt der Tragödie aus dem Geiste der Musik* dagegen ein eigenes, völlig neuartiges Bild der griechischen Klassik, das von seinen zeitgenössischen Fachkollegen nicht akzeptiert und zum Teil heftig kritisiert wurde.[118] In seiner primär philosophischen und damit die rein philologisch-wissenschaftliche Dimension überschreitenden Abhandlung gelangt Nietzsche zu einer entscheidenden Erkenntnis:

---

[117] Nietzsche, *Werke*, III, 159. Am 28. Mai 1869 hielt Nietzsche an der Universität Basel seine „Antrittsrede" bzw. Antrittsvorlesung „Über die Persönlichkeit Homers", die dann Ende des Jahres als Privatdruck unter dem Titel *Homer und die klassische Philologie. Ein Vortrag* erschien (vgl. Nietzsche, KSA, XV, 12 u. 89). Dem publizierten Text hat Nietzsche das folgende Gedicht vorangestellt (Nietzsche, *Werke*, III, 156):

> In Basel steh ich unverzagt
> Doch einsam da – Gott sei's geklagt.
> Und schrei ich laut: Homer! Homer!
> So macht das jedermann Beschwer.
> Zur Kirche geht man und nach Haus
> Und lacht den lauten Schreier aus.
> Jetzt kümmr' ich mich nicht mehr darum:
> Das allerschönste Publikum
> Hört mein homerisches Geschrei
> Und ist geduldig still dabei.
> Zum Lohn für diesen Überschwank
> Von Güte hier gedruckten Dank.

[118] Delius 2005, 90; Gossman 2005, 545.

[…] denn nur als *ästhetisches Phänomen* ist das Dasein und die Welt ewig *gerechtfertigt*: – während freilich unser Bewusstsein über diese unsre Bedeutung kaum ein andres ist, als es die auf Leinwand gemalten Krieger von der auf ihr dargestellten Schlacht haben. Somit ist unser ganzes Kunstwissen im Grunde ein völlig illusorisches, weil wir als Wissende mit jenem Wesen nicht eins und identisch sind, das sich, als einziger Schöpfer und Zuschauer jener Kunstkomödie, einen ewigen Genuss bereitet. Nur soweit der Genius im Aktus der künstlerischen Zeugung mit jenem Urkünstler der Welt verschmilzt, weiß er etwas über das ewige Wesen der Kunst; denn in jenem Zustande ist er, wunderbarerweise, dem unheimlichen Bild des Märchens gleich, das die Augen drehn und sich selber anschaun kann; jetzt ist er zugleich Subjekt und Objekt, zugleich Dichter, Schauspieler und Zuschauer.[119]

Hier zeigt sich sehr deutlich der Einfluss Schopenhauers auf den frühen Nietzsche. Denn Nietzsches Diktum, dass Welt und Dasein außerästhetisch keine Rechtfertigung besitzen, verweist deutlich auf Schopenhauers erkenntnisskeptische Gleichsetzung des sinnlosen „Willens" mit der Welt „an sich". Nietzsche blieb auch fortan der Überzeugung, dass der Wille – als nicht individuelle, metaphysisch verstandene Kraft – allem Leben, Denken und Handeln zugrunde liegt.

Dass nun gerade ästhetische Phänomene anstelle z. B. von Gott, Vernunft oder ethischen Prinzipien die Welt „rechtfertigen" sollten, lässt sich aus der eminenten Rolle erklären, die Friedrich Wilhelm Joseph Schelling und die Romantiker, aber eben auch Schopenhauer der Kunst zugewiesen hatten und die der junge Nietzsche nun radikal ins Zentrum seiner Weltsicht rückte. Nietzsches langjährige Vertraute, die deutsche Schriftstellerin und Frauenrechtlerin Malwida von Meysenbug, notierte hierzu in ihren Memoiren *Der Lebensabend einer Idealistin* (1898): „Und was doch gerade die frühere Schrift Nietzsches ,Schopenhauer als Erzieher' so hoch stellte, war, dass er es darin aussprach, die Kultur habe einen metaphysischen Zweck!"[120]

Wie Schopenhauer, von dem das Aperçu stammt „Musik ist die Melodie, zu der die Welt der Text ist", wähnte sich Nietzsche bei der Kunst, und insbesondere bei der Musik, im Herzen der Welt. Die Kunst sei, so Nietzsches Überzeugung, der Menschheit gegeben, damit diese nicht an der Wahrheit zugrunde gehe. Indem er Anfang 1888 dekretierte „Das

---

[119] Nietzsche, *Werke*, I, 40 (Hervorhebungen im Original).

[120] Meysenbug, *Lebensabend*, 247. Zu Malwida von Meysenbug: Le Rider 2005; Whittle / Pinfold 2005; Broer 2003; Tegtmeier-Breit 2000/2001; Biermann 1992; Tietz 1985; Meyer-Hepner 1948; Schleicher 1920 u. 1916.

Leben ohne Musik ist einfach ein Irrtum, eine Strapaze, ein Exil"[121], wies er dieser Kunstform den Auftrag zu, fundamentalen Sinn zu stiften in einer Welt, deren Fortschrittsheilslauf zweifelhaft geworden war. Darüber hinaus stellte die Musik für Nietzsche ein Medium der Entspannung und inneren Zurückberuhigung dar. In der Musik suchte er Erholung, nicht Aufregung. Im „Banne der Kunst" glaubte Nietzsche, sein wahres Sein zu finden (*Vierte Unzeitgemäße Betrachtung – Richard Wagner in Bayreuth*; 1876). Deshalb kämpfte er gegen die Gesinnung an, für die Kunst eine schöne, möglicherweise die schönste Nebensache ist, aber eben doch nur eine Nebensache. Mit seiner Empörung über die seiner Ansicht nach bürgerlichen Tempelschänder der Kunst, die er als „Bildungsphilister" diffamierte (*Vierte Unzeitgemäße Betrachtung – Richard Wagner in Bayreuth*; *Ecce homo*), reihte sich Nietzsche in die Tradition der romantischen Publikumsbeschimpfer ein.[122]

Allerdings modifizierte Nietzsche Schopenhauers Anschauung, nach der die Kunsterfahrung zur höchsten Form der Erkenntnis führe und platonistisch verstandene Ideen zur Anschauung bringe. Nietzsche war nämlich der Ansicht, dass die Kunst durch ihren Schein die Abgründe der Welt an sich verdecke, freilich ohne dass dieses Verdecken als Erzeugung trügerischer Illusionen und falschen Bewusstseins demaskiert werden könne. Daraus folgerte er, dass nicht nur der Mensch, sondern auch der sinnlose Lebensgrund einen Anschein von Harmonie und Ganzheit benötige, um nicht angesichts dieser Sinnlosigkeit zugrunde zu gehen. Dies erklärt Nietzsches tiefe Verbundenheit mit der Kunst, ungeachtet seines entlarvend-kritischen Blicks auf ihr Wesen und die Kunsterfahrung als solche.[123]

---

[121] Nietzsche, KGB, III/5, 232 (aus Nietzsches Brief vom 15. Januar 1888 an Heinrich Köselitz [Peter Gast]).

[122] Zweig 2009, 305-307; Bermbach 2005, 50; Delius 2005, 90f.; Safranski 2007, 282f.; Nietzsche, *Werke*, I, 142 u. 385 (*Vierte Unzeitgemäße Betrachtung – Richard Wagner in Bayreuth*) sowie II, 1114 (*Ecce homo*). Nietzsche betonte übrigens wiederholt und mit Stolz, dass der von ihm formulierte Begriff „Bildungsphilister" in der Sprache seinen Platz auf Dauer eingenommen habe.

[123] Delius 2005, 91.

Die Bipolarität des Seins – Das Apollinische und das Dionysische sowie der metaphysische Trost der Kunst

In der *Geburt der Tragödie aus dem Geiste der Musik* entfaltet Nietzsche eines seiner wichtigsten Denkmodelle, nämlich die Gegenüberstellung zweier Pole bzw. Prinzipien, die primär die Kunst, sekundär jedoch alle Lebensformen bestimmen und bis zu einem gewissen Grad Schopenhauers Unterscheidung zwischen dem „Willen" einerseits und der „Vorstellung" andererseits reflektieren. Die beiden Pole, die Nietzsche in seiner Schrift herausarbeitet, sind das „Dionysische" und das „Apollinische".

In der griechischen Mythologie symbolisiert Apollon, Sohn des Zeus, dem das Heiligtum in Delphi geweiht war, Klarheit, Strenge und den generellen Formtrieb des Lebens. Er galt in der Antike als Gott des Lichts, des Frühlings, der sittlichen Reinheit und Mäßigung, aber auch der Weissagung und der Künste. Dagegen erschien Dionysos, der gestaltenreiche, thrakisch-phrygische und damit fremde bzw. fremdländische Gott des Weines, der Freude und der Fruchtbarkeit als Herr des Rausches, der Leidenschaft und Ekstase, der den dunklen, triebhaft-schöpferischen Untergrund bzw. Urgrund verkörperte. Mit Blick auf die griechische Antike ist Dionysos die Musik, Apollon hingegen die Epik zugeschrieben.

Das Apollinische steht für die Form und das Vernünftige, für den ordnenden Geist, für Distanz und Ruhe, das Maßvolle und Harmonische. Das Dionysische wiederum ist, antithetisch dazu, als reine Lebensenergie aufzufassen, die den Einzelnen rauschhaft mit der Masse des Lebendigen verschmelzen lässt. Es wirkt als ein ursprünglich-atavistischer, jenseits jeglicher Vernunft wirkender Trieb, der sich in Rausch und Ekstase entlädt, zugleich aber auch Kampf und Leid symbolisiert. Der Gott Dionysos wird dabei zum Medium der Ahnung einer zuerst verlorenen, dann wiederhergestellten (menschlichen) Einheit im Rausch. Im Dionysischen manifestiert sich das *Ur-Eine* und in diesem Sinne das rational nicht fassbare umgreifende Sein.[124] Dementsprechend ist das Romantische bei Nietzsche die Erfahrung des Seins als etwas Ungeheures, als etwas zur lustvollen Selbstauflösung Verlockendes. Dieses Sein offenbart sich als dionysisches, wenn das Heimische zum Unheimlichen wird.

Für Nietzsche war damit ein zweifach Entsetzliches bzw. doppeltes Entsetzen verbunden: Vom Alltagsbewusstsein her gesehen muss das Dionysische entsetzlich sein, während vom Dionysischen her gesehen wiederum die alltägliche Wirklichkeit entsetzt. Zwischen diesen beiden

---

[124] Safranski 2007, 293.

Möglichkeiten bewegt sich das bewusste Leben des Menschen, wobei diese Bewegung eher einem Zerrissenwerden gleicht.[125]

Beide Prinzipien, das Apollinische, also die „zivilisatorischen Schutzvorrichtungen", und das Dionysische, welches das Leben vor einer Verödung bewahren soll, sind nach Nietzsche unauflösbar miteinander verbunden, als ästhetische Schemata und als polare Mächte der Natur wie auch des menschlichen Daseins. Besonders fasziniert war Nietzsche vom Dionysischen, weil ihm dadurch die Fragwürdigkeiten der menschlichen Existenz, die Lust an Gewalttätigkeit und am Vernichten, die abgründigen Geheimnisse des mit dem Tode verschwisterten Lebens zusammen mit einem unbedingten Willen zum Dasein verständlich geworden waren. Die Kraft, die so verstandene dionysische Wirklichkeit auszuhalten, bezeichnet Nietzsche in der *Geburt der Tragödie aus dem Geiste der Musik* als „dionysische Weisheit".

Diese Faszination am dionysischen *Ur-Einen* teilte Nietzsche mit seiner Vertrauten Malwida von Meysenbug, die im Kapitel *Mein Lebewohl an die Welt* ihres *Lebensabends einer Idealistin* anlässlich eines Aufenthaltes im Fischerort Nettuno am Tyrrhenischen Meer resümiert:[126]

Wer diesem Werdeprozess des kosmischen Lebens nachdenkt, der kann nicht anders als einsehen, dass die bis jetzt uns kund gewordene,

---

[125] Safranski 2007, 294 („Hingerissen vom Dionysischen, mit dem das Leben Fühlung behalten muss, um nicht zu veröden; und zugleich angewiesen auf die zivilisatorischen Schutzvorrichtungen, um nicht der auflösenden Gewalt des Dionysischen preisgegeben zu sein."; ebd.).

In diesem Kontext sei auf Sigmund Freuds Essay *Das Unheimliche* (1919) verwiesen. Darin leitet Freud das „Un-Heimliche" von dem ab, was uns früher vertraut war, also „heimlich" im Sinne von *uns* oder *in uns heimisch*. Damit gemeint sei, so Freud, jene Art des Schreckhaften, welche auf das Altbekannte, Längstvertraute zurückgehe. Im Zuge der Zivilisation oder Sublimation – etwa als Ergebnis von Kindheitserfahrungen – wurde dieses „Heimische" jedoch in den Bereich des Unbewussten verdrängt. Dort wartet es buchstäblich auf eine Gelegenheit, die mehr oder weniger freiwillige Selbstkontrolle des Individuums zu durchbrechen und abermals hervorzutreten. Dies kann beispielsweise zur Wiederbelebung und Wiederbestätigung infantiler (Sexual-)Komplexe oder überwunden geglaubter primitiver Überzeugungen führen. Analog zur ‚Gewalt' der Unterdrückung und der Entfremdung von der eigenen Triebkraft ist diese Wiederkehr des Verdrängten bzw. Fremden und uns dennoch einst Vertrauten meist gewaltig – und auch gewalttätig (Liebs 2000).

[126] Zweig 2009, 300f.; Safranski 2007, 277 u. 293f. (Hervorhebung im Original); Delius 2005, 91; Nietzsche, *Werke*, I, 47, 57, 92, 98 u. 110.

höchste Spitze des Ewigen in der Erscheinung der denkende Geist ist, und dass wir daher mit Recht schließen dürfen, dass dieses eine, in allem Wirksame auch hier nur sich selbst offenbart und also Geist ist, in uns freilich nur als ein vereinzelter Strahl leuchtend und daher in seiner ganzen Majestät nur unserer Ahnung erkennbar. […]

Aber wie es dem Geist, der sich nicht ganz befreit, geht, dass er das Vergängliche, das die wechselnden Erscheinungen des Werdenden sind, für das Unvergängliche nimmt, so kam es, dass Vorstellungen, die nur die jedesmalige Stufe des Erkennens bezeichneten, für ewig gültige Wahrheiten genommen und in mehr oder minder beschränkten Dogmen festgestellt wurden. Dieser Kampf des sich befreienden Geistes mit der Trägheit und mit der Furcht des Verstandes vor den möglichen Konsequenzen ging so weit, das Übersinnliche bis zum vollständigen Materialismus auszubilden, um sich wenigstens der Welt des Greifbaren zu versichern, da die des Ungreifbaren immer mehr in Nebeln verschwand. Dagegen hat sich nun zum Glück der Idealismus, der aus der höchsten Quelle ausströmt, siegend wieder erhoben, und wer, wie ich in diesem Sommer in Nettuno, den seltsamen Vorzug gehabt hat, den Vorgängen des kosmischen Lebens in einer beinah wie systematisch geordneten Folge beizuwohnen, dem muss es deutlich werden, dass das Ewige, Ureine, dem unausgesetzten Drang des Werdens gehorchend, in tausendfältiger Gestalt zutage tritt,[127] und zwar immer in höheren Formen, bis es die Spitze erreicht, die, wie schon gesagt, der denkende Geist ist. Da dieser aber, den Gesetzen der Erscheinungswelt unterworfen, nur individualisiert, nur als einzelner Strahl des ewigen Lichts zutage tritt, so bleibt auch das Erkennen seiner selbst ein unvollkommenes und entwickelt sich erst langsam in Ahnungen und der Wahrheit nahekommenden Dichtungen und dann in der Arbeit bevorzugter Organismen, die mit den immer noch beschränkten Mitteln des Erkennens ein herrliches Zeugnis dafür ablegen, wessen Ursprungs sie sind. [..]

Mit der tröstenden Gewissheit, eine unumstößliche, ewige Wahrheit aus der Beobachtung kosmischer Vorgänge und der Intuition des forschenden Geistes gewonnen zu haben, verließ ich Nettuno und kehrte nach Rom zurück. Dass das Ewige, Ureine überall, in allen Äußerungen des erscheinenden Daseins wirksam sei, war mir zur voll-

---

[127] An dieser Stelle findet sich im Originaltext die Anmerkung Malwida von Meysenbugs „In einer früheren Veröffentlichung hatte ich dies die ‚ewige Werdelust des Seins' genannt, das der, leider zu früh verstorbene Heinrich von Stein ein, einen ganzen Begriff erschöpfendes Wort nannte." (Meysenbug, *Lebensabend*, 535).

ständigen Gewissheit geworden, aber es in seiner Größe und Herrlichkeit zu erkennen, ist dem einzelnen Strahl, der in uns lebt, versagt.[128]

In der *Geburt der Tragödie aus dem Geiste der Musik* entwirft Nietzsche die These, dass die attische Tragödie ursprünglich aus dem Kult des Dionysos hervorgegangen sei, der sich seinerseits mit dem Prinzip des Apollinischen verbunden habe. In der attischen Tragödie sah Nietzsche beide Kräfte vereint und damit die höchste Entfaltung der Kunst verwirklicht.

Bereits im Frühjahr 1864 hatte Nietzsche den Gedanken festgehalten, dass der Ursprung der griechischen Tragödie im Chor liege und in ihr der Musik eine der Sprache gleichberechtigte Rolle zukomme. Die Grundidee der Entstehung der attischen Tragödie *„aus dem Geiste der Musik"* ist notabene auch in Wagners Reformschriften um 1850 zu finden. So lautet eine Notiz aus Wagners geplanter, aber nicht ausgeführter Schrift *Das Künstlertum der Zukunft* (1849): „Geburt aus der Musik: Äschylos. Décadence – Euripides. – Dass seitdem aus dem Trauerspiele etwas ward, war nur die Tat des einzelnen Genies – Shakespeare. Sonst als Gattung das Drama – nichts." Schon hier ist der Gedankengang von Nietzsches *Geburt der Tragödie aus dem Geiste der Musik* vorgezeichnet, nämlich sowohl die Entstehung der Tragödie aus dem musikalischen Urgrund des Chors, der bei Aischylos noch das ganze Drama durchwaltet, als auch ihr Verfall durch das Zurücktreten des musikalischen Elements infolge der Reduzierung des Chors in der euripideischen Tragödie.[129]

Von Wagner, den er damals in höchstem Maße bewunderte, erhoffte sich Nietzsche eine Erneuerung der attischen Tragödie im Musikdrama. Für die Kunst wäre damit jener Schauplatz wiederzugewinnen, an dem sich eine Gesellschaft über sich selbst verständigte und an dem für die gemeinschaftliche Anschauung der Sinn allen Tuns und Treibens offenbar würde. So sollte das wagnersche Musikdrama, wie die antike Tragödie, als Gesamtkunsterlebnis Zuschauer und Werk in starkem, instinktsicherem, „tragischem Geist" zusammen- und hinter alle Formen der „Dekadenz" zurückführen.[130]

In seiner weiteren Argumentation legt Nietzsche den Standpunkt dar, dass die eigentliche Gegensatzkonstellation nicht diejenige zwischen Dionysischem und Apollinischem sei, da diese beiden Prinzipien untrennbar, ja, komplementär miteinander verbunden seien und schon den eigentlichen Anfängen der griechischen Kunst entsprängen. Vielmehr

---

[128] Meysenbug, *Lebensabend*, 534-536.

[129] Borchmeyer 2008, 16; Wagner, *Werke, Schriften und Briefe; Sämtliche Schriften und Dichtungen*, XII, 278.

[130] Delius 2005, 91.

sieht Nietzsche den gemeinsamen Gegensatz des Dionysischen und Apollinischen zum später sich herausbildenden Sokratischen. Am Antagonismus zwischen dem Dionysischen und dem Sokratischen ging das Kunstwerk der griechischen Tragödie, so Nietzsches Überzeugung, zugrunde. Die in Nietzsches Abhandlung herausgearbeiteten Gegensatzpaare – einerseits das Apollinische und Dionysische, andererseits das Sokratische – lassen sich in Nietzsches Denken auf folgende grundlegende Antithesen übertragen:

- o Heroischer Pessimismus versus bequemer Optimismus
- o Natur und Leben versus Moral. Dementsprechend heißt es im *Versuch einer Selbstkritik*, den Nietzsche der zweiten Ausgabe (1886) seiner *Geburt der Tragödie aus dem Geiste der Musik* voranstellte:

    > *Gegen* die Moral also kehrte sich damals […] mein Instinkt, als ein fürsprechender Instinkt des Lebens, und erfand sich eine grundsätzliche Gegenlehre und Gegenwertung des Lebens, eine rein artistische, eine *antichristliche*. Wie sie nennen? Als Philologe und Mensch der Worte taufte ich sie, nicht ohne einige Freiheit – denn wer wüsste den rechten Namen des Antichrist? – auf den Namen eines griechischen Gottes: ich hieß sie die *dionysische*. – [131]

- o Schöpferischer Künstler versus theoretischer Mensch
- o Achtung vor dem Geheimnis des Daseins versus Aufklärung
- o Ein kritischer und wacher Sinn für das Transzendente, also für Vergangenheit und Zukunft, für das Ewige und die Möglichkeit der Differenz versus bequeme Be- und Einschränkung auf eine enge, um das „Moderne" und Gegenwärtige kreisende Kultur.

Nietzsche wollte die Wahl erzwingen zwischen den tief in der Romantik verwurzelten, verzaubernden und lebensfördernden Kräften der Kunst, Poesie und Einbildung im Sinne von Fantasie zum einen und „Askese, Geistigkeit und Pflicht" als den Kräften der Entzauberung und Entfremdung zum anderen. Ihm ging es um die Entscheidung zwischen der „wahrhaft seiende[n] und ewige[n], im Grunde der Dinge ruhende[n] Ichheit", die nur über eine „Selbstentäußerung" erlangt werden könne, und dem Ich des „wachen, empirisch-realen Menschen", dem autonomen, in Nietzsches Sicht oberflächlichen Individuum, welches das Ideal und die Zielvorstellung der Aufklärung war.[132]

---

[131] Nietzsche, Werke, I, 15 (Hervorhebungen im Original).
[132] Gossman 2005, 545f.; Nietzsche, *Werke*, I, 12-15, 26, 29, 38 u. 125.

Nietzsches „Ich"-Konzept widersprach indes völlig Malwida von Meysenbugs Verständnis vom „irdischen Ich", wie eine Sentenz im *Lebensabend einer Idealistin* zeigt:

> Das irdische *Ich* ist auch das *Du*, die universelle Einheit im Göttlichen, Erhabenen, daher ist auch das Mitleid das wahrhaft Ethische. Das Dichter-*Ich* ist das auch in anderer Form, d. h. die Welt der *Ichs*, die der Dichter in sich trägt. Das *Ich* Nietzsches ist die Verneinung aller Ethik, denn es ist das *Ich* in seiner impotenten Vereinzelung, der Egoist, sei er auch noch so begabt.[133]

Mit den mythologischen Einzelheiten und Strömungen in Wagners Dichtung befasste sich Nietzsche nicht lange. Das Mythische bei Wagner erkannte er fast ausschließlich in dessen Musik, die er „als die wiedergefundene Sprache der richtigen Empfindung" bezeichnete (*Vierte Unzeitgemäße Betrachtung – Richard Wagner in Bayreuth*) und damit an Ludwig Feuerbachs sowie in dessen Nachfolge an Wagners Sensualismus anknüpfte. Nietzsche glaubte, dass man die Krankheit der gegenwärtigen Kultur durchlitten haben müsse, um das Geschenk der Musik Wagners umso dankbarer empfangen zu können:

> Wenn nun, in einer solchermaßen verwundeten Menschheit, die Musik unsrer deutschen Meister erklingt, was kommt da eigentlich zum Erklingen? Eben nur die *richtige Empfindung*, die Feindin aller Konvention, aller künstlichen Entfremdung und Unverständlichkeit zwischen Mensch und Mensch: diese Musik ist Rückkehr zur Natur, während sie zugleich Reinigung und Umwandlung der Natur ist; denn in der Seele der liebevollsten Menschen ist die Nötigung zu jener Rückkehr entstanden, und *in ihrer Kunst ertönt die in Liebe verwandelte Natur.*[134] (*Vierte Unzeitgemäße Betrachtung – Richard Wagner in Bayreuth*)

Unter der „richtigen Empfindung" verstand Nietzsche wiederum das Dionysische und damit jenes Gefühl, in dem er die eigentliche mythische Lebensmacht verkörpert sah und das bereits die Romantiker, so etwa Friedrich Schlegel, als „eine Art trunkene Einheit mit der Weltsubstanz, mit dem Geheimnis des schöpferischen Seins"[135] (SAFRANSKI) in den Reigen des Lebens gebracht hatten.

Dieser Lesart zufolge wäre Wagners Musikdrama als romantische Antwort auf das Unbehagen angesichts einer flachen, allzu eindimensionalen zeitgenössischen Kultur zu verstehen. Von Wagners Kunst versprach sich Nietzsche demnach nichts weniger als die dionysische Wie-

---

[133] Meysenbug, *Lebensabend*, 440.

[134] Nietzsche, *Werke*, I, 388 (Hervorhebungen im Original).

[135] Safranski 2007, 285.

dervereinigung in den Tiefenschichten des Gefühls, mithin eine ‚Kommunion' durch die Kunst, das „Evangelium der Weltenharmonie", wie er sie in der *Geburt der Tragödie aus dem Geiste der Musik* am griechischen Beispiel beschreibt: Die apollinischen Charaktermasken lösen sich in Wagners Musikdrama zugunsten eines mit- bzw. gemeinsam empfindenden All- und Einheitsgefühls auf, wobei sich Schmerz und Lust in diesem, so Nietzsche, „Musikorgiasmus" verschränken. Diese Ekstase ist freilich tragisch besetzt, da die Euphorie der Weltharmonie das Bewusstsein von Untergang und Opfer einschließt. Gerade weil diese Musik für Nietzsche die spannungsreiche Einheit des Lebendigen ausdrückte, betrachtete er sie als ein mythisches Ereignis. Das Apollinische in Wagners Musikdrama sind für Nietzsche die Schicksale und Charaktere der einzelnen Figuren, ihr Sprechen, Handeln und ihre Konflikte. Der tönende Untergrund, der eigentliche Urgrund aber ist das Dionysische:[136]

> Unter dem Zauber des Dionysischen schließt sich nicht nur der Bund zwischen Mensch und Mensch wieder zusammen: auch die entfremdete, feindliche oder unterjochte Natur feiert wieder ihr Versöhnungsfest mit ihrem verlorenen Sohne, dem Menschen. [...] Man verwandele das beethovensche Jubellied der ‚Freude' in ein Gemälde und bleibe mit seiner Einbildungskraft nicht zurück, wenn die Millionen schauervoll in den Staub sinken: so kann man sich dem Dionysischen nähern. Jetzt ist der Sklave freier Mann, jetzt zerbrechen alle die starren, feindseligen Abgrenzungen, die Not, Willkür oder ‚freche Mode' zwischen den Menschen festgesetzt haben. Jetzt, bei dem Evangelium der Weltenharmonie, fühlt sich jeder mit seinem Nächsten nicht nur vereinigt, versöhnt, verschmolzen, sondern eins, als ob der Schleier der Maja zerrissen wäre und nur noch in Fetzen vor dem geheimnisvollen Ur-Einen herumflattere.[137] (*Die Geburt der Tragödie aus dem Geiste der Musik*)

Laut Nietzsche hatte Wagner erkannt, dass die Sprache selbst erkrankt war. Der Fortschritt der Wissenschaften hatte dazu geführt, dass gerade die anschaulichen Bilder zerstört wurden. Nietzsches Kritik galt denn auch einer immer komplexer und unübersichtlicher gewordenen Zivilisation, in der Spezialisierung und Arbeitsteilung stetig zunahmen und die Handlungsketten, durch die das Individuum mit dem Ganzen verbunden war, länger und verworrener wurden. Und der Versuch, so Nietzsche, das Ganze, in dem der Mensch lebe, zu verstehen, müsse daran scheitern, dass ausgerechnet die Sprache ihren Dienst versage, denn sie sei weder in der Lage, dieses Ganze zu erfassen noch in die Tiefe des Einzelnen zu reichen. Gleichzeitig habe die Verdichtung des gesellschaftlichen Gewe-

---

[136] Safranski 2007, 285f.
[137] Nietzsche, *Werke*, I, 24f.

bes dazu geführt, dass die Sprache einen öffentlichen Machtzuwachs und damit eine ideologische Einfärbung erfahren habe.

Nietzsche bezeichnet dies als den „Wahnsinn der allgemeinen Begriffe, ja der reinen Wortklänge, und infolge dieser Unfähigkeit sich mitzuteilen tragen dann wieder die Schöpfungen ihres Gemeinsinns das Zeichen des Sich-nicht-Verstehens […].“ (*Vierte Unzeitgemäße Betrachtung – Richard Wagner in Bayreuth*). Diese „allgemeinen Begriffe“ bemächtigen sich, „Gespensterarmen“ gleich, des Einzelnen, und drängen ihn in eine Richtung, in die er eigentlich nicht will. Für Nietzsche schob sich der Geist der Zeit in eine sich herausbildende Wüste, hin zu den Schrecken eines Flachlandes, das sich unabsehbar vor dem Einzelnen ausdehne.

Gegen die gesellschaftliche Normalität seiner Zeit um 1870, gegen den Weltschmerz und das Grauen des Gewöhnlichen, wie er es wahrnahm, brachte Nietzsche die Romantik des Dionysischen in Stellung. Er erlebte und propagierte Wagners Musikdrama als ein großes dionysisches Weltspiel, als ein Medium, das ihm einen Zugang zu den elementaren Schichten des Lebens eröffnete. Nietzsches an Wagner anknüpfende Musikphilosophie ist denn auch primär als Versuch zu verstehen, die musikalische Klangwelt als Offenbarung einer abgründigen Wahrheit über den Menschen zu fassen.[138] Mit seinen musikphilosophischen Theoremen legte Nietzsche eine Spur, die später der Ethnologe und Anthropologe Claude Lévi-Strauss in seinem vierbändigen Hauptwerk *Mythologiques* (1964-71) mit dem Postulat aufnahm, in der Musik und insbesondere im Wesen der Melodie liege der Schlüssel zu den letzten Geheimnissen des Menschen. Die Musik sei die älteste Universalsprache, die jeder verstehe und die doch unübersetzbar in jedes andere Idiom sei.[139]

Der Glaube an das Wirken dionysischer Energien in der Kunst war fester Bestandteil der romantischen Weltsicht, von Schlegel bis Nietzsche. Diese Energien richten sich indes nicht etwa auf ein strahlendes, überglänztes Jenseits, sondern auf das Helldunkel des dynamischen Lebensprozesses im Hier und Jetzt. Vom gewöhnlichen Leben aus betrachtet, handelt es sich dabei um eine Transzendenz, also um eine Überschreitung des sinnlich Wahrnehmbaren, um ein Ausgreifen in Bereiche jenseits des Vorstellungsvermögens. Diese Transzendenz ist indes eine zutiefst abgründige, lust- und zugleich schmerzvolle.

Nietzsche verband mit diesem Abgründigen zwei Aspekte: das „furchtbare Vernichtungstreiben der sogenannten Weltgeschichte“ sowie die „Grausamkeit der Natur“ (*Die Geburt der Tragödie aus dem Geiste der Musik*). Lediglich dionysisches Bewusstsein lässt sich auf das Unge-

---

[138] Safranski 2007, 277f. u. 285-288; Nietzsche, *Werke*, I, 115, 387f. u. 390.
[139] Safranski 2007, 286.

heure des Lebens ein. Dabei erleichtert die künstlerische Darstellung die Einsicht, dass es eine irdische Auflösung der großen Dissonanz des Lebens weder gibt noch geben kann. Das Leben ist, so Nietzsches Gedanke, immer ungerecht gegenüber dem Einzelnen, „dem nur die entlastende Kommunion mit dem Lebensprozess insgesamt bleibt" (SAFRANSKI). *„Damit der Bogen nicht breche*, ist die Kunst da.", so Nietzsche. Dies ist für ihn „der metaphysische Trost", den die Kunst gewährt – er ist rein ästhetischer Natur, was sich schon daran zeigt, dass ihre Wirkung, wie er in der *Vierten Unzeitgemäßen Betrachtung – Richard Wagner in Bayreuth* festhält, nur befristet ist:[140]

> Wie im Traume ist die Schätzung der Dinge, solange wir uns im Banne der Kunst festgehalten fühlen, verändert: was wir währenddem für so erstrebenswert halten, dass wir dem tragischen Helden beistimmen, wenn er lieber den Tod erwählt, als dass er darauf verzichtete – das ist für das wirkliche Leben selten von gleichem Werte und gleicher Tatkraft würdig: dafür ist eben die Kunst die Tätigkeit des Ausruhenden. Die Kämpfe, welche sie zeigt, sind Vereinfachungen der wirklichen Kämpfe des Lebens; ihre Probleme sind Abkürzungen der unendlich verwickelten Rechnung des menschlichen Handelns und Wollens. Aber gerade darin liegt die Größe und Unentbehrlichkeit der Kunst, dass sie den *Schein* einer einfacheren Welt, einer kürzeren Lösung der Lebens-Rätsel erregt. Niemand, der am Leben leidet, kann diesen Schein entbehren, wie niemand des Schlafs entbehren kann. Je schwieriger die Erkenntnis von den Gesetzen des Lebens wird, um so inbrünstiger begehren wir nach dem Scheine jener Vereinfachung, wenn auch nur für Augenblicke, um so größer wird die Spannung zwischen der allgemeinen Erkenntnis der Dinge und dem geistig-sittlichen Vermögen des Einzelnen. *Damit der Bogen nicht breche*, ist die Kunst da.
>
> […] Wir anderen brauchen […] deshalb die Kunst, weil wir gerade *angesichts des Wirklichen sehend* geworden sind; und wir brauchen gerade den All-Dramatiker, damit er uns aus der furchtbaren Spannung wenigstens auf Stunden erlöse, welche der sehende Mensch jetzt zwischen sich und den ihm aufgebürdeten Aufgaben empfindet. Mit ihm steigen wir auf die höchsten Sprossen der Empfindung und wähnen uns dort erst wieder in der freien Natur und im Reich der Freiheit; von dort aus sehen wir wie in ungeheuren Luft-Spiegelungen uns und unseresgleichen im Ringen, Siegen und Untergehen als etwas Erhabenes und Bedeutungsvolles, wir haben Lust am Rhythmus der Leidenschaft und am Opfer derselben, wir hören bei jedem gewaltigen Schritte des Helden den dumpfen Widerhall des Todes und verstehen

---

[140] Safranski 2007, 288 (Zitat) u. 291; Nietzsche, *Werke*, I, 47f. u. 385 (Hervorhebung im Original).

in dessen Nähe den höchsten Reiz des Lebens: – so zu tragischen Menschen umgewandelt kehren wir in seltsam getrösteter Stimmung zum Leben zurück, mit dem neuen Gefühl der Sicherheit, als ob wir nun aus den größten Gefahren, Ausschreitungen und Ekstasen den Weg zurück ins Begrenzte und Heimische gefunden hätten: dorthin, wo man überlegen-gütig und jedenfalls vornehmer als vordem verkehren kann […].[141]

Der „metaphysische Trost" der Kunst ist also keine Vertröstung auf ein Jenseits mit irgendwelchen Entschädigungen, Entlastungen und dem Versprechen eines künftigen Reiches der großen Gerechtigkeit. Für Nietzsche gab es keinen religiösen Trost, sondern nur den ästhetischen: „nur als *ästhetisches Phänomen* ist das Dasein und die Welt ewig *gerechtfertigt*" (*Die Geburt der Tragödie aus dem Geiste der Musik*).

Diese Art der Rechtfertigung steht notwendigerweise in diametralem Gegensatz zu einer Moral, die auf eine Verbesserung der diesseitigen Welt und die Abschwächung ihrer Gegensätze hofft und zielt. Nietzsche betrachtete denn auch eine solche Moral als Illusion: Die Moral ist in seinen Augen zum *Deus ex Machina* der säkularisierten Moderne geworden. Es fehle ihr an „dionysischer Weisheit", denn sie riskiere nicht den schonungslosen Blick ins abgründige Leben, sie sei, so ein Aphorismus aus Nietzsches Nachlass von 1886, „ein System von Wertschätzungen, welches mit den Lebensbedingungen eines Wesens sich berührt." Demgegenüber könne die vom dionysischen Geist erfüllte und in die Kunstillusion eingesponnene Kunst darauf verzichten, sich in Bezug auf das wirkliche Leben Illusionen hinzugeben. Die Heiterkeit der Kunst wird bei Nietzsche durch den Hinweis auf ihren besonderen Ernst verteidigt: Man müsse, so seine Überlegung, tragisch gestimmt sein, um die ästhetische Heiterkeit angemessen und wahrhaft würdigen zu können. Und: Man müsse illusionslos sein und doch leidenschaftlich am Leben hängen, selbst wenn man dessen große Vergeblichkeit erkannt habe.[142]

---

[141] Nietzsche, *Werke*, I, 385 u. 399f. (Hervorhebungen im Original).
[142] Safranski 2007, 289; Nietzsche, *Werke*, I, 40 u. 47 sowie III, 925 (Hervorhebungen im Original).

Geniekult und Mythos Musik

Hinter der Sehnsucht nach einer neuen Mythologie standen bereits zu Beginn des 19. Jahrhunderts zwei Motive: Zum einen avancierte die Kunst immer deutlicher zur Nachfolgerin einer in der Öffentlichkeit zunehmend kraftlos gewordenen Religion. Die Kunst sollte, aus der „tiefsten Tiefe des Geistes" (Schlegel) einen neuen Mythos stiften – also durchaus etwas Erfundenes und nicht etwas Offenbartes, weshalb der Mythos fortan im „Dienste der Ideen" zu stehen hatte. Gesucht wurde, dem sogenannten *Ältesten Systemprogramm des deutschen Idealismus* (ca. 1797) zufolge, nach einer „Mythologie der Vernunft".

Das zweite Motiv war bedingt durch die Erfahrungen der sozialen Umbrüche an der Schwelle zum 19. Jahrhundert: Immer deutlicher fehlte eine überwölbende Idee von gesellschaftlichem (Zusammen)Leben. Allenthalben schien sich die Dominanz eines geistlosen Egoismus und wirtschaftlichen Nützlichkeitsdenkens zu manifestieren, so dass der Haupteffekt einer neuen Mythologie darin bestehen sollte, die Menschen in einer sinnstiftenden Gemeinschaft zu vereinigen. Die Tradition hatte die Romantiker gelehrt, dass man ohne Mythen nicht auskommt. Und der Geist der Moderne, der ein Geist des ‚Machens' ist, ermunterte sie, solche Mythen auch selbst hervorzubringen. Ein halbes Jahrhundert später sollte dann Wagner damit beginnen, die Vision einer solchen neuen Mythologie zu verwirklichen. Dabei griff er auf die gerade von den Romantikern wieder herausgegebene Nibelungensage zurück, gleichzeitig schuf er daraus aber etwas ganz Eigenes. Wagner, der gerade in seinen frühen Opern stark der Romantik verpflichtet war, knüpfte überdies an die romantischen Reflexionen zur Mythen bildenden und gesellschaftlich vereinigenden Funktion der Kunst in der Antike an. Er dichtete einen Mythos, in dem die Götter sterben, wenn der freie Mensch erscheint. Seine neue Religion vergötterte den Menschen. Den Himmel dagegen überließ Wagner, wie Heine in seinem satirischen Versepos *Deutschland. Ein Wintermärchen* (1844), „den Spatzen".[143]

Nietzsche seinerseits sah im Hervorbringen oder Ergreifen von Augenblicken des „Gelingens" in einem Menschen oder einem Werk die oberste Aufgabe und das höchste Ziel. Für diese heilende Entgrenzung wählte er in seinen Aufzeichnungen – notabene nur ein einziges Mal – den eigentümlichen Ausdruck „Verzückungsspitze der Welt": „Das *Ur-eine* schaut den Genius an, der die Erscheinung rein als Erscheinung sieht: dies ist die Verzückungsspitze der Welt." In dieser „Verzückungsspitze der Welt" scheinen alle Probleme, die mit dem Übergang vom

---

[143] Safranski 2007, 261f. u. 265. Vgl. hierzu auch Borchmeyer 2008, 87 u. Pauls 1996, 31f.

Willen zur Vorstellung, vom Sein zum Werden, von der Einheit zur Vielheit und vom Wesen zum Schein verbunden sind, eine mögliche Lösung zu finden.[144]

Nietzsche verbindet diesen Begriff mit einem Bild, nämlich jenem, wenn bei höchster Gefahr, etwa im „Hirn des Ertrinkenden", „eine unendliche Zeit […] in eine Sekunde zusammengedrängt" wird, wenn das Leben noch einmal aufflackert, ehe es untergeht – höchste Verzückung also bei höchstem Schmerz. Von dieser Art seien, so Nietzsche, die Lichtbilder und Erleuchtungen des Genius: So, wie der Einzelne in diesem einen Augenblick sein ganzes Leben begreife und als gerechtfertigt erleben könne, werde auch eine ganze Menschheitsgeschichte vom Lichte aufstrahlender Bilder erhellt und gerechtfertigt.

Der Sinn der Kultur erklärt sich demnach aus der Aufgipfelung in eine solche „Verzückungsspitze", wie sie Nietzsche im Musikdrama Wagners und auch, jedenfalls zunächst, im „Genius" Wagner sah. Nietzsches Bewunderung galt der Kühnheit, mit der Wagner die Kunst – oder besser: *seine* Kunst – an die Spitze aller möglichen Zweckreihen des bürgerlichen Lebens stellte. Er würdigte überdies die Unbescheidenheit, mit der sich Wagner weigerte, die Kunst lediglich als eine schöne Nebensache zu betrachten. Schließlich imponierte ihm aber auch Wagners Machtwille, mit dem dieser der Gesellschaft seine Kunst regelrecht aufzwang. Denn Nietzsche hegte die Hoffnung, dass Wagner den Ungeist der Zeit besiegen würde. 1876, kurz vor der Eröffnung der ersten Bayreuther Festspiele, bringt er in seiner *Vierten Unzeitgemäßen Betrachtung – Richard Wagner in Bayreuth* den seiner Ansicht nach vollständigen Verfall der Kunst in der bürgerlichen Welt auf den Punkt:[145]

Seltsame Trübung des Urteils, schlecht verhehlte Sucht nach Ergötzlichkeit, nach Unterhaltung um jeden Preis, gelehrtenhafte Rücksichten, Wichtigtun und Schauspielerei mit dem Ernst der Kunst vonseiten der Ausführenden, brutale Gier nach Geldgewinn vonseiten der Unternehmenden, Hohlheit und Gedankenlosigkeit einer Gesellschaft, welche an das Volk nur so weit denkt, als es ihr nützt oder gefährlich ist, und Theater und Konzerte besucht, ohne je dabei an Pflichten erinnert zu werden – dies alles zusammen bildet die dumpfe und verderbliche Luft unserer heutigen Kunstzustände: ist man aber erst so an dieselbe gewöhnt, wie es unsere Gebildeten sind, so wähnt man wohl, diese Luft zu seiner Gesundheit nötig zu haben, und befindet sich

---

[144] Safranski 2007, 290; Venturelli 2003, 31-33. Nietzsche, KSA, VII, 199f. (Hervorhebung im Original).

[145] Safranski 2007, 290.

schlecht, wenn man, durch irgendeinen Zwang, ihrer zeitweilig entraten muss.[146]

Nietzsche verstand Kunst und Ratio in ihrem weitesten Sinne als Gegensatz. Denn der griechische Terminus *Lógos*, der wesentlich mehr umfasst als die Bedeutung „Wort" und ebenso für „Sprache", „Rede", „Begriff", „Beweis", „Lehrsatz", „Lehre", „Sinn", „Denken" oder „Vernunft" steht, versucht das Schweigen der an sich sprachlosen Dinge zu brechen, obgleich er deren unerschöpfliches Sein im Begriff letztlich verfehlen und deshalb an seinem Ziel scheitern muss. Wenn es der Mythos ist, der ebendieses vom *Lógos* nicht Erfassbare sagen kann, dann gehört die Musik in den mythischen Bereich: Als Klangteppich, Atmosphäre und Milieu dringt sie überall ein, in sämtliche Beziehungen und Nischen. Sie ist allgegenwärtig und behauptet sich als mythische Kraft.

Geht man davon aus, dass die Musik aller Provenienzen und Stilrichtungen bis heute das einzige wirklich universelle Kommunikationsmedium darstellt, so ist sie als eine Macht zu betrachten, die über die babylonische Sprachverwirrung ebenso wie über die von Wagner und Nietzsche diagnostizierte Sprachkrankheit als Kultursymptom der Moderne triumphiert. Damit zu verbinden wäre die althergebrachte, bereits den orphischen und pythagoreischen Lehren zugrundeliegende Vorstellung, dass die Musik dem Sein näher stehe als alle anderen Erzeugnisse des Bewusstseins.

Bereits Johannes Kepler wurde bei seiner Berechnung der Planetenbahnen von der Musik geleitet, indem er die Bewegungen der Planeten als „Töne" dachte, die Gesetzmäßigkeiten in deren „Zusammenklängen" suchte und die Proportionen der Planetenbahnen als musikalische Intervalle verstand (*Harmonices Mundi libri V*; 1619, lat.; dt. *Weltharmonik*, wörtlich: *Fünf Bücher zur Harmonik der Welt*). Seit jeher galt die Musik als „Sprache des Kosmos, als figurierter Sinn, bei Schopenhauer dann als unmittelbarer Ausdruck des Weltwillens."[147] (SAFRANSKI). Musik und Welt stehen demnach in einem direkten Verhältnis: Die Musik ermöglicht eine soziale Tiefenkohärenz in einer Schicht des Bewusstseins, die früher ausdrücklich als „mythisch" bezeichnet wurde. Auf Friedrich Schiller zurückgreifend, bot Nietzsche gegen die „freche Mode", die die Menschen voneinander entfremdet und gegeneinander aufwiegelt, das wagnersche Musikdrama auf in der Hoffnung, dass „die starren, feindseligen Abgrenzungen, die Not, Willkür […] zwischen den Menschen" beseitigt würden und das besagte „Evangelium der Weltenharmonie" die große Vereinigung wiederbrächte.[148]

---

[146] Nietzsche, *Werke*, I, 382.

[147] Safranski 2007, 287.

[148] Safranski 2007, 286-288; Nietzsche, *Werke*, I, 24f.

Es steht demnach recht traurig um meine Musik und noch mehr um meine Stimmungen. Wie bezeichnet man einen Zustand, in dem Lust, Verachtung, Übermut, Erhabenheit durcheinandergeraten sind? – Hier und da verfalle ich in dies gefährliche mondsüchtige Gebiet. – Dabei bin ich – das glauben Sie mir – unendlich weit entfernt, von dieser halb psychiatrischen Musikerregung aus, wagnersche Musik zu beurteilen und zu verehren.

Aus Nietzsches Brief vom 29. Oktober 1872 an Hans von Bülow

Hier ist ein neuer *Mozart* – ich habe keine andere Empfindung mehr: Schönheit, Herzlichkeit, Heiterkeit, Fülle, Erfindungs-Überfluss und die Leichtigkeit der kontrapunktischen Meisterschaft – das fand sich noch nie so zusammen, ich mag bereits gar keine andere Musik mehr hören. Wie arm, künstlich und schauspielerisch klingt mir jetzt die ganze Wagnerei!

Nietzsche im Oktober 1882 an Franz Overbeck über
den Komponisten Heinrich Köselitz (Peter Gast)

[…] die Bühne Wagners hat nur eins nötig – *Germanen*!.. Definition des Germanen: Gehorsam und lange Beine… Es ist voll tiefer Bedeutung, dass die Heraufkunft Wagners zeitlich mit der Heraufkunft des ‚Reichs‘ zusammenfällt: beide Tatsachen beweisen ein und dasselbe – Gehorsam und lange Beine. – Nie ist besser gehorcht, nie besser befohlen worden.

Nietzsche, Der Fall Wagner (1888)

Wagner und Nietzsche: Etappen einer „Sternenfreundschaft"

Das tiefste Erlebnis Nietzsches, und zwar sowohl im Hinblick auf seine Philosophie als auch auf seine Stellung zur Musik, war die enge Beziehung zu Wagner. Obwohl Nietzsche harsche Kritik an Wagner übte und sich schließlich ganz von ihm abwandte, blieb er doch bis an sein Lebensende dem Komponisten innerlich tief verbunden.[149] Kurz nach seiner Ankunft in Basel gratuliert er am 22. Mai 1869 Wagner zu dessen sechsundfünfzigstem Geburtstag:

> Sehr verehrter Herr, wie lange habe ich schon die Absicht gehabt, einmal ohne alle Scheu auszusprechen, welchen Grad von Dankbarkeit ich Ihnen gegenüber empfinde; da sich tatsächlich die besten und erhobensten Momente meines Lebens an Ihren Namen knüpfen und ich nur noch einen Mann kenne, noch dazu Ihren großen Geistesbruder Arthur Schopenhauer, an den ich mit gleicher Verehrung, ja *religione quadam* denke. Ich freue mich, Ihnen an einem festlichen Tage dies Bekenntnis ablegen zu können und tue dies nicht ohne ein Gefühl des Stolzes.[150]

An den deutschen Altphilologen Erwin Rohde wiederum schreibt Nietzsche am 8. Oktober 1868: „Mir behagt an Wagner, was mir an Schopenhauer behagt, die ethische Luft, der faustische Duft, Kreuz, Tod und Gruft etc."[151]

Und in einer Aufzeichnung Nietzsches vom Sommer 1875, mithin aus einer Zeit, als er längst auf Distanz zu Wagner gegangen war, ist folgenden Passus zu finden:

> Ich wüsste nicht, auf welchem Wege ich je des reinsten sonnenhellen Glücks teilhaftig geworden wäre als durch Wagners Musik: und dies obwohl sie durchaus nicht immer von Glück redet, sondern von den furchtbaren und unheimlichen unterirdischen Kräften des Menschentreibens, von dem Leiden in allem Glücke und von der Endlichkeit unseres Glücks; es muss also in der Art, wie sie redet, das Glück liegen, das sie ausströmt.[152]

In seinem Essay *Leiden und Größe Richard Wagners* (1933) konstatiert Thomas Mann, Wagners Musik sei die große Leidenschaft in Nietzsches Leben gewesen. Indes galt Nietzsches Verehrung nicht nur der Musik, sondern in wohl gleicher Intensität auch der Person Wagners, diesem „Zauberer", wie er ihn wiederholt nannte: „So pflegte Nietzsche

---

[149] Walther 2000.
[150] Nietzsche, *Werke*, III, 1011 (Hervorhebung im Original).
[151] Zitiert nach Borchmeyer 2008, 21.
[152] Zitiert nach Borchmeyer 1995.

in seiner paralytischen Nacht beim Klang dieses Namens aufzuhorchen und zu erwidern: ‚Den habe ich sehr geliebt‘.“ (THOMAS MANN).[153]

Ein in seinem Lakonismus berührendes Bekenntnis Nietzsches aus dem Frühjahr 1885 – und damit zwei Jahre nach Wagners Tod – offenbart seine Hingabe an Wagner: „Ich habe ihn geliebt, und Niemanden sonst. Er war ein Mensch nach meinem Herzen, so unmoralisch, atheistisch, antinomistisch […].“[154]

Ungeachtet aller Legendenbildung um Nietzsches Beziehung zu Wagner ist aufgrund der Nachlassaufzeichnungen des Philosophen davon auszugehen, dass sein Bruch mit Wagner so rigoros nicht gewesen sein kann, wie er sich der Nachwelt – primär aufgrund der Unkenntnis der Quellenlage – bis heute darstellt. Im Verhältnis des frühen Nietzsche zu Wagner verschränken sich Passion und Kritik genauso eng wie in Nietzsches späten Äußerungen Polemik und Passion. Diese Ambivalenz hat wiederum Thomas Mann treffend charakterisiert, als er Nietzsches Streitschriften gegen Wagner „als einen Panegyrikus mit umgekehrtem Vorzeichen, als eine andere Form der Verherrlichung“ bezeichnete: Sie war Liebeshass, Selbstkasteiung. Wagners Kunst war die große Liebesleidenschaft von Nietzsche’s Leben. Er hat sie geliebt, wie Baudelaire, der Dichter der ‚Fleurs du Mal‘, sie geliebt hat […]. Aber es wäre seltsam, wenn ich allein stände mit der Erfahrung, dass Nietzsche’s Polemik gegen Wagner der Begeisterung eher ein Stachel ist, als dass sie sie zu lähmen vermöchte.“[155]

Als gerade einmal Vierundzwanzigjähriger lernte Nietzsche Wagner Ende 1868 im Hause des Orientalisten Hermann Brockhaus in Leipzig kennen. Die Bekanntschaft mit Nietzsche war für Wagner ein Zusammentreffen der besonderen Art, da es die persönliche Begegnung mit einem Philosophen und dessen Philosophie darstellte. Bereits im Mai des darauffolgenden Jahres besuchte Nietzsche die Wagners erstmals in deren Asyl in Tribschen bei Luzern. Wagner war zuvor gezwungen gewesen, aufgrund heftiger Proteste der Münchner Bevölkerung und Regierung, die Wagner und seinem Gönner, König Ludwig II. von Bayern, Verschwendungssucht vorhielten, Bayern Ende 1865 in Richtung Schweiz zu verlassen.[156]

---

[153] Mann 1974 (Zitat 83).

[154] Borchmeyer 2008, 11; Borchmeyer 1995; Nietzsche, KGW, VII, 3, 226f.

[155] Borchmeyer 1995; Mann 1974, 83. Ausführlich zum Verhältnis zwischen Nietzsche und Wagner: Borchmeyer 2008.

[156] Zu Wagner und Ludwig II. vgl. Schad 2006, 87-108 sowie Bermbach 2005, 41. Die Kosten für Wagners Aufenthalt in Tribschen beglich übrigens Ludwig II. Und er war es auch gewesen, der Wagner nicht nur die

Zwischen Wagner und Nietzsche entstand eine „Sternen-Freundschaft", so Nietzsches Bezeichnung in *Die fröhliche Wissenschaft*,[157] mit einer gerade in ihren ersten Jahren sehr engen Bindung des Philosophen an das Haus Wagner. Ja, Nietzsche wurde von den Wagners geradezu als Familienmitglied adoptiert.

Nach der Grundsteinlegung für das Bayreuther Festspielhaus im Mai 1872, an der auch Malwida von Meysenbug zum ersten Mal mit Nietzsche zusammentraf, schreibt Wagner an Nietzsche: „Genau genommen sind Sie, nach meiner Frau, der einzige Gewinn, den mir das Leben zugeführt: nun kommt zwar glücklicherweise noch Fidi dazu (Wagners Sohn Siegfried, A.S.); aber zwischen dem und mir bedarf es eines Gliedes, das nur Sie bilden können, etwa wie der Sohn zum Enkel." Nietzsche wurde also von Wagner an Sohnes statt angenommen, und die Festtage im Frühsommer 1872 gehörten zu den größten Glückserfahrungen in Nietzsches Leben.[158]

Die Allianz zwischen Wagner und Nietzsche gründete anfangs vor allem auf Nietzsches Erstlingsschrift *Die Geburt der Tragödie aus dem Geiste der Musik* und den Vorstudien dazu. Wagners Musikdrama und die griechische Tragödie werden hier permanent ineinander gespiegelt, die historische Differenz zwischen antikem und modernem Musikdrama verflüchtigt sich. Durch den Nachweis, dass es im Grunde schon einmal existierte, wird das „Kunstwerk der Zukunft" legitimiert. Dies zeigt auch der Schluss von Nietzsches Vortrag *Das griechische Musikdrama* aus dem Jahre 1870:

Das griechische Musikdrama ist für die gesamte alte Kunst jener freie Faltenwurf: alles Unfreie, alles Isolierte der einzelnen Künste ist mit ihm überwunden: bei ihrem gemeinsamen Opferfeste werden der Schönheit *und* zugleich der Kühnheit Hymnen gesungen. Gebundenheit und doch Anmut, Mannigfaltigkeit und doch Einheit, viele Künste in höchster Tätigkeit und doch *ein* Kunstwerk – das ist das antike Musikdrama. Wer aber bei seinem Anblick an das Ideal des jetzigen Kunstreformators erinnert wird, der wird sich zugleich sagen müssen,

---

Komposition und etliche Aufführungen des Nibelungenwerkes finanziell überhaupt erst ermöglicht hatte, sondern später auch zugunsten des Bayreuther Projektes eine Garantie übernahm. Wagner war durchaus bewusst, dass ohne Ludwig II. weder sein Leben in dieser Form noch sein Werk existiert hätten (ebd. 88, 97 u. 99f.). Vgl. hierzu auch Szeemann (Hg.) 1983, 179-188.

[157] Nietzsche, *Werke*, II, 163.

[158] Borchmeyer 2008, 13f., 32-48 u. 62-64; Safranski 2007, 276; Schad 2006, 94; Bermbach 2005, 303 u. Bermbach 2003; Walther 2000; Borchmeyer 1995; Mann 1974, 103; Nietzsche, KGW, III, 5/1, 60.

dass jenes Kunstwerk der Zukunft durchaus nicht etwa eine glänzende, doch täuschende Luftspiegelung ist: was wir von der Zukunft erhoffen, das war schon einmal Wirklichkeit – in einer mehr als zweitausendjährigen Vergangenheit.[159]

Während Hegel, Schopenhauer und Feuerbach als philosophische Gewährsleute Wagner auf unterschiedliche Weise und in unterschiedlicher Ausprägung beeinflussten, war Wagner in seinem Verhältnis zu Nietzsche weit weniger der ‚Nehmende‘ als in erster Linie der ‚Gebende‘. Da Wagners Werk nahezu abgeschlossen war, als der junge Philologe in sein Leben trat, konnte Nietzsche gar nicht mehr jenen Einfluss auf Wagners Denken, Schreiben und Komponieren haben wie seinerzeit Feuerbach und, wenngleich etwas verhaltener, Schopenhauer.[160] Wagner betrachtete Nietzsche als einen jungen, klugen und bewundernden Anhänger seiner Kunst, und er erhoffte sich von ihm eine nachhaltige Unterstützung seiner ästhetischen Reformbestrebungen. Bei Nietzsche wiederum wurde die anfängliche Bewunderung durch die Ambition abgelöst, eine wichtige Rolle bei der Verbreitung und Rezeption der Werke Wagners spielen zu dürfen. Wagner kam dies natürlich sehr entgegen – ihm schwebte sogar eine Art ‚Arbeitsteilung‘ vor, die freilich der damals einsetzenden Entwicklung Nietzsches vom „Professor Friedrich Nietzsche in Basel“, dem Philologen, hin zum Künstler auf Dauer nicht gerecht werden konnte. In seinem Brief vom 12. Februar 1870 ermahnt Wagner Nietzsche:

Nun bleiben Sie Philolog, um als solcher sich von der Musik dirigieren zu lassen. […] Nun zeigen Sie denn, zu was die Philologie da ist, und helfen Sie mir, die große „Renaissance“ zustande bringen […].[161]

Für Nietzsche bedeutete Wagner, wie er in der *Vierten Unzeitgemäßen Betrachtung – Richard Wagner in Bayreuth* festhält, „[…] die erste Weltumsegelung im Reiche der Kunst: wobei, wie es scheint, nicht nur eine neue Kunst, sondern die Kunst selber entdeckt wurde.“ Mit Wagner sei, so Nietzsches Auffassung, die Kunst wieder an ihren Ursprung in der griechischen Antike zurückgekehrt und dadurch erneut zum gesellschaftlichen Sakralereignis geworden, das die mythische Bedeutsamkeit des Lebens feiere.[162] Damit formulierte Nietzsche, ähnlich wie Wagner in seiner eigenen Kunsttheorie, schon früh, was auf dem Weg in die Moderne verlorenzugehen drohte bzw. bereits verlorengegangen war. Beide

---

[159] Nietzsche, KGW, III, 2, 21f. (Hervorhebungen im Original).
[160] Bermbach 2003.
[161] Nietzsche, KGB, II/2, 146.
[162] Nietzsche, *Werke*, I, 369; Safranski 2007, 276f.

verband also eine ästhetische Koalition gegen den Zeitgeist, dem die Kunst abhandengekommen war.

Ende Mai 1872 erschien das gegen Nietzsches *Geburt der Tragödie* gerichtete Pamphlet *Zukunftsphilologie* des klassischen Philologen Ulrich von Wilamowitz-Moellendorff, in welchem Nietzsches Engagement für die „Zukunftsmusik" aus streng philologischer Sicht ins Lächerliche gezogen wird. Wagner verfasste daraufhin einen öffentlichen Verteidigungsbrief an Nietzsche, der jedoch dessen ruinierten Ruf als Philologe nicht wiederherstellen konnte. Sogar Nietzsches Lehrer Ritschl distanzierte sich von seinem Schüler und gab diesem in einem Brief zu bedenken: „Sie können dem ‚Alexandriner' und Gelehrten unmöglich zumuten, dass er die Erkenntnis verurteile und nur in der Kunst die weltumgestaltende, die erlösende und befreiende Kraft erblicke."[163]

Diese Angriffe auf Nietzsche und seine Entzweiung mit Ritschl folgten insofern einer inneren Logik, als Nietzsche durch die Begegnung mit Wagner „die Spannkraft seines Gefühls ins Unendliche erweitert"[164] hatte (ZWEIG). Nachdem Nietzsche aus Tribschen nach Basel zurückgekehrt war, hatte sein Leben einen völlig neuen Sinn erhalten: Der vom Katheder herab sprechende und von professoraler Würde ummantelte Philologe war buchstäblich über Nacht in ihm abgestorben.

Nietzsches Perspektive verschob sich nunmehr von der Vergangenheit, mit der er sich als Hochschullehrer auseinandergesetzt hatte, in die Zukunft, was einen Konflikt mit der traditionellen wissenschaftlichen Lehre unvermeidlich werden ließ.[165] Auch der in seinen frühen Büchern pädagogisch überlegene Ton eines Erfahrenen und Gelehrten wandelte sich von einer ernsten Bildungsgelehrsamkeit zur „*gaya scienza*", zur „heiteren" bzw. „fröhlichen" Wissenschaft: Pathos geht bei ihm einher mit Späßen, die sich sprunghaft, gar in Übersprungbewegungen zu höchsten Heiterkeiten aufschwingen. Nietzsche „schwillt von Gärung

---

[163] Zweig 2009, 288; Borchmeyer 2008, 65-69; Borchmeyer 1995 (zitiert nach ebd.). Vgl. auch Gossman 2005, 533 u. 544 sowie Janz 1978, I, 460-469. In diesem Zusammenhang schreibt Nietzsche im November 1872 (7./8.?) an Wagner „Leipzig natürlich blüht wieder in Scheelsucht und Dünkel, alles verurteilt mich und selbst diejenigen, ‚die mich kennen', kommen nicht über den Standpunkt hinaus, mich wegen dieser ‚Absurdität' zu bemitleiden. Ein von mir sehr geachteter Philologieprofessor in Bonn hat seine Studenten einfach damit beschieden, mein Buch sei ‚barer Unsinn', mit dem man rein nichts anfangen könne; jemand, der so etwas schreibe, sei wissenschaftlich tot." (Nietzsche, *Werke*, III, 1080).

[164] Zweig 2009, 283.

[165] Vgl. hierzu Böning 1988.

und Kraft, er ist champagnisiert mit vielen kleinen, blinkenden aphoristi-
schen Perlen und kann doch überschäumen mit plötzlichem rhythmi-
schem Schwall."[166] (ZWEIG). Mit der *Geburt der Tragödie aus dem Geiste der Musik* gewannen die dichterischen Kräfte und der Aufstrom der
Musik in Nietzsches Diktion als instrumentierte Prosa die Oberhand,
während alles Gemächlich-Würdige von seinem Stil abfiel. Aus dem
Professor wurde der Künstler, Skeptiker und Immoralist, der sich nicht
nur von der Historie, sondern auch bereits von der Gegenwart ablöste
und sich zukünftigen ontologischen Fragen widmete. Nietzsche begab
sich fortan auf die Suche nach höheren Freiheiten (nicht nach tieferen
Zusammenhängen), und er ließ die Vergangenheit hinter sich, um die
Zukunft zu entwerfen. Auch innerlich intensivierte sich sein Lebensgefühl bis hin zum Rauschhaften, statt sich im Zuge eines etablierten Be-
rufs- und Lebensweges zu beruhigen. Und es war in der Tat Wagner, der
mit seinen Konzepten zu dieser völligen Neuausrichtung Nietzsches entscheidend beigetragen hatte.[167]

Die Beziehung zwischen Wagner und Nietzsche gestaltete sich in der
Folgezeit höchst komplex. In ihr Verhältnis spielten vielfältige Aspekte
hinein: Wagners Dominanz und sein, so Thomas Manns Feststellung,
ständiges „Alleinreden-Wollen", sodann seine Forderung nach unbedingter Gefolgschaft und sein persönlich oft verletzendes Gebaren. Hinzu
kam Nietzsches nach wie vor gehegte Hoffnung, eine zentrale Rolle für
die Bayreuther Festspiele zugewiesen zu bekommen, ferner sein Streben
nach einer Distanzierung von Wagner, um die Eigenständigkeit zu bewahren, und nicht zuletzt auch seine eigenen kompositorischen Arbeiten,
die von Wagner überwiegend belächelt wurden. Alle diese Momente
spielten zusammen und führten letztlich zu einer langsamen, wenngleich
unaufhaltsamen Zerstörung der Freundschaft.[168]

Vor diesem Hintergrund ist auf Nietzsches eigene Komponiertätigkeit
einzugehen, die seine innige Affinität zur Musik widerspiegelt und darüber hinaus für die Beurteilung seines Verhältnisses zu Wagner von erheblicher Bedeutung ist.[169] Dass Nietzsche das Wesen der Musik bereits
als Jugendlicher eingehend reflektierte, zeigt eine Notiz des damals gerade einmal Vierzehnjährigen aus dem Jahr 1858:

---

[166] Zweig 2009, 299.

[167] Zweig 2009, 283-287, 291-299 u. 302-307. Ferner: Bermbach 2006 u.
2004b sowie Gerhardt (Hg.) 2006.

[168] Borchmeyer 2008, 43 u. 72-74; Thomä 2006, 126 (Zitat); Bermbach
2005, 304 u. Bermbach 2003.

[169] Ausführlich hierzu vgl. Janz 1978, I, 597-601 sowie http://www.f-nietz
sche.de/musik.htm (Link vom 22. Januar 2012).

Gott hat uns die Musik gegeben, damit wir *erstens,* durch sie nach oben geleitet werden. Die Musik vereint alle Eigenschaften in sich, sie kann erheben, sie kann tändeln, sie kann uns aufheitern, ja sie vermag mit ihren sanften, wehmütigen Tönen das roheste Gemüt zu brechen. Aber ihre Hauptbestimmung ist, dass sie unsre Gedanken auf Höheres leitet, dass sie uns erhebt, sogar erschüttert. [...] Auch gewährt die Musik eine angenehme Unterhaltung und bewahrt jeden, der sich dafür interessiert, vor Langeweile. Man muss alle Menschen, die sie verachten, als geistlose, den Tieren ähnliche Geschöpfe betrachten. Immer sei diese herrlichste Gabe Gottes meine Begleiterin auf meinem Lebenswege und ich kann mich glücklich preisen, sie liebgewonnen zu haben. Ewig Dank sei Gott von uns gesungen, der diesen schönen Genuss uns darbietet![170]

Schon in seiner frühen Jugend interessierte sich Nietzsche, was angesichts seiner Abstammung aus einem evangelischen Pfarrhaus naheliegend war, für geistliche Musik. Er erlernte das Klavierspiel und besaß darin recht gute Fertigkeiten, die er auch später noch lange pflegte. So spielte er in Basel regelmäßig mit seinem Freund Franz Overbeck vierhändig. Daneben beschäftigte sich Nietzsche mit zeitgenössischer Musikliteratur und verfasste Oratorien, vor allem aber Lieder. Das Komponieren hatte er sich autodidaktisch, im Rückgriff auf den ehemaligen Lehrer Beethovens, Johann Georg Albrechtsberger, angeeignet.

Seinen Liedern, die er gerne Verwandten und Bekannten etwa zu Festtagen widmete, legte er Gedichte von Klaus Grothe, Sándor Petőfi, Adelbert von Chamisso, Alexander Puschkin, Lord George Gordon Byron, Joseph von Eichendorff oder Hoffmann von Fallersleben zugrunde, so *Mein Platz vor der Tür* (1861) und *Da geht ein Bach* (1862) (Texte von Groth), *Das zerbrochene Ringlein* (1863) (Text von Eichendorff), *Wie sich Rebenranken schwingen* (1863) (Text von Fallersleben), *Nachspiel, Ständchen, Unendlich* und *Verwelkt* (alle 1864) (Texte von Petőfi), *Ungewitter* (1864) (Text von Chamisso), *Beschwörung* (1864) (Text von Puschkin) oder *Sonne der Schlaflosen* (Fragment; Text von Byron). Daneben schrieb er für das Klavier einen *Hymnus an die Freundschaft* (1872-75) sowie, im Gefolge Schumanns, eine *Manfred-Meditation* (1877). Und er vertonte Lou Andreas-Salomés *Lebensgebet*, das sie 1880 während ihres Aufenthalts in Zürich verfasst hatte.

Im Rahmen ihres Besuchs bei Nietzsche in Tautenburg (Thüringen) im August 1882 überließ Lou Andreas-Salomé ihr Gedicht *Lebensgebet* („Gewiss, so liebt ein Freund den Freund, / Wie ich dich liebe, Rätselleben –") dem Philosophen, der den Text der ersten beiden Verse geringfügig änderte und das Gedicht kurz darauf in Naumburg vertonte. Die

---

[170] Nietzsche, *Werke*, III, 34f. (Hervorhebung im Original).

dabei verwendete Melodie stammt aus früherer Zeit und weist Motive des *Hymnus an die Freundschaft* auf. Als *Hymnus an das Leben* erschien die Komposition dann 1887 in einer vom deutschen Schriftsteller und Komponisten Heinrich Köselitz (Peter Gast) bearbeiteten Fassung „für gemischten Chor und Orchester", in der dann alle Verse Lou Andreas-Salomés vertont waren. Diese Fassung schickte Nietzsche später an Hans von Bülow, freilich ohne den Bearbeiter zu erwähnen.[171]

Im Oktober 1882 wendet sich Nietzsche in einem Brief an Franz Overbeck:

> Was Köselitz (oder vielmehr Herrn ‚Peter Gast') betrifft, so ist hier mein zweites Wunder dieses Jahres. Während Lou für den bisher fast verschwiegenen Teil meiner Philosophie vorbereitet ist wie kein anderer Mensch, ist Köselitz die tönende Rechtfertigung für meine ganze neue Praxis und Wiedergeburt – um einmal ganz egoistisch zu reden.[172]

Und in *Ecce homo* vermerkt Nietzsche über diese Komposition:

> Insgleichen gehört in diese Zwischenzeit (1881-1883, A.S.) jener *Hymnus auf das Leben* (für gemischten Chor und Orchester), dessen Partitur vor zwei Jahren bei E. W. Fritzsch in Leipzig erschienen ist: ein vielleicht nicht unbedeutendes Symptom für den Zustand dieses Jahres, wo das *jasagende* Pathos *par excellence,* von mir das tragische Pathos genannt, im höchsten Grade mir innewohnte. Man wird ihn später einmal zu meinem Gedächtnis singen. – Der Text, ausdrücklich bemerkt, weil ein Missverständnis darüber im Umlauf ist, ist nicht von mir: er ist die erstaunliche Inspiration einer jungen Russin, mit der ich damals befreundet war, des Fräulein Lou von Salomé. Wer den letzten Worten des Gedichts überhaupt einen Sinn zu entnehmen weiß, wird erraten, warum ich es vorzog und bewunderte: sie haben Größe. Der Schmerz gilt *nicht* als Einwand gegen das Leben: „Hast du kein Glück mehr übrig mir zu geben, wohlan! *noch hast du deine Pein...*" Vielleicht hat auch meine Musik an dieser Stelle Größe.[173]

Bereits in Bonn, wo er im Wintersemester 1864/65 das Studium der Klassischen Philologie und evangelischen Theologie aufnahm, war Nietzsche ein eifriger Konzert- und Theaterbesucher, daneben widmete

---

[171] Ausführlich hierzu: Walther 2000, Anmerkung 23. Anlässlich eines gemeinsamen Aufenthaltes in Recoaro im Frühjahr 1881 führte Nietzsche für seinen Freund Heinrich Köselitz (1854-1918) das Pseudonym „Peter Gast" ein, unter dem Köselitz fortan seine Werke publizierte und später auch in die Nietzsche-Rezeption einging.

[172] Nietzsche, *Werke*, III, 1193f.

[173] Nietzsche, *Werke*, II, 1128f. (Hervorhebungen im Original).

er sich bereits eingehend der Kompositionstätigkeit. Bei seinen Kommilitonen galt er als musikalische Autorität, und in Leipzig wurde ihm während seiner Studienzeit 1868 sogar das Opernfeuilleton einer Zeitung angetragen.[174]

Zweifellos war Nietzsche ein musikalisches Naturtalent, das in der Musik einen Teil seiner „Mission" sah, in der Parteinahme für Dionysos und Schopenhauer gleichsam ihr Lob und in seinem Klavierspiel den Beweis für seine Theorie. Doch weil ihm die Musik nachgerade zufloss, war er kaum imstande zu verstehen, was Komponieren als „Handwerk" bedeutete. So schreibt er am 24. Juli 1872 an seinen Freund Gustav Krug: „Ich bin jetzt nur so viel Musiker, als zu meinem philosophischen Hausgebrauche eben nötig ist."[175]

Handwerklich wenig geschult, ließ sich der Amateurkomponist in seiner Sensibilität primär vom Wort leiten. Dadurch gelangen ihm melodisch wie harmonisch einprägsame Miniaturen, aus denen eine unmittelbare Tonsprache spricht und die zum einen an sein Vorbild Schumann erinnernde Schönheiten, zum anderen kompositorische Kühnheiten erreichen, deren diagnostischer Blick wiederum Gustav Mahler vorausahnen lässt. Nietzsches Musik offenbart daher sowohl seine schöpferische Sehnsucht als auch seine künstlerische Aktivität.[176] Er, der die Geburt der Tragödie aus dem Geist der Musik ableitete, der in seinen Briefen Worte durch einen Akkord ersetzte, um Stimmungen griffiger zu umschreiben, betrachtete Töne, Klänge und Rhythmen immer als Chiffren des Unsagbaren. Je mehr er an der großen sinfonischen Form scheiterte, desto eindringlicher vertraute er Wesentliches dem Klavier und der Singstimme an.[177] So schreibt Nietzsche am 2. Januar 1875 aus Naumburg an Malwida von Meysenbug:

---

[174] Walther 2000; Janz 1978, I, 599.

[175] Ross 1980, 404; Nietzsche, *Werke*, III, 1070.

[176] Eine Diskographie zu Nietzsches kompositorischem Werk ist auf Seite 197 zu finden.

[177] So der Kommentar des langjährigen Feuilletonisten der *Nürnberger Nachrichten*, Fritz Schleicher, anlässlich eines Liederabends im Jahre 1981 mit Dietrich Fischer-Dieskau und Aribert Reimann (Walther 2000). Auch Fischer-Dieskau hebt Nietzsches musikalisches Talent – gerade in seiner Modernität – hervor: „Nietzsches musikalische Begabung war jedoch ungeachtet solcher Meinung außerordentlich. Sie gehörte bestimmend zu seinem Wesen. So muss seine kunstpsychologische Analyse analog zu seinem Musiksinnen und zu seiner Freude an der Polyphonie gesehen werden. Sein Drang, in die Abgründe der Psyche zu leuchten, entspricht dem Willen eines Musikers, Seelenvorgänge

Jetzt habe ich zehn Tage Ferien hinter mir, ich verlebte sie mit Mutter und Schwester und fühle mich recht erholt; ich ließ währenddem alles Denken und Sinnen hinter mir und machte Musik. Viele Tausend Notenköpfchen sind hingemalt worden, und mit *einer* Arbeit bin ich ganz fertig. Der Hymnus an die Freundschaft ist jetzt zweihändig und vierhändig anzustimmen; seine Form ist diese:

Vorspiel der Freunde zum Tempel der Freundschaft
Hymnus, erste Strophe
Zwischenspiel – wie in traurig-glücklicher Erinnerung
Hymnus, zweite Strophe
Zwischenspiel, wie eine Wahrsagung über die Zukunft.
Ein Blick in weiteste Ferne
Im Abziehen: Gesang der Freunde, dritte Strophe und Schluss

Ich bin *sehr* zufrieden damit. Wollte Gott, es wäre auch ein andrer Mensch, zumal meine Freunde! Die Dauer der ganzen Musik ist genau 15 Minuten. – Sie wissen was darin alles vorgehen kann, gerade die Musik ist ein deutliches Argument für die Idealität der Zeit. Möchte meine Musik ein Beweis dafür sein, dass man seine Zeit vergessen kann, und dass darin Idealität liegt!
Außerdem habe ich meine Jugend-Kompositionen revidiert und geordnet. Es bleibt mir ewig sonderbar, wie in der Musik die Unveränderlichkeit des Charakters sich offenbart; was ein Knabe in ihr ausspricht, ist so deutlich die Sprache des Grundwesens seiner ganzen *Natur,* dass auch der Mann daran nichts geändert wünscht – natürlich die Unvollkommenheit der Technik usw. abgerechnet.
Wenn nach Schopenhauer der Wille vom Vater, der Intellekt von der Mutter vererbt, so scheint es mir, dass die Musik als der Ausdruck des Willens auch Erbgut vom Vater her ist. Sehen Sie sich in Ihrer Erfahrung um: im Kreise der meinigen stimmt der Satz.[178]

Im Kapitel „Warum ich so klug bin" von *Ecce homo* findet sich sogar ein ausdrückliches Postulat Nietzsches an die Musik, deren Ideale er auf eine übernationale Ebene hebt und mit „seinem", bereits in der Vergangenheit immer wieder beschworenen „Süden" verschränkt:

– Ich sage noch ein Wort für die ausgesuchtesten Ohren: was ich eigentlich von der Musik will. Dass sie heiter und tief ist, wie ein Nachmittag im Oktober. Dass sie eigen, ausgelassen, zärtlich, ein kleines süßes Weib von Niedertracht und Anmut ist... Ich werde nie zulassen, dass ein Deutscher wissen *könne*, was Musik ist. Was man deutsche Musiker nennt, die größten voran, sind *Ausländer*, Slaven,

---

ans Licht zu bringen, die einzig durch die Musik darstellbar erscheinen." (zitiert nach ebd.).
[178] Nietzsche, *Werke*, III, 1102 (Hervorhebungen im Original).

Kroaten, Italiener, Niederländer – oder Juden: im andern Falle Deutsche der starken Rasse, *ausgestorbene* Deutsche, wie Heinrich Schütz, Bach und Händel. Ich selbst bin immer noch Pole genug, um gegen Chopin den Rest der Musik hinzugeben; ich nehme, aus drei Gründen,[179] Wagners Siegfried-Idyll aus, vielleicht auch einiges von Liszt, der die vornehmen Orchester-Akzente vor allen Musikern voraushat; zuletzt noch alles, was jenseits der Alpen gewachsen ist – *diesseits...* Ich würde Rossini nicht zu missen wissen, noch weniger *meinen* Süden in der Musik, die Musik meines Venediger *maëstro Pietro Gasti.*[180] Und wenn ich jenseits der Alpen sage, sage ich eigentlich nur Venedig. Wenn ich ein andres Wort für Musik suche, so finde ich immer nur das Wort Venedig. Ich weiß keinen Unterschied zwischen Tränen und Musik zu machen – ich weiß das Glück, den *Süden* nicht ohne Schauder von Furchtsamkeit zu denken.[181]

Nietzsches Freundschaft mit Wagner hatte auf seine eigene Kompositionstätigkeit sowie seine Selbstwahrnehmung als Komponist insofern einen erheblichen Einfluss, als Nietzsche schon bald erkennen musste, dass es nicht einfach war, neben diesem „Genius"[182] als autodidaktischer Tonsetzer selbst auch etwas leisten oder andere zeitgenössische Komponisten wie Brahms schätzen zu wollen, denen Wagner wiederum kritisch gegenüberstand.[183] So reagierte Wagner auf Nietzsches Komposition

---

[179] Die angedeuteten „drei Gründe" werden von Nietzsche nicht näher spezifiziert.

[180] Gemeint ist wiederum Heinrich Köselitz (Peter Gast oder eben Pietro Gasti).

[181] Nietzsche, *Werke*, II, 1092f. (Hervorhebungen im Original).

[182] Interessanterweise hatte Wagner selbst immer wieder starke Zweifel an seinem eigenen Talent und bezeichnete sich Liszt gegenüber gar als „Stümper" (Mann 1974, 89).

[183] Nietzsches Verhältnis zu Brahms war allerdings ebenfalls höchst ambivalent. So äußert er sich in der „Zweiten Nachschrift" (1888) zu *Der Fall Wagner* folgendermaßen über den Komponisten:
   „Was heute berühmt ist, macht, im Vergleich mit Wagner, nicht ‚bessere' Musik, sondern nur unentschiednere, sondern nur gleichgültigere – gleichgültigere, weil das Halbe damit abgetan ist, *dass das Ganze da ist*. Aber Wagner war ganz; aber Wagner war die ganze Verderbnis; aber Wagner war der Mut, der Wille, die *Überzeugung* in der Verderbnis – was liegt noch an Johannes Brahms!... Sein Glück war ein deutsches Missverständnis: man nahm ihn als Antagonisten Wagners – man *brauchte* einen Antagonisten! – Das macht keine *notwendige* Musik, das macht vor allem zu viel Musik! – Wenn man nicht reich ist, soll man stolz genug sein zur Armut!... Die Sympathie, die Brahms unleugbar

Nachklang einer Silvesternacht, die der Philosoph aus alten Motiven zum Vierhändigspielen revidiert und Cosima Wagner zu Weihnachten 1871 gewidmet hatte, mit der Invektive: „Da verkehrt man nun schon seit anderthalb Jahren mit dem Menschen, ohne dergleichen zu ahnen; und nun kommt er so meuchlings, die Partitur im Gewande." Und als Nietzsche einmal am Klavier improvisierte, hörte Cosima Wagner höflich zu, während Richard Wagner mit zurückgehaltenem Lachen den Raum verließ.[184]

Wagners Irritationen angesichts der Tonsetzungen Nietzsches, die gewisse, manchmal durchaus störende kompositionstechnische Mängel aufweisen, sind nachvollziehbar – weniger jedoch Wagners verletzende Repliken darauf. Des ungeachtet bleibt festzuhalten, dass Nietzsche ernstgemeinte und auch ernstzunehmende Kompositionen schuf, die keinesfalls als bloße spielerische Liebhabereien abgetan werden dürfen, sondern einem tieferen inneren Konzept folgten. Nietzsche bediente sich der Musik gleichermaßen wie der Sprache, um geistige und seelische Gehalte zu übermitteln und zu bewältigen. Die Musik diente ihm als Mittel der Kommunikation, wobei ihm einige sehr ansprechende, gerade durch ihren Lyrismus auffallende Stücke gelangen, während andere, ähnlich wie viele seiner Freundesbriefe, ins Pathetische abgleiten, bisweilen, so die Kritik, „formlos", gar „unförmig" wirken. Pointiert gesagt, scheiterte Nietzsche in seinen „Freundschafts"-Kompositionen (*Monodie à deux [Lob der Barmherzigkeit]*, *Manfred*, *Nachklang*, *Hymnus*) ähnlich

---

hier und da einflößt, ganz abgesehen von jenem Partei-Interesse, Partei-Missverständnisse, war mir lange ein Rätsel: bis ich endlich, durch einen Zufall beinahe, dahinterkam, dass er auf einen bestimmten Typus von Menschen wirkt. Er hat die Melancholie des Unvermögens; er schafft *nicht* aus der Fülle, er *durstet* nach der Fülle. Rechnet man ab, was er nachmacht, was er großen alten oder exotisch-modernen Stilformen entlehnt – er ist Meister in der Kopie –, so bleibt als sein Eigenstes die *Sehnsucht*... Das erraten die Sehnsüchtigen, die Unbefriedigten aller Art. Er ist zu wenig Person, zu wenig Mittelpunkt... Das verstehen die ‚Unpersönlichen‘, die Peripherischen, – sie lieben ihn dafür. Insonderheit ist er der Musiker einer Art unbefriedigter Frauen. Fünfzig Schritt weiter: und man hat die Wagnerianerin – ganz wie man fünfzig Schritt über Brahms hinaus Wagner findet –, die Wagnerianerin, einen ausgeprägteren, interessanteren, vor allem *anmutigeren* Typus. Brahms ist rührend, solange er heimlich schwärmt oder über sich trauert – darin ist er ‚modern‘ – ; er wird kalt, er geht uns nichts mehr an, sobald er die Klassiker *beerbt*... Man nennt Brahms gern den *Erben* Beethovens: ich kenne keinen vorsichtigeren Euphemismus." (Nietzsche, *Werke*, II, 933f.; Hervorhebungen im Original).

[184] Walther 2000 (zitiert nach ebd.); Safranski 2007, 276f.

wie in den Freundschaften selbst. Möglicherweise stellte sich ihm hier das gleiche Problem wie im Religiösen, so dass er sein Unvermögen zu ‚echter' Freundschaft auf dem Umweg über die Ästhetik zu überwinden suchte.[185]

Zurückzuführen sind die kompositorischen Schwächen in Nietzsches Tonwerk primär auf sein nicht systematisch absolviertes autodidaktisches Studium. Dass Nietzsche in der Philosophie, die er sich ebenfalls als Autodidakt erschlossen hatte, die ungleich größere Instanz darstellt denn als Musiker, steht außer Frage. Und doch erreichte er auch in seiner Musik eine bisweilen beeindruckende Tiefe und Prägnanz des Ausdrucks. Vor allem aber sind Nietzsches Kompositionen und Kompositionsversuche von besonderem Wert für die Erhellung seines Grundwesens in den einzelnen Facetten. Nietzsches Tonstücke stellen, nicht zuletzt aufgrund ihres Widmungscharakters, sehr persönliche Kundgebungen dar und stehen daher dem Brief näher als dem philosophischen Werk. Und sie haben einen durch die Art der Musik gehobenen Aussagewert in einer individuellen und unmittelbaren Weise.[186]

Bezeichnend für Nietzsches Anspruch, die Relationalität seines Denkens musikalisch zu versinnlichen (Nietzsche forderte denn auch „südliche Sinnlichkeit" einer „künftigen Zarathustra-Musik", die sich durch „Leichtigkeit" und Melodiefreude auszeichnen sollte),[187] ist ein Passus aus seinem Brief vom 1. September 1882 an Heinrich Köselitz (Peter Gast): „Ich möchte gern ein Lied gemacht haben, welches auch öffentlich vorgetragen werden könnte –, ‚um die Menschen zu meiner Philosophie zu *verführen*'."[188] Und an Georg Brandes schreibt Nietzsche am 4.

---

[185] Zweig 2009, 302f.; Hong 2004; Janz 1978, I, 598-600; Walther 2000. Bei der *Monodie à deux. Lob der Barmherzigkeit* handelt es sich um ein kleines Werk für Klavier vierhändig. Nietzsche schenkte es Olga Herzen, der Tochter des russischen Schriftstellers, Philosophen und Publizisten Alexander Herzen und zugleich Adoptivtochter Malwida von Meysenbugs, als Olga am 6. März 1873 in Florenz den französischen Historiker Gabriel Monod heiratete und dessen Nachnamen annahm (deshalb der mehrfach konnotierte, auch auf Olgas Mädchennamen „Herzen" anspielende Titel *Monodie à deux. Lob der Barm<u>herz</u>igkeit*) (Bloch 2006, 105; Hervorhebungen: A.S.).

[186] Janz 1978, I, 598-600; Walther 2000. So schreibt Nietzsche Ende Oktober 1872 an Hans von Bülow: „Von meiner Musik weiß ich nur eins, dass ich damit Herr über eine Stimmung werde, die, ungestillt, vielleicht schädlicher ist." (Nietzsche, *Werke*, III, 1076).

[187] Walther 2000.

[188] Nietzsche, KGB, III/1, 249 (Hervorhebung im Original).

Mai 1888 aus Turin: „Wir Philosophen sind für nichts dankbarer, als wenn man uns mit den Künstlern *verwechselt*."[189]

Obwohl sich in Nietzsches Tonwerk Stileinflüsse einzelner Komponisten wie Beethoven, Schumann, Chopin oder Liszt nachweisen lassen, ist ihm doch ein spezifisch nietzschescher Zug der Melancholie eigen. Auffallend ist, wie angedeutet, das völlige Fehlen einer Beeinflussung durch Wagner: Die Gefühlsmächtigkeit Wagners blieb dem Musiker Nietzsche fremd, und als solcher war er nie „Wagnerianer".[190]

Anders als noch in Tribschen kam es bei Nietzsches Besuchen in Bayreuth zwischen ihm und Wagner wiederholt zu Differenzen, die sich 1874 in einer kritischen Aphorismenreihe und damit auch Vorstudien zu Nietzsches *Vierter Unzeitgemäßer Betrachtung Richard – Wagner in Bayreuth* niederschlugen. In den Aufzeichnungen von 1874 versucht Nietzsche, den Künstlercharakter Wagners in seiner Ganzheit und all seinen Facetten zu beschreiben. So ist unter anderem bereits die Rede von Wagner als „musikalischem Rhetor", „versetztem Schauspieler" und „Dilettanten". Des Weiteren gelangt Nietzsche zu der Feststellung: „Keiner unserer großen Musiker war in seinem 28ten Jahr ein noch so schlechter Musiker wie Wagner."[191] Angedeutet werden an dieser Stelle, freilich in noch vergleichsweise versöhnlichem Ton, auch fast alle später explizit hervorgehobenen Charakterschwächen Wagners: dass er in seinen Eskapaden von Künstlereifersucht, Selbstverherrlichung und Alleinherrschaftswillen „keine andere Individualität" (etwa Brahms) neben sich dulde[192] („da war Wagner nicht groß!"), seine bürgerliche „Neigung zu Pomp und Luxus", der „Tyrannensinn für das Kolossale", die „Unbändigkeit und Maßlosigkeit" im alltäglichen Verhalten, seine fragwürdige Anhängerschaft und nicht zuletzt auch sein Nationalismus und Antisemitismus. Denn Nietzsche war, wie Bertrand Russell zurecht festhält, weder Nationalist noch Antisemit. Dass Wagners Antisemitismus ebenfalls zu Nietzsches Zerwürfnis mit Wagner beitrug, ist mittlerweile unbestritten. Nietzsche fühlte sich von Wagners antisemitischem Impe-

---

[189] Nietzsche, *Werke*, III, 1291 (Hervorhebung im Original).

[190] Walther 2000; Janz 1978, I, 600. Vgl. hierzu auch Becker 1918.

[191] Nietzsche, KSA, VII, 759.

[192] Vgl. in diesem Zusammenhang auch Malwida von Meysenbugs Eindruck, den sie von Wagner seinerzeit in Paris gewonnen hatte: „Wagner aber beherrschte die Gesellschaft so völlig, dass man eigentlich nur ihn sah und hörte und die andern darüber völlig vergaß." (Meysenbug, *Memoiren*, Bd. 2, 174 [3. Teil, 7. Kapitel]).

tus abgestoßen, auch wenn er die Widersprüchlichkeit und das Spektrum seiner antijüdischen Haltung möglicherweise erkannte.[193]

Nietzsches rund zehn Jahre später, im Winter 1884/85, verfasster Brief an den Organisten und Musikschriftsteller Carl Fuchs gibt etwas konkretere Hinweise darauf, worin seine grundsätzliche Kritik an der „Wagnerei" bestand:

> Das wagnersche Wort „unendliche Melodie" drückt die Gefahr, den Verderb des Instinkts und den guten Glauben, das gute Gewissen dabei allerliebst aus.[194] Die rhythmische Zweideutigkeit, so dass man nicht mehr weiß und wissen *soll,* ob etwas Schwanz oder Kopf ist, ist ohne allen Zweifel ein Kunstmittel, mit dem wunderbare Wirkungen erreicht werden können: der „Tristan" ist reich daran –, als Symptom einer ganzen Kunst ist und bleibt sie trotzdem das Zeichen der Auflösung. Der Teil wird Herr über das Ganze, die Phrase über die Melodie, der Augenblick über die Zeit (auch das *tempo),* das Pathos über das Ethos (Charakter, Stil, oder wie es heißen soll –), schließlich auch der *esprit* über den „Sinn". Verzeihung! Was ich wahrzunehmen glaube, ist eine Veränderung der Perspektive: man sieht das Einzelne viel zu scharf, man sieht das Ganze viel zu stumpf – und man hat den *Willen*

---

[193] Borchmeyer 2008, 28f. u. 80-88; Russell 2006, 105f.; Thomä 2006, 126; Bohlman 2004; Walther 2000; Mazenauer 1998, 63; Borchmeyer 1995; Rattner 1986; Mann 1974, 105f. Ausführlich zu Wagners antisemitischer Haltung: Seljak 2011 sowie die dort angegebenen Quellen, ferner: Fischer 2000a u. 2000b; Zelinsky 2000; Bermbach 1998; Borchmeyer 1986.

[194] Den Begriff „unendliche Melodie" verwendet Wagner erstmals 1860 in seiner Schrift *Zukunftsmusik* mit dem Ziel einer Definition seines Kompositionsverfahrens, im Besonderen einer Charakterisierung der Melodik in seinen Musikdramen. Diese widersetzt sich seiner Ansicht nach insofern einer periodischen Anordnung, als sie nicht deutlich in sich gegliedert ist und überdies kein Ende aufzuweisen scheint. Wagner hält fest, *„dass die einzige Form der Musik die Melodie ist."* Wenn ein Musiker das Unaussprechliche sage, sei „die untrügliche Form seines laut erklingenden Schweigens […] die *unendliche Melodie."* Für Wagner bedeutete die unendliche Melodie eine historisch notwendige Befreiung von den Tanzformen der italienischen Oper. Später griff er auf den Begriff, offenbar aufgrund zahlreicher Kritiken in der Folgezeit („unendliche Melodielosigkeit"), nur noch selten zurück. Der Terminus ist dann über Wagner hinaus zum Symbol für eine Auflösung der musikalischen Formen seit dem Ende des 19. Jahrhunderts geworden (Wagner, *Dichtungen und Schriften*, VIII, 86-93, Zitate 88 u. 93; Hervorhebungen im Original; Seljak 2012, 21 u. 36; Floros 2010, 26; Manzoni 1995, 94f.)

zu dieser Optik in der Musik, vor allem man hat das *Talent* dazu! Das aber ist *décadence*, ein Wort, das, wie sich unter uns von selbst versteht, nicht verwerfen, sondern nur bezeichnen soll.[195]

Über Wagners *Tristan und Isolde* äußert sich Nietzsche auch an anderer Stelle äußerst negativ:

Wer wagte das Wort, das *eigentliche* Wort für die ardeurs der Tristan-Musik? – Ich ziehe Handschuhe an, wenn ich die Partitur des Tristan lese… Die immer mehr um sich greifende Wagnerei ist eine leichtere Sinnlichkeits-Epidemie, die ‚es nicht weiß'; gegen Wagnersche Musik halte ich jede Vorsicht für geboten. – [196]

Thomas Mann stellt angesichts dieses Diktums die berechtigte Frage, was denn da für ein „eigentliches Wort" zu „wagen" sei:

Sinnlichkeit, ungeheure, spiritualisierte, ins Mystische getriebene und mit äußerstem Naturalismus gemalte, durch keine Erfüllung zu stillende Sinnlichkeit, das ist das „Wort" – und man fragt sich, woher auf einmal bei Nietzsche, dem „freien, sehr freien Geiste", die Gehässigkeit gegen das Geschlechtliche kommt, das in seiner Frage auf so psychologisch-denunziatorische Weise angedeutet wird. Fällt er nicht aus seiner Rolle eines Beschützers des Lebens gegen die Moral? Kommt nicht der Erzmoralist, der Pastorensohn zum Vorschein? Er wendet auf den „Tristan" die Mystikerformel „Wollust der Hölle" an. […] Nur freilich bleibt sein Wort von der Wagnerei als von einer „leichteren Sinnlichkeitsepidemie, die es nicht weiß", zu Recht bestehen, und eben nur dieses „Die es nicht weiß" ist es, was einem gewissen Klarheitsbedürfnis auf die Nerven fallen mag angesichts von Wagners romantischer Popularität; es mag einen Grund abgeben, „lieber nicht dabei zu sein".[197]

Obwohl Nietzsche spätestens seit 1874 Wagners Musik kritisch gegenüberstand, stilisierte er die Bayreuther Festspiele von 1876, als Beitrag zu deren Verherrlichung seine Schrift *Richard Wagner in Bayreuth* eigentlich gedacht war, später zur Peripetie in seiner Beziehung zu Wagner. Denn zu Nietzsches großer Enttäuschung änderte sich durch Bayreuth nichts an den von ihm so bitter beklagten „heutigen Kunstzuständen", im Gegenteil: Nietzsche war Ende Juli 1876 in Bayreuth zu den Proben angereist und erlebte in der Folge den ganzen Rummel um die Festspiele – das Eintreffen des Kaisers, Wagners ‚Hofhaltung' auf

---

[195] Nietzsche, *Werke*, III, 1226 (Hervorhebungen im Original).

[196] Nietzsche, KGW, VIII, 3, 411 (Hervorhebung im Original).

[197] Mann 1974, 115f.

dem Festspielhügel und in seinem Haus „Wahnfried"[198], die unfreiwillige Komik der Inszenierung, „das Klappern des Mythenapparates" (SAFRANSKI)[199], die das Kunstereignis begleitende wohlgelaunte, übersättigte und keineswegs erlösungsbedürftige Geselligkeit sowie die Turbulenzen bei den Restauranterstürmungen im Anschluss an die Vorführungen. Zuvor hatte Nietzsche in seiner *Vierten Unzeitgemäßen Betrachtung – Richard Wagner in Bayreuth* noch festgehalten:

> In Bayreuth ist auch der Zuschauer anschauenswert, es ist kein Zweifel. Ein weiser betrachtender Geist, der aus einem Jahrhundert ins andre ginge, die merkwürdigen Kultur-Regungen zu vergleichen, würde dort viel zu sehen haben; er würde fühlen müssen, dass er hier plötzlich in ein warmes Gewässer gerate, wie einer, der in einem See schwimmt und der Strömung einer heißen Quelle nahe kommt: aus anderen, tieferen Gründen muss diese emporkommen, sagt er sich, das umgebende Wasser erklärt sie nicht und ist jedenfalls selber flacheren Ursprungs. [...] Hier findet ihr vorbereitete und geweihte Zuschauer, die Ergriffenheit von Menschen, welche sich auf dem Höhepunkte ihres Glücks befinden und gerade in ihm ihr ganzes Wesen zusammengerafft fühlen, um sich zu weiterem und höherem Wollen bestärken zu lassen [...].[200]

Vergeblich suchte Nietzsche in Bayreuth nach einem solchen Publikum. Ihm wurde bewusst, dass er es sich lediglich ausgedacht, als Idealbild, als *Spectatores in fabula* ausgemalt hatte. Überhaupt scheint sich Nietzsche bei der wagnerschen Musik und dem Musikdrama zu viel gedacht, sich zu viel von ihnen versprochen zu haben. Nach seiner Bayreuther Enttäuschung von 1876 begann Nietzsche mit seiner Arbeit an *Menschliches, Allzumenschliches*, um sich für die Zukunft sozusagen enttäuschungsresistent zu machen.

Wagner, den Nietzsche „sehr geliebt" hatte, wurde nunmehr innig gehasst, aus geistigen und kulturmoralischen Gründen – denn das Wagnerwerk war als nationale Angelegenheit installiert, quasi reichsoffiziell geworden. Und dieses Merkmal der Entfremdung Deutschlands von Europa widersprach völlig Nietzsches Anspruch an den homogenisierenden

---

[198] Wagners Überzeugung, in Bayreuth endlich die Erfüllung seines Lebens gefunden zu haben, offenbart sich anhand des Taufspruchs, den Wagner an der Vorderseite seines Hauses eingravieren ließ und der den Namen des Hauses versinnbildlicht: „Hier wo mein Wähnen Frieden fand – Wahnfried – sei dieses Haus von mir benannt."

[199] Safranski 2007, 291.

[200] Nietzsche, *Werke*, I, 368 u. 382.

Schwung der Moderne, der die Unterschiede zwischen den Völkern eigentlich hätte einebnen sollen:[201]

> Wer einen Begriff davon hat, was für Visionen mir schon damals über den Weg gelaufen waren, kann erraten, wie mir zumute war, als ich eines Tags in Bayreuth aufwachte. Ganz als ob ich träumte… Wo war ich doch? Ich erkannte nichts wieder, ich erkannte kaum Wagner wieder. Umsonst blätterte ich in meinen Erinnerungen. Tribschen – eine ferne Insel der Glückseligen: kein Schatten von Ähnlichkeit. Die unvergleichlichen Tage der Grundsteinlegung, die kleine *zugehörige* Gesellschaft, die sie feierte und der man nicht erst Finger für zarte Dinge zu wünschen hatte: kein Schatten von Ähnlichkeit. *Was war geschehn?* – Man hatte Wagner ins Deutsche übersetzt! Der Wagnerianer war Herr über Wagner geworden! – Die *deutsche* Kunst! der *deutsche* Meister! das *deutsche* Bier! … (*Ecce homo*)[202]

Gegen das spezifisch „Deutsche" bei Wagner,[203] wie Nietzsche es verstand, wendet er sich auch in *Jenseits von Gut und Böse*:

> Ich hörte, wieder einmal zum ersten Male – Richard Wagners Ouvertüre zu den *Meistersingern*: das ist eine prachtvolle, überladne, schwere und späte Kunst, welche den Stolz hat, zu ihrem Verständnisse zwei Jahrhunderte Musik als noch lebendig vorauszusetzen – es ehrt die Deutschen, dass sich ein solcher Stolz nicht verrechnete![204] Was für Säfte und Kräfte, was für Jahreszeiten und Himmelsstriche sind hier nicht gemischt! Das mutet uns bald altertümlich, bald fremd, herb und überjung an, das ist ebenso willkürlich als pomphaft-herkömmlich, das ist nicht selten schelmisch, noch öfter derb und grob – das hat Feuer und Mut und zugleich die schlaffe falbe Haut von Früchten, welche zu spät reif werden. Das strömt breit und voll: und plötzlich ein Augenblick unerklärlichen Zögerns, gleichsam eine Lücke, die zwischen Ursache und Wirkung aufspringt, ein Druck, der uns träumen macht, beinahe ein Albdruck –, aber schon breitet und weitet sich wieder der alte Strom von Behagen aus, von vielfältigstem Behagen, von altem und neuem Glück, *sehr* eingerechnet das Glück des Künstlers an sich selber, dessen er nicht Hehl haben will, sein erstauntes glückliches Mitwissen um die Meisterschaft seiner hier verwendeten Mittel, neuer neuerworbener unausgeprobter Kunstmittel, wie er uns zu verraten scheint. Alles in allem keine Schönheit, kein Süden, nichts

---

[201] Walser Smith 2010, 33 u. 220; Safranski 2007, 291; Borchmeyer 1995; Mann 1974, 83 u. 130; Nietzsche, *Werke*, I, 382.

[202] Nietzsche, *Werke*, II, 1119 (Hervorhebungen im Original).

[203] Vgl. hierzu Stachel / Ther 2008, Eichner 2007 u. Applegate / Potter 2002.

[204] Zu den *Meistersingern von Nürnberg* vgl. Bermbach 2009/2010.

von südlicher feiner Helligkeit des Himmels, nichts von Grazie, kein Tanz, kaum ein Wille zur Logik; eine gewisse Plumpheit sogar, die noch unterstrichen wird, wie als ob der Künstler uns sagen wollte: „sie gehört zu meiner Absicht"; eine schwerfällige Gewandung, etwas Willkürlich-Barbarisches und Feierliches, ein Geflirr von gelehrten und ehrwürdigen Kostbarkeiten und Spitzen; etwas Deutsches, im besten und schlimmsten Sinn des Wortes, etwas auf deutsche Art Vielfaches, Unförmliches und Unausschöpfliches; eine gewisse deutsche Mächtigkeit und Überfülle der Seele, welche keine Furcht hat, sich unter die Raffinements des Verfalls zu verstecken – die sich dort vielleicht erst am wohlsten fühlt; ein rechtes echtes Wahrzeichen der deutschen Seele, die zugleich jung und veraltet, übermürbe und überreich noch an Zukunft ist. Diese Art Musik drückt am besten aus, was ich von den Deutschen halte: sie sind von vorgestern und von übermorgen – *sie haben noch kein Heute.*[205]

Wie mehrere Textstellen aus seinem Werk veranschaulichen, stieß sich Nietzsche grundsätzlich an jeglicher „Vaterländerei", „Schollenkleberei" und „patriotischen Einklemmung". Aus diesem Grunde ist allen Versuchen, Nietzsche als Vertreter einer „wesentlich übernationalen und nomadischen Art Mensch" (*Jenseits von Gut und Böse*) zu ‚verdeutschen' oder ‚zurückzudeutschen', mit Skepsis zu begegnen:[206]

[…] die Heftigkeit, mit der sich unsre gescheitesten Zeitgenossen in ärmliche Ecken und Engen verlieren, zum Beispiel in die Vaterländerei (so heiße ich das, was man in Frankreich *chauvinisme*, in Deutschland „deutsch" nennt).[207] (*Die fröhliche Wissenschaft*)

Wir „guten Europäer": auch wir haben Stunden, wo wir uns eine herzhafte Vaterländerei, einen Plumps und Rückfall in alte Lieben und Engen gestatten […], Stunden nationaler Wallungen, patriotischer Beklemmungen und allerhand anderer altertümlicher Gefühls-Überschwemmungen. Schwerfälligere Geister, als wir sind, mögen mit dem, was sich bei uns auf Stunden beschränkt und in Stunden zu Ende spielt, erst in längeren Zeiträumen fertig werden, in halben Jahren die einen, in halben Menschenleben die andern, je nach der Schnelligkeit und Kraft, mit der sie verdauen und ihre „Stoffe wechseln". Ja, ich könnte mir dumpfe zögernde Rassen denken, welche auch in unserm geschwinden Europa halbe Jahrhunderte nötig hätten, um solche atavistische Anfälle von Vaterländerei und Schollenkle-

---

[205] Nietzsche, *Werke*, II, 705f. (Aphorismus 240; Hervorhebungen im Original).

[206] Nietzsche, *Werke*, II, 708. Vgl. hierzu auch Zweig 2009, 294-296.

[207] Nietzsche, *Werke*, II, 212 (Hervorhebung im Original).

berei zu überwinden und wieder zur Vernunft, will sagen zum „guten Europäertum" zurückzukehren.[208] (*Jenseits von Gut und Böse*)

[…] ich mag die ehrgeizigen Künstler nicht, die den Asketen und Priester bedeuten möchten und im Grunde nur tragische Hanswürste sind; ich mag auch sie nicht, diese neuesten Spekulanten in Idealismus, die Antisemiten, welche heute ihre Augen christlich-arisch-biedermännisch verdrehn und durch einen jede Geduld erschöpfenden Missbrauch des wohlfeilsten Agitationsmittels, der moralischen Attitüde, alle Hornvieh-Elemente des Volkes aufzuregen suchen (– dass *jede* Art Schwindel-Geisterei im heutigen Deutschland nicht ohne Erfolg bleibt, hängt mit der nachgerade unableugbaren und bereits handgreiflichen *Verödung* des deutschen Geistes zusammen, deren Ursache ich in einer allzu ausschließlichen Ernährung mit Zeitungen, Politik, Bier und wagnerscher Musik suche, hinzugerechnet, was die Voraussetzung für diese Diät abgibt: einmal die nationale Einklemmung und Eitelkeit, das Starke, aber enge Prinzip „Deutschland, Deutschland über alles", sodann aber die *paralysis agitans*[209] der „modernen Ideen"). Europa ist heute reich und erfinderisch vor allem in Erregungsmitteln, es scheint nichts nötiger zu haben als Stimulantia und gebrannte Wasser: daher auch die ungeheure Fälscherei in Idealen, diesen gebranntesten Wassern des Geistes, daher auch die widrige, übelriechende, verlogne, pseudoalkoholische Luft überall.[210]

(*Zur Genealogie der Moral*)

Nietzsches satirischen Ausfällen gegenüber dem deutschtümelnden Wagnerismus ist indes mit Vorsicht zu begegnen, zumal ihn auch sein katastrophaler, von heftigen Migräneattacken geprägter Gesundheitszustand zur Abreise aus Bayreuth gezwungen hatte. Am 6. August 1876 schreibt er an seine Schwester Elisabeth doppelsinnig: „Ich muss alle Fassung zusammen nehmen, um die grenzenlose Enttäuschung dieses Sommers zu ertragen." Hinter Nietzsches Verzweiflung angesichts seines krankheitsbedingten Unvermögens, die langen Aufführungen in Bayreuth zu überstehen, deutet sich auch eine herbe Enttäuschung über die Gestalt der Festspiele und den damit verbundenen gesellschaftlichen Trubel an.[211]

Als Ende April 1878 der erste Teil von *Menschliches, Allzumenschliches* in Bayreuth eintraf, kam es auch äußerlich zum Bruch zwischen

---

[208] Nietzsche, *Werke*, II, 706.

[209] Als *paralysis agitans* wird das Krankheitsbild der „Schüttellähmung" bzw. des Morbus Parkinson bezeichnet.

[210] Wagner, *Werke*, II, 896 (Hervorhebungen im Original).

[211] Borchmeyer 2008, 90f.; Borchmeyer 1995; Nietzsche, KGB, II/5, 182.

Nietzsche und Wagner. Knapp vier Monate zuvor hatte Wagner Nietzsche noch einen Privatdruck der *Parsifal*-Dichtung mit einer Widmung zukommen lassen, in der er sich in Anspielung an den christlichen Gehalt seines Werkes scherzhaft als „Ober-Kirchenrat" betitelte. Demgegenüber fiel Wagners Urteil über *Menschliches, Allzumenschliches* vernichtend aus. In seinem Aufsatz *Publikum und Popularität*, erschienen im Augustheft der *Bayreuther Blätter*, polemisierte Wagner verdeckt gegen Nietzsche, indem er die ungenannten Repräsentanten der „Wissenschaft" verhöhnte, „welche auf uns Künstler, Dichter und Musiker, als die Spätgeburten einer verrotteten Weltanschauungs-Methode herabblicken" und das naturwissenschaftliche oder historische „Erkennen" an die Stelle von „metaphysischen Allotrien" setzen wollen – bis „das rein erkennende Subjekt, auf dem Katheder sitzend, allein als Existenzberechtigt übrig bleibt. Eine würdige Erscheinung am Schlusse der Welt-Tragödie!" Nietzsche, der sehr früh den streng wissenschaftlich arbeitenden Philologen in sich abgelegt hatte bzw. zum Künstler und Philosophen umwandelte, wurde nunmehr von Wagner auf seine frühere Stellung zurückgebunden. Kein Künstlertum mehr, nur noch Wissenschaftsrepräsentanz.[212]

Tatsächlich rückt in *Menschliches, Allzumenschliches* der „Geist der Wissenschaft" abermals an die Stelle der metaphysisch-ästhetischen Spekulationen, die die früheren Schriften Nietzsches noch beherrscht hatten. Nietzsche nahm nun selbst jenen Standpunkt ein, von dem aus sich sein Lehrer Ritschl seinerzeit gegen die *Geburt der Tragödie aus dem Geiste der Musik* gewandt hatte. Nietzsche war jetzt weit davon entfernt, die „Erkenntnis" zu verurteilen und nur in der Kunst die weltumgestaltende, erlösende und befreiende Kraft zu erblicken.[213]

Zwar wird Wagner in *Menschliches, Allzumenschliches* nicht namentlich erwähnt, doch ist ihm, wie das Zitat aus *Publikum und Popularität* zeigt, nicht verborgen geblieben, dass er für Nietzsche einer der Hauptrepräsentanten einer nunmehr zu Ende gehenden Kultur geworden war. Die Aufgabe von Wagners Musik sei, so Nietzsche, deren Prinzipien und Lebensgefühl sowohl den Zeitgenossen als auch den nachfolgenden Generationen noch einmal verständlich zu machen, weshalb es sich bei ihr um nichts anderes als einen Schwanengesang handle. Einen solchen Vorwurf konnte sich Wagner nicht gefallen lassen, er, der sein Kunstwerk stets auf die Zukunft bezog und für den die gebräuchlichste Spott-

---

[212] Borchmeyer 2008, 94-108; Borchmeyer 1995; Wagner, *Gesammelte Schriften und Dichtungen*, X, 79 u. 84f.

[213] Borchmeyer 1995; Mann 1974, 104f.

vokabel der Zeitgenossen das Wort „Zukunftsmusiker"[214] war. Und ausgerechnet ihm sollte nur noch die Rolle des Zurückblickenden verbleiben? Wagner sah denn auch den Sachverhalt völlig anders. Seiner Lesart zufolge hatte sich Nietzsche seinerseits von der tieferen Kultur verabschiedet und sei wieder dem „bildungsphiliströsen" Fortschrittsglauben anheimgefallen.[215]

Die zweiten Bayreuther Festspiele mit der Uraufführung des *Parsifal* führten bei Nietzsche 1882 dann noch einmal zu erheblicher Unruhe. Zwar konnte er sich letztlich doch nicht entschließen, nach Bayreuth zu fahren, dafür studierte er den Klavierauszug des *Parsifal* eingehend. Nietzsches Urteil war zutiefst negativ. In seinem Brief an Malwida von Meysenbug vom 13. Juli 1882 bezeichnet er Wagners letztes Werk als „Hegelei in Musik" und einen „Beweis großer Armut an Erfindung":[216]

---

[214] Wagner wandte sich dezidiert gegen diesen Begriff, so etwa in der zweiten Fassung seines Essays *Das Judentum in der Musik* (1869): „[…] ein Professor *Bischoff*, in der Kölnischen Zeitung mit der Begründung des von jetzt an gegen mich befolgten Systemes der Verleumdung […] hielt sich an meine Kunstschriften, und verdrehte meine Idee eines „Kunstwerkes der Zukunft" in die lächerliche Tendenz einer „Zukunftsmusik", nämlich etwa einer solchen, welche wenn sie jetzt auch schlecht klänge, mit der Zeit sich doch gut ausnehmen würde. Des Judentums ward von ihm mit keinem Worte erwähnt, im Gegenteil steifte er sich darauf, Christ und Abkömmling eines Superintendenten zu sein. Dagegen hatte ich Mozart, und selbst Beethoven für Stümper erklärt, wollte die Melodie abschaffen, und künftig nur noch psalmodieren lassen. Sie werden […] noch heute, sobald von „Zukunftsmusik" die Rede ist, nichts Anderes vernehmen als diese Sätze. Bedenken Sie, mit welch machtvoller Nachhaltigkeit diese absurde Verleumdung aufrechterhalten und verbreitet worden sein muss, da neben der wirklichen und populären Verbreitung meiner Opern sie fast in der ganzen europäischen Presse, sobald mein Name erwähnt wird, sofort als eben so unangefochten wie unwiderlegbar, mit stets neu verjüngter Kraft, auftritt. Da mir so unsinnige Theorien zugeschrieben werden konnten, mussten natürlich auch die Musikwerke, welche aus ihnen hervorgegangen, von widerlichster Beschaffenheit sein: ihr Erfolg mochte sein, welcher er wollte, immer blieb die Presse dabei, meine Musik müsse so abscheulich sein wie meine Theorie. […] Von Nichts als meiner Verachtung aller großen Tonmeister, meiner Feindschaft gegen die Melodie, von meinem greulichen Komponieren, kurz von „Zukunftsmusik", war nur noch die Rede" (Wagner, *Das Judentum in der Musik* [1869, 24 u. 26; Hervorhebung im Original). Vgl. hierzu auch Kneif 1975, 115.

[215] Borchmeyer 1995.

[216] Borchmeyer 2008, 119-125; Borchmeyer 1995.

Denken Sie, dass ich sehr zufrieden bin, die Parsifal-Musik nicht hören zu *müssen*. Abgesehen von 2 Stücken (denselben welche auch Sie mir hervorheben) mag ich diesen „Stil" (dieses mühselige und beladene Stückchen-Werk) nicht: das ist Hegelei in Musik: und überdies ebenso sehr ein Beweis großer Armut an Erfindung als ein Beweis ungeheurer Prätension und *Cagliostricität* ihres Urhebers. Pardon! In diesem Punkte rigoros. – In Moral bin ich unerbittlich.[217]

Dass Nietzsche überhaupt so lange auf die ihm früher so wichtige „Kunst des metaphysischen Trostes" gesetzt hatte, bezeichnete er später als seine romantische Schwäche. So heißt es im *Versuch einer Selbstkritik* (1886) seines Tragödienbuches:

Nein, dreimal nein! ihr jungen Romantiker: es sollte *nicht* nötig sein! Aber es ist sehr wahrscheinlich, dass es so *endet*, dass *ihr* so endet, nämlich „getröstet", wie geschrieben steht, trotz aller Selbsterziehung zum Ernst und zum Schrecken, „metaphysisch getröstet", kurz wie Romantiker enden, *christlich...* Nein! Ihr solltet vorerst die Kunst des *diesseitigen* Trostes lernen, – ihr solltet *lachen* lernen, meine jungen Freunde, wenn anders ihr durchaus Pessimisten bleiben wollt; vielleicht dass ihr daraufhin, als Lachende, irgendwann einmal alle metaphysische Trösterei zum Teufel schickt – und die Metaphysik voran![218]

Zu diesem Zeitpunkt, also Mitte der 1880er Jahre, distanzierte sich Nietzsche von der Vorstellung, Romantiker zu sein oder überhaupt je einer gewesen zu sein. Allerdings bezogen sich seine Kritik des Romantischen und seine damit einhergehende Absetzbewegung auf eine Romantik der Rückkehr zum Christentum und nicht auf die frühe Romantik der „schönen Verwirrung" eines Novalis oder des „geistigen Orgiasmus" eines Schlegel. Vor Augen hatte Nietzsche hier vielmehr die spätere Romantik, die ‚katholisierende' und sich mit den politischen Ordnungsprinzipien der Heiligen Allianz identifizierende.

Nietzsche war zwar insofern ein Romantiker gewesen, als er das Dionysische zum eigentlichen Erregungszentrum des Wirklichen erhob. Die romantische Sehnsucht nach dem Wilden und Ungeheuren hatte auch ihn umgetrieben. Diametral entgegengesetzt zu Kants *Kritik der reinen Vernunft* ([1]1781/[2]1787), diesem poetischen Bild für die Selbstbeschränkung der Vernunft, bewegte sich das romantische Transzendieren von Schlegel bis Nietzsche in die Richtung des „schöpferischen Chaos", des gro-

---

[217] Nietzsche, KGB, III/1, 224 (Hervorhebungen im Original).
[218] Nietzsche, *Werke*, I, 18 (Hervorhebungen im Original).

ßen Abenteuers und der, bildhaft gesprochen, stürmischen Seefahrt, nicht in jene der tiefen Ruhe.[219]

Mit all dem hatte Nietzsches Ansicht nach die Spielart der Romantik, die nunmehr zum Christentum zurückzukehren drohte, nichts mehr zu tun. Und diese Ausrichtung im Grundsätzlichen trug zu Nietzsches Kritik am späten Wagner und dessen *Parsifal* bei. In der *Fröhlichen Wissenschaft* führt Nietzsche aus, was er unter der vom positiven Christentum gefesselten Romantik im Gegensatz zur dionysischen Weisheit versteht. Gerichtet ist der Passus nicht mehr nur gegen die historischen Romantiker, sondern auch gegen Wagner, der sich in Nietzsches Augen mit dem *Parsifal* vom Dionysiker wieder zum Christen und damit zum Romantiker gewandelt habe:[220]

> Was ist Romantik? Jede Kunst, jede Philosophie darf als Heil- und Hilfsmittel im Dienste des wachsenden, kämpfenden Lebens angesehen werden: sie setzen immer Leiden und Leidende voraus. Aber es gibt zweierlei Leidende, einmal die an der *Überfülle des Lebens* Leidenden, welche eine dionysische Kunst wollen und ebenso eine tragische Ansicht und Einsicht in das Leben – und sodann die an der *Verarmung des Lebens* Leidenden, die Ruhe, Stille, glattes Meer, Erlösung von sich durch die Kunst und Erkenntnis suchen, oder aber den Rausch, den Krampf, die Betäubung, den Wahnsinn.[221]

Nach wie vor war Nietzsche davon überzeugt, dass die Lebenswelten des einzelnen Menschen wie auch ganzer Kulturen Mythen für deren Einheit benötigten. Allerdings müsse, wie gesagt, diesem sinnstiftenden Verfahren die bewusste Erkenntnis zugrunde liegen, dass der Mensch selbst der Schöpfer seines Mythos sei. Und genau dies sah Nietzsche beim späten Wagner außer Kraft gesetzt: Er hielt Wagner nur noch für einen großen Schauspieler, der die von ihm eingeforderte Strenge und Lauterkeit abgelegt hatte und am Ende nicht mehr bemerken wollte, dass er ein Zauberer geworden war, der sich selbst verzauberte und die „kris-

---

[219] Vgl. Safranski 2007, 293: „Kant war auf der Insel geblieben und hatte den *stürmischen Ozean* das ominöse Ding *an sich* genannt; Schopenhauer hatte sich schon weiter hinausgewagt, als er den Ozean auf den Namen des *Willens* taufte. Die Romantiker haben noch manche anderen Namen dafür gefunden, das *Chaos*, die *Saturnalien* des Seins, *schöpferische* Natur. Und bei Nietzsche ist die absolute Wirklichkeit das *Dionysische*, mit den Worten Goethes, die Nietzsche zitiert: *ein ewiges Meer, ein wechselnd Weben, ein glühend Leben.*" (Hervorhebungen im Original).

[220] Safranski 2007, 291f., 294f. u. 357.

[221] Nietzsche, *Werke*, II, 244 (Aphorismus 370; Hervorhebungen im Original).

tallene Reinheit" der Musik „mit Narkotika und Stimulantia" (ZWEIG)[222] trübte.

Wagners *Ring des Nibelungen* hatte gerade deshalb Nietzsches Beifall gefunden, weil darin auf metaphysischen Trost verzichtet wird. Das Mythische, auf welches Wagner ursprünglich abgezielt hatte, bedeutete eine Vergöttlichung des Lebens – und gerade nicht eine transzendente Flucht vor den tragischen Verwicklungen und Wirrungen des Lebens. Insofern hatte sich, für Nietzsche unübersehbar, bei Wagner die Entwicklung „von der Artisten-Metaphysik zur künstlerischen Feier des christlichen Erlösungsmythos vollzogen."[223] (SAFRANSKI). Nietzsche warf Wagner vor, dass das sich die artifiziell-ästhetische Dimension seines gesamten Erlösungsunternehmens nicht mehr eingestand, dass er dem Mythos zum Opfer fiel, anstatt ihn, wie es sich für das Artistentum gehörte, selbst hervorzubringen und dies auch entsprechend zu reflektieren. Bezeichnend ist in diesem Sinne der folgende Passus aus Wagners Schrift *Kunst und Religion*, die er 1880 (und damit während seiner Arbeit am *Parsifal*) verfasste:

> Man könnte sagen, dass da, wo die Religion künstlich wird, der Kunst es vorbehalten sei[,] den Kern der Religion zu retten, indem sie die mythischen Symbole, welche die erstere im eigentlichen Sinne als wahr geglaubt wissen will, ihrem sinnbildlichen Werte nach erfasst, um durch ideale Darstellung derselben die in ihnen verborgene tiefe Wahrheit erkennen zu lassen. […] Um hierin klar zu sehen, würde der Entstehung von Religionen mit großer Sorgsamkeit nachzugehen sein. Gewiss müssten uns diese umso göttlicher erscheinen, als ihr innerster Kern einfacher befunden werden kann. Die tiefste Grundlage jeder wahren Religion sehen wir nun in der Erkenntnis der Hinfälligkeit der Welt, und der hieraus entnommenen Anweisung zur Befreiung von derselben ausgesprochen.[224]

Wagners *Parsifal* liegt der Gedanke zugrunde, dass die Menschheit nur durch Mitleid erlöst werden könne. Konzeptionell setzte Wagner dies um, indem er Elemente aus der christlichen Religion und dem Buddhismus mit Motiven aus verschiedenen Sagen, Legenden und Mythen kombinierte. Wagner betrachtete es als Aufgabe der Kunst, das innerste Wesen, den eigentlichen Kern der Religion zum Bewusstsein zu bringen, und zwar frei von jeder dogmatischen Begrifflichkeit. Bereits mit dem Vorspiel zu *Parsifal* sollten die Zuhörer, so Wagners Absicht, der alltäg-

---

[222] Zweig 2009, 307.

[223] Safranski 2007, 295.

[224] Wagner, *Werke, Schriften und Briefe*; *Sämtliche Schriften und Dichtungen*, X, 211f. Ausführlich hierzu: Safranski 2007, 295f.

lichen, „hinfälligen" Erscheinungswelt gleichsam enthoben und auf die Aufnahme der ewigen Idee der Welt vorbereitet werden.[225]

Wagners religiöser Wandel wirkte sich auch auf den Bayreuther Festspielbetrieb aus, der sich immer deutlicher zu dem entwickelte, was Wagner, in Anlehnung an den *Parsifal*, „Bühnenweihfestspiele" nannte. Nietzsche wiederum stieß sich an dieser bemühten Sakralität sowie an der nach Bayreuth pilgernden Wagner-Gemeinde, die er als „Gesindel" bezeichnete, als Jüngerschaft, die sich für zu klug hielt, um im herkömmlichen Sinne religiös zu sein, gleichwohl aber in der Kunst sozusagen den religiösen Schick suchte.[226]

Als Nietzsche dann jedoch Anfang 1887 in Monte Carlo zum ersten Mal das Vorspiel zu *Parsifal* hörte, revidierte er sein Verdikt – zumindest in musikalischer Hinsicht. In seinen Aufzeichnungen bezeichnet er dieses Erlebnis als „größte Wohltat, die mir seit Langem erwiesen ist [...]", „[...] kein Maler hat einen so schwermütigen Blick gemalt wie Wagner in dem letzten Teile des Vorspiels. Auch Dante nicht, auch Lionardo (sic) nicht."[227] „Die Macht und Strenge des Gefühls, unbeschreiblich, ich kenne nichts, was das Christentum so in der Tiefe nähme und so scharf zum Mitgefühl brächte".[228]

Noch emphatischer äußert sich Nietzsche in seinem Brief an Heinrich Köselitz (Peter Gast) vom 21. Januar 1887, der eine panegyrische Beschreibung des wagnerschen Spätstils enthält.

> Zuletzt – neulich hörte ich zum ersten Male die Einleitung zum Parsifal (nämlich in Monte-Carlo!) Wenn ich Sie wiedersehe, will ich Ihnen genau sagen, was ich da *verstand*. Abgesehen übrigens von allen unzugehörigen Fragen (wozu solche Musik dienen *kann* oder etwa dienen *soll*?) sondern rein ästhetisch gefragt: hat Wagner je Etwas *besser* gemacht? Die allerhöchste psychologische Bewusstheit und Bestimmtheit in Bezug auf das, was hier gesagt, ausgedrückt, *mitgeteilt* werden soll, die kürzeste und direkteste Form dafür, jede Nuance des Gefühls bis aufs Epigrammatische gebracht; eine Deutlichkeit der Musik als deskriptiver Kunst, bei der man an einen Schild mit erhabener Arbeit denkt; und, zuletzt, ein sublimes und außerordentliches Gefühl, Erlebnis, Ereignis der Seele im Grunde der Musik, das Wagner die höchste Ehre macht, eine Synthesis von Zuständen, die vielen Menschen, auch „höheren Menschen", als unvereinbar gelten werden, von richtender Strenge, von „Höhe" im erschreckenden Sinne des Worts, von einem Mitwissen und Durchschauen, das eine Seele wie

---

[225] Ausführlich zu Wagners *Parsifal*: Schneller 1997.

[226] Safranski 2007, 295f.

[227] Borchmeyer 1995; Nietzsche, KGB, III/7/3,1, 63f.

[228] Zitiert nach Borchmeyer 1995.

mit Messern durchschneidet – und von Mitleiden mit dem, was da geschaut und gerichtet wird. Dergleichen gibt es bei *Dante*, sonst nicht. Ob je ein Maler einen so schwermütigen Blick der Liebe gemalt hat als W[agner] mit den letzten Akzenten seines Vorspiels?[229]

Nietzsche hebt in seinem Schreiben an Köselitz gerade das rühmend hervor, was er früher so rigoros verworfen hat: die Wahrnehmung des Christentums, insbesondere der christlich-schopenhauerschen Kardinaltugend des ‚Mitleidens‘. In seiner „Nachschrift“ zu *Der Fall Wagner* schließlich verbindet Nietzsche in Sachen *Parsifal* auf die ihm ganz eigene Weise Musikkritik und Interpretation, philosophische Aussage und Geschmacksurteil mit bissiger Polemik:

> Die Musik als Circe… Sein letztes Werk ist hierin sein größtes Meisterstück. Der Parsifal wird in der Kunst der Verführung ewig seinen Rang behalten, als *der Geniestreich* der Verführung… Ich bewundere dies Werk, ich möchte es selbst gemacht haben; in Ermangelung davon *verstehe ich es*… Wagner war nie besser inspiriert als am Ende. Das Raffinement im Bündnis von Schönheit und Krankheit geht hier so weit, dass es über Wagners frühere Kunst gleichsam Schatten legt – sie erscheint zu hell, zu gesund. Versteht ihr das? Die Gesundheit, die Helligkeit als Schatten wirkend? als *Einwand* beinahe?… So weit sind wir schon *reine Toren*… Niemals gab es einen größeren Meister in dumpfen hieratischen Wohlgerüchen – nie lebte ein gleicher Kenner alles *kleinen* Unendlichen, alles Zitternden und Überschwänglichen, aller Feminismen aus dem Idiotikon des Glücks! – Trinkt nur, meine Freunde, die Philtren dieser Kunst! Ihr findet nirgends eine angenehmere Art, euren Geist zu entnerven, eure Männlichkeit unter einem Rosengebüsche zu vergessen… Ah dieser alte Zauberer! Dieser Klingsor[230] aller Klingsore! Wie er *uns* damit den Krieg macht! uns, den freien Geistern! Wie er jeder Feigheit der modernen Seele mit Zaubermädchen-Tönen zu willen redet! – Es gab nie einen solchen *Todhass* auf die Erkenntnis! – Man muss Zyniker sein, um hier nicht verführt zu werden, man muss beißen können, um hier nicht anzubeten. Wohlan, alter Verführer! Der Zyniker warnt dich – *cave canem…*[231]

---

229 Nietzsche, KGB, III/5, 12f. (Hervorhebungen im Original).

230 Nietzsche spielt hier auf den Zauberer Klingsor aus *Parsifal* an.

231 Nietzsche, *Werke*, II, 930f. (Hervorhebungen im Original). Thomas Mann (1974, 104f.) äußert sich folgendermaßen über Wagners *Parsifal* und die Gegensätzlichkeit zwischen diesem letzten Werk Wagners und seinem frühen Œuvre: „Durch die asketisch-christlichen Ideen und Lehrmeinungen seines Alters, diese Abendmahlsphilosophie der Heiligung durch Enthaltung vom ‚Fleischgenuss‘ in jedem Sinne des Wortes

Wagners Tod am 13. Februar 1883 erschütterte Nietzsche nachhaltig. Als er die Nachricht von Wagners Ableben erhielt – sie warf ihn buchstäblich aufs Krankenbett –, wurde Nietzsches Schmerz über den unersetzlichen menschlichen Verlust, den er seinerzeit durch das Zerwürfnis mit Wagner erlitten hatte, ebenso wieder lebendig wie die Genugtuung darüber, mit der Emanzipation von Wagner den entscheidenden Schritt zur Selbstwerdung vollzogen zu haben.[232]

Indes starb mit dem Menschen Wagner nicht dessen Ideal, mit welchem Nietzsche seinen eigenen Namen verbunden sehen wollte. Das Problem, das Wagner sich gestellt hatte – das Hervorbringen des Menschen in seinem höchsten Rang und seiner höchsten Potenz –, war das gleiche, das Nietzsche bis zuletzt auch als das seine kannte, die Antwort darauf war jedoch radikal anders geworden. Sechs Tage nach Wagners Tod verfasste Nietzsche an Heinrich Köselitz (Peter Gast) einen Brief, in dem er noch einmal zwischen dem alt gewordenen Wagner, gegen den er sich habe wehren müssen, und dem eigentlichen Wagner unterscheidet. Was aber Letzteren betreffe, so wollte er „schon zu einem guten Teile sein *Erbe* werden":

> Es war hart, sechs Jahre lang Gegner dessen sein zu müssen, den man am meisten verehrt hat, und ich bin nicht grob genug *dazu* gebaut. Zuletzt war es der altgewordene Wagner, gegen den ich mich wehren musste; was den eigentlichen Wagner betrifft, so will ich schon noch zu einem guten Teile sein *Erbe* werden (wie ich es oft gegen Malwida gesagt habe) […].[233]

Dies ist eine der wichtigsten Formeln für Nietzsches Beziehung zu Wagner nach dessen Ableben: Der König war tot, und Nietzsche meldete seinen Anspruch auf die Thronfolge an. Wagners Tod wurde von Nietzsche zum Ende der alten Kultur stilisiert, aus deren Asche der Phönix einer neuen Kultur entstehen, der „höhere Mensch" geboren würde. Wagners Tod widerspiegelte den Tod der Götter, aus dem nach der Lehre Zarathustras der „Obermensch" bzw. „Übermensch" hervorgehen sollte.

Noch drei Jahre später hofft Nietzsche in seinem Brief vom 27. Oktober 1886 an Franz Overbeck, dass die Gebildeten unter den Anhängern Wagners erkennen werden, „dass ich heute noch so gut als ehemals an

---

– durch diese Gesinnungen und Erkenntnisse, deren ‚Ausdruck' das Parsifalwerk ist, und durch den ‚Parsifal' selbst –, wird unleugbar der Sinnlichkeitsrevolutionarismus von Wagners jungen Tagen, der die Atmosphäre, den Gesinnungsgehalt des ‚Siegfried' bildet, von Grund aus dementiert, durchstrichen und widerrufen."

[232] Borchmeyer 2008, 125-130; Borchmeyer 1995.
[233] Nietzsche, KGB, III/3, 273 (Hervorhebungen im Original).

das Ideal glaube, an welches Wagner glaubte, – was liegt daran, dass ich an dem vielen Menschlich-Allzumenschlichen gestolpert bin, das R[ichard] W[agner] selbst seinem Ideal in den Weg gelegt hat?"[234]

Das vor den letzten Streitschriften *Der Fall Wagner* (1888) und *Nietzsche contra Wagner* (1895) dem aus Nietzsches Sicht „altgewordenen" Wagner am entschiedensten entgegengesetzte Werk ist *Also sprach Zarathustra*, in dem allerdings aufgrund des fiktionalen Charakters der philosophischen Dichtung der Name Wagners nicht explizit genannt wird. *Also sprach Zarathustra* ist der radikale Gegenentwurf zur Welt des späten Wagner, gewissermaßen Nietzsches ‚Anti-Parsifal'. Nietzsche war der Auffassung, dass Wagner, den er als „Bauchredner Gottes" ironisierte, gegen Ende seines Lebens plötzlich, einem Überwundenen gleich, zum christlichen Kreuze gekrochen und vor diesem buchstäblich niedergesunken sei. So schreibt Nietzsche am 21. Februar 1883 an Malwida von Meysenbug: „W[agner] hat mich auf eine *tödliche* Weise beleidigt – ich will es Ihnen doch sagen! – sein langsames Zurückgehn und -Schleichen zum Christentum und zur Kirche habe ich als einen persönlichen Schimpf für mich empfunden: meine ganze Jugend und ihre Richtung schien mir befleckt, insofern ich einem Geiste, der dieses Schrittes fähig war, gehuldigt hatte." In Nietzsches Augen strebt ein fortwährender Zwang zu Schauspielerei und Lüge nach Entlastung und erzwingt so eine „zweite Naivität", welche die Lüge zur Überzeugung werden lässt: „‚Der Mensch ist verderbt: wer erlöst ihn? *was erlöst ihn?*' – Antworten wir nicht. Seien wir vorsichtig. Bekämpfen wir unsern Ehrgeiz, welcher Religionen stiften möchte." (*Der Fall Wagner*). Dabei übersah Nietzsche allerdings, dass bereits die Gefühlswelt des *Tannhäuser* jene des *Parsifal* vorwegnimmt, dass der *Parsifal* sozusagen „aus einem im tiefsten romantisch-christlichen Lebenswerk die Summe zieht und es mit großartiger Konsequenz zu Ende führt" (THOMAS MANN):[235]

---

[234] Jaspers 1981, 68 (zitiert nach ebd.). Vgl. ferner Borchmeyer 2008, 136f.

[235] Borchmeyer 2008, 21, 89, 133f. (Zitat aus Nietzsches Brief an Malwida von Meysenbug), 134f. u. 143-154; Safranski 2007, 296f.; Borchmeyer 1995; Nietzsche, *Werke*, II, 916 (*Der Fall Wagner*; Hervorhebung im Original). Vgl. hierzu auch Safranski (ebd. 297): „Der Dionysiker Nietzsche hält an der Lebensmacht und dem Lebensreichtum des ‚Scheins' fest, aber ohne die zweite Naivität, die er Wagner vorwirft. Nichts gegen die Einbildungskraft, aber man soll der Souverän seiner einbildenden Kraft bleiben. Nichts gegen den Mythos, wenn man sich eingesteht, dass man sein Schöpfer ist. Nur der uneingestandene Wille zum Schein und zur Täuschung ist Selbstbetrug. Eingestanden und in bewusste Regie

Eine Kunst der Sinnlichkeit und des symbolischen Formelwesens (denn das Leitmotiv ist eine Formel – mehr noch, es ist eine Monstranz, es nimmt eine fast schon religiöse Autorität in Anspruch) führt mit Notwendigkeit ins zelebrierend Kirchliche zurück, ja, ich glaube, dass die heimliche Sehnsucht, der letzte Ehrgeiz alles Theaters der Ritus ist, aus dem es bei Heiden und Christen hervorgegangen. Theaterkunst, das ist in sich selbst schon Barock, Katholizismus, Kirche; und ein Künstler, der, wie Wagner, gewohnt war, mit Symbolen zu hantieren und Monstranzen emporzuheben, musste sich schließlich als Bruder des Priesters, ja selbst als Priester fühlen. – [236]

Obwohl Wagner Anfang der 1850er Jahre die künftige Aufführung seines *Rings des Nibelungen* noch ausnahmslos von einer vorherigen Revolution abhängig gemacht hatte und davon überzeugt gewesen war, dass ohne eine Revolution der Gesellschaft auch die Kunst nicht zu ihrem wahren Wesen fände, wurde seine Tetralogie in der Folgezeit auch ohne diese Vorbedingung auf die Bühne gebracht. Wagner musste fortan die Wirkung seines Dramas anders bestimmen. Zunächst versuchte er, wenigstens die Notwendigkeit einer künftigen Revolution herauszustellen und fühlbar zu machen. Dann aber, in seinen letzten Lebensjahren, traute er, politisch resigniert und gleichzeitig als Künstler im Zenit seines Ruhmes stehend, seiner Kunst zu, das bis dahin betrauerte Ausbleiben einer sozialen und politischen Umwälzung kompensieren oder gar ersetzen zu können. Im *Parsifal* wurde dann das ,Kunst-Erleben' zum sakralen Augenblick der Erlösung, „zum Vorboten und Versprechen jener großen Erlösung am Ende aller Tage"[237] (SAFRANSKI). Aus Kunst wurde Ersatzreligion, und Nietzsche nahm diesen Paradigmenwechsel zu einem weiteren Anlass, um sich von Wagner, auch wenn er vom *Parsifal* tief beeindruckt war, enttäuscht und empört abzuwenden. Wagners Rückkehr zum traditionellen christlichen Glauben stellte Nietzsche seinerseits die Figur des Zarathustra entgegen, mit der er eine geistige Instanz zur bewussten Gestaltung und Sinngebung des eigenen Lebens erfand.[238]

Eine der zentralen Thesen Nietzsches in seiner Auseinandersetzung mit Wagner nach 1883 ist diejenige von Wagners Zugehörigkeit zu der in der Romantik wurzelnden Kunstbewegung Frankreichs. So konstatiert Nietzsche in *Jenseits von Gut und Böse*: „Was aber Richard Wagner betrifft: je mehr sich die französische Musik nach den wirklichen Bedürf-

---

genommen, wird der Wille zum Schein und zur Täuschung zum Element der Steigerung des Lebens."

[236] Mann 1974, 76. Vgl. auch ebd. 117.
[237] Safranski 2007, 265.
[238] Safranski 2007, 265, 282 u. 297.

nissen der *âme moderne* gestalten lernt, um so mehr wird sie „wagneri-
sieren", das darf man vorhersagen, – sie tut es jetzt schon genug!" Und
in der Tat übte Wagner eine erhebliche Wirkung auf die französische
Musik, Literatur und Kunst des späten 19. sowie frühen 20. Jahrhunderts
aus. Ebenfalls in *Jenseits von Gut und Böse* ist das Resümee zu finden:[239]

> Mögen die deutschen Freunde Richard Wagners darüber mit sich zu-
> rate gehn, ob es in der wagnerschen Kunst etwas schlechthin Deut-
> sches gibt, oder ob nicht gerade deren Auszeichnung ist, aus *überdeut-*
> *schen* Quellen und Antrieben zu kommen: wobei nicht unterschätzt
> werden mag, wie zur Ausbildung seines Typus gerade Paris unent-
> behrlich war, nach dem ihn in der entscheidendsten Zeit die Tiefe sei-
> ner Instinkte verlangen hieß, und wie die ganze Art seines Auftretens,
> seines Selbst-Apostolats erst angesichts des französischen Sozialisten-
> Vorbilds sich vollenden konnte. Vielleicht wird man, bei einer feine-
> ren Vergleichung, zu Ehren der deutschen Natur Richard Wagners
> finden, dass er es in allem stärker, verwegener, härter, höher getrieben
> hat, als es ein Franzose des neunzehnten Jahrhunderts treiben könnte –
> dank dem Umstande, dass wir Deutschen der Barbarei noch näherste-
> hen als die Franzosen – ; […].[240]

Für Nietzsche stellte diese Verwandtschaft Wagners mit dem französischen Geist insofern einen Hoffnungsschimmer dar, als er darin die
Möglichkeit erkannte, den Nationalismus und damit die Krankheit des
19. Jahrhunderts zu überwinden.[241] Wagners ins Metanationale ausgreifende Kunst sowie seine europäische – und gerade nicht auf Deutschland
allein beschränkte – Wirkung waren für Nietzsche ein wichtiges Si-
gnal:[242]

> Was aber Robert Schumann angeht, der es schwer nahm und von An-
> fang an auch schwergenommen worden ist – es ist der letzte, der eine
> Schule gegründet hat –: gilt es heute unter uns nicht als ein Glück, als
> ein Aufatmen, als eine Befreiung, dass gerade diese Schumannsche

---

[239] Borchmeyer 1995; Nietzsche, *Werke*, II, 721 (Aphorismus 254) (Hervorhebung im Original).

[240] Nietzsche, *Werke*, II, 725f. (Aphorismus 256) (Hervorhebung im Original).

[241] So heißt es in der *Fröhlichen Wissenschaft*: „Nein, wir lieben die
Menschheit nicht; andererseits sind wir aber auch lange nicht ‚deutsch'
genug, wie heute das Wort ‚deutsch' gang und gäbe ist, um dem Nationalismus und dem Rassenhass das Wort zu reden, um an der nationalen
Herzenskrätze und Blutvergiftung Freude haben zu können, derenthal-
ben sich jetzt in Europa Volk gegen Volk wie mit Quarantänen abgrenzt,
absperrt." (Nietzsche, *Werke*, II, 253).

[242] Vgl. hierzu Borchmeyer 2008, 155-159, ferner: Zweig 2009, 323f.

Romantik überwunden ist? Schumann, in die „Sächsische Schweiz“ seiner Seele flüchtend, halb Wertherisch, halb Jean-Paulisch geartet, gewiss nicht Beethovenisch! gewiss nicht Byronisch! – seine Man- fred-Musik ist ein Missgriff und Missverständnis bis zum Unrechte –, Schumann mit seinem Geschmack, der im Grunde ein *kleiner* Ge- schmack war (nämlich ein gefährlicher, unter Deutschen doppelt ge- fährlicher Hang zur stillen Lyrik und Trunkenboldigkeit des Gefühls), beständig beiseitegehend, sich scheu verziehend und zurückziehend, ein edler Zärtling, der in lauter anonymem Glück und Weh schwelgte, eine Art Mädchen und *noli me tangere* von Anbeginn: dieser Schu- mann war bereits nur noch ein *deutsches* Ereignis in der Musik, kein europäisches mehr, wie Beethoven es war, wie, in noch umfängliche- rem Maße, Mozart es gewesen ist – mit ihm drohte der deutschen Mu- sik ihre größte Gefahr, *die Stimme für die Seele Europas* zu verlieren und zu einer bloßen Vaterländerei herabzusinken. […]

Dank der krankhaften Entfremdung, welche der Nationalitäts- Wahnsinn zwischen die Völker Europas gelegt hat und noch legt, dank ebenfalls den Politikern des kurzen Blicks und der raschen Hand, die heute mit seiner Hülfe obenauf sind und gar nicht ahnen, wie sehr die auseinanderlösende Politik, welche sie treiben, notwendig nur Zwischenakts-Politik sein kann – dank alledem und manchem heute ganz Unaussprechbaren werden jetzt die unzweideutigsten Anzeichen übersehn oder willkürlich und lügenhaft umgedeutet, in denen sich ausspricht, dass *Europa Eins werden will.*[243] (*Jenseits von Gut und Bö- se*)

Nietzsche blieb, ungeachtet aller eindringlichen Proklamation der Werte des aufsteigenden Lebens und des Willens zur Macht, in seinem Inners- ten doch zutiefst dem Christentum, der Kunst Wagners sowie den Tu- genden und Schwächen des sinkenden Lebens verbunden. Thomas Mann hat in seinen Arbeitsaufzeichnungen zum theoretischen Versuch über *Geist und Kunst* (1909) vermerkt, dass dies jener Nietzsche sei, den „wir“, im Gegensatz zu dem Verkünder des Machtwillens und der amo- ralischen Lebenssteigerung, als „unseren Nietzsche“ bezeichnen möch- ten:

---

[243] Nietzsche, *Werke*, II, 712f. u. 724 (Aphorismen 245 u. 256) (Hervor- hebungen im Original). Mann (1974, 134f.) ist der Ansicht, dass die europäische, mystisch-sinnliche Artistik durch Wagner und den frühen Nietzsche eine Stilisierung ins Deutsch-Bildungsmäßige erfahren habe, weshalb Nietzsche dies später reuig korrigierte, indem er Wagners euro- päische Artistik überbetonte und sein „deutsches Meistertum“ verhöhn- te.

Unser Nietzsche ist der Nietzsche militans. Der Nietzsche triumphans gehört den 15 Jahre nach uns Geborenen. Wir haben von ihm die psychologische Reizbarkeit, den lyrischen Kritizismus, das Erlebnis Wagners, das Erlebnis des Christentums, das Erlebnis der Modernität, – Erlebnisse, von denen wir uns niemals vollkommen trennen werden, so wenig, wie er selbst sich je vollkommen davon getrennt hat. Dazu sind sie zu teuer, zu tief, zu fruchtbar. Aber die Zwanzigjährigen haben das von ihm, was übrig bleiben wird, sein Zukünftiges, seine gereinigte Nachwirkung. Für sie ist er ein Prophet, den man nicht sehr genau kennt, den man kaum gelesen zu haben braucht und dessen gereinigte Resultate man doch instinktweise in sich hat. Sie haben von ihm die Bejahung der Erde, die Bejahung des Leibes, den antichristlichen und antispirituellen Begriff der Vornehmheit, der Gesundheit und Heiterkeit, Schönheit in sich schließt...[244]

Nietzsches leidenschaftliche Zuwendung zu Wagners *Tristan* – gerade in den allerletzten Tagen seines bewussten Lebens – scheint diese Behauptung Thomas Manns zu stützen. Am 27. Dezember 1888 schreibt Nietzsche aus Turin an Carl Fuchs:

Das, was ich über Bizet sage, dürfen Sie nicht ernst nehmen; so wie ich bin, kommt Bizet tausendmal für mich nicht in Betracht. Aber als ironische *Antithese* gegen Wagner wirkt es sehr stark; es wäre ja eine Geschmacklosigkeit ohnegleichen gewesen, wenn ich etwa von einem Lobe Beethovens hätte ausgehen wollen. [...] Den *Tristan* umgehn Sie ja nicht: er ist das *kapitale* Werk und von einer Faszination, die nicht nur in der Musik, sondern in allen Künsten ohnegleichen ist. – [245]

Und Heinrich Köselitz (Peter Gast) gegenüber kündigt er am 31. Dezember 1888, drei Tage vor seinem Zusammenbruch, ebenfalls aus Turin an:

Sie werden in *Ecce homo* eine ungeheure Seite über den Tristan finden, überhaupt über mein Verhältnis zu Wagner. Wagner ist durchaus der erste Name, der in *E.[cce] h.[omo]* vorkommt. – Dort, wo ich über nichts Zweifel lasse, habe ich auch hierüber den Mut zum Äußersten gehabt.[246]

Wagner betreffend, offenbart *Ecce homo* gewissermaßen Nietzsches Testament – für sein Denken war Wagner das Paradigma aller Paradigmen gewesen:

---

[244] Zitiert nach Scherrer / Wysling 1967, 208.

[245] Nietzsche, *Werke*, III, 1347 (Hervorhebungen im Original).

[246] Nietzsche, *Werke*, III, 1349 (Hervorhebungen im Original). Zu Nietzsche und Wagners *Tristan* vgl. Borchmeyer 2008, 173-176.

Alles erwogen, hätte ich meine Jugend nicht ausgehalten ohne wagnersche Musik. Denn ich war *verurteilt* zu Deutschen. Wenn man von einem unerträglichen Druck loskommen will, so hat man Haschisch nötig. Wohlan, ich hatte Wagner nötig. Wagner ist das Gegengift gegen alles Deutsche *par excellence*, – Gift, ich bestreite es nicht... Von dem Augenblick an, wo es einen Klavierauszug des Tristan gab – mein Kompliment, Herr von Bülow! –, war ich Wagnerianer. Die älteren Werke Wagners sah ich unter mir – noch zu gemein, zu „deutsch"... Aber ich suche heute noch nach einem Werke von gleich gefährlicher Faszination, von einer gleich schauerlichen und süßen Unendlichkeit, wie der Tristan ist – ich suche in allen Künsten vergebens. Alle Fremdheiten Leonardo da Vincis entzaubern sich beim ersten Tone des Tristan. Dies Werk ist durchaus das *Nonplusultra* Wagners; er erholte sich von ihm mit den Meistersingern und dem Ring. Gesünder werden – das ist ein Rückschritt bei einer Natur wie Wagner... Ich nehme es als Glück ersten Rangs, zur rechten Zeit gelebt und gerade unter Deutschen gelebt zu haben, um *reif* für dies Werk zu sein: so weit geht bei mir die Neugierde des Psychologen. Die Welt ist arm für den, der niemals krank genug für diese „Wollust der Hölle" gewesen ist: es ist erlaubt, es ist fast geboten, hier eine Mystiker-Formel anzuwenden. – Ich denke, ich kenne besser als irgendjemand das Ungeheure, das Wagner vermag, die fünfzig Welten fremder Entzückungen, zu denen niemand außer ihm Flügel hatte; und so wie ich bin, stark genug, um mir auch das Fragwürdigste und Gefährlichste noch zum Vorteil zu wenden und damit stärker zu werden, nenne ich Wagner den großen Wohltäter meines Lebens. Das, worin wir verwandt sind, dass wir tiefer gelitten haben, auch aneinander, als Menschen dieses Jahrhunderts zu leiden vermöchten, wird unsre Namen ewig wieder zusammenbringen; und so gewiss Wagner unter Deutschen bloß ein Missverständnis ist, so gewiss bin ich's und werde es immer sein. – Zwei Jahrhunderte psychologische und artistische Disziplin *zuerst*, meine Herrn Germanen!... Aber das holt man nicht nach. –[247]

Nietzsches vermächtnishaftes Fazit erklärt, weshalb „die Temperatur seiner Wertung bis zuletzt zwischen glühender Hitze und eisiger Kälte schwankt." (BORCHMEYER). Die Kluft zwischen dem unbestreitbaren „Ideal" und der allzu anfechtbaren Wirklichkeit war für Nietzsche das große Skandalon im „Fall Wagner". Allerdings gelang es ihm, diese Kluft in seltenen, traumhaften Glücksmomenten seines Lebens und seiner ästhetischen Erfahrung, in den von ihm mit Nachdruck beschwore-

---

[247] Nietzsche, *Werke*, II, 1091f. (6. Abschnitt des Kapitels „Warum ich so klug bin"; Hervorhebungen im Original).

nen „Verzückungsspitzen der Welt" zu überbrücken.[248] Zurück blieb schließlich jene Vision der „Sternen-Freundschaft", welche die wohl bewegendste Formel für Nietzsches Beziehung zu Wagner darstellt. Diese bringt Nietzsche in *Die fröhliche Wissenschaft* auf den Punkt, indem er seinen Entfremdungsprozess von Wagner metaphorisch nachzeichnet:

> *Sternen-Freundschaft.* – Wir waren Freunde und sind uns fremd geworden. Aber das ist recht so und wir wollen's uns nicht verhehlen und verdunkeln, als ob wir uns dessen zu schämen hätten. Wir sind zwei Schiffe, deren jedes sein Ziel und seine Bahn hat; wir können uns wohl kreuzen und ein Fest miteinander feiern, wie wir es getan haben, – und dann lagen die braven Schiffe so ruhig in *einem* Hafen und in *einer* Sonne, dass es scheinen mochte, sie seien schon am Ziele und hätten *ein* Ziel gehabt. Aber dann trieb uns die allmächtige Gewalt unserer Aufgabe wieder auseinander, in verschiedene Meere und Sonnenstriche, und vielleicht sehen wir uns nie wieder – vielleicht auch sehen wir uns wohl, aber erkennen uns nicht wieder: die verschiedenen Meere und Sonnen haben uns verändert! Dass wir uns fremd werden müssen, ist das Gesetz *über* uns: eben dadurch sollen wir uns auch ehrwürdiger werden! Ebendadurch soll der Gedanke an unsere ehemalige Freundschaft heiliger werden! Es gibt wahrscheinlich eine ungeheure unsichtbare Kurve und Sternenbahn, in der unsere so verschiedenen Straßen und Ziele als kleine Wegstrecken *einbegriffen* sein mögen – erheben wir uns zu diesem Gedanken! Aber unser Leben ist zu kurz und unsere Sehkraft zu gering, als dass wir mehr als Freunde im Sinne jener erhabenen Möglichkeit sein könnten. – Und so wollen wir an unsere Sternen-Freundschaft *glauben*, selbst wenn wir einander Erden-Feinde sein müssten.[249]

Wagner seinerseits interpretierte 1870 sein Verhältnis zu Nietzsche als Bündnis von Philologie und Musik, Wissenschaft und Kunst sowie Rationalität und Inspiration, das zu wechselseitiger Vollendung, ja, zum Gipfel der Kunst führen sollte.

Möglicherweise stand hinter dem Scheitern dieser „Sternen-Freundschaft" aber nicht nur die Inkompatibilität der beiden Charaktere,[250] die jeweils eigenen Interessen und Abgrenzungsversuche, Nietz-

---

[248] Borchmeyer 1995; Nietzsche, KSA, VII, 200. Vgl. auch Borchmeyer 2008, 191-193.

[249] Nietzsche, *Werke*, II, 163f. (Aphorismus 279) (Hervorhebungen im Original).

[250] So hatte laut Thomas Mann (1974, 105f.) Nietzsche in seinem künstlerischen Ernst wenig für Wagners Späße übrig: „Wenn Wagner sich im Trivialen erholte, dalberte und sächsische Anekdoten erzählte, so wurde Nietzsche rot für ihn – und wir verstehen seine Scham über eine solche

sches Absage an die Philosophie Schopenhauers, seine Kritik an der Entwertung von Wagners Kunst durch deren Herabsetzung aus dem Metanationalen ins Deutsche sowie, damit verbunden, Wagners Verschränkung von Ästhetik und Politik,[251] seine Begeisterung für das Deutschnationale und die „deutsche Frage",[252] sondern ein anderes, grundlegenderes, in erster Linie philosophisches Problem: Wagners Denken war, wie gezeigt wurde, stets auf „Ganzheit" ausgerichtet, Wagner verstand die Welt als Einheit und wollte sie auch als Einheit neu entwerfen. In *Der Fall Wagner* verbindet Nietzsche diese Festellung mit einer Invektive gegen Wagner als „Erbe Hegels":

> Hegel ist ein *Geschmack...* Und nicht nur ein deutscher, sondern ein europäischer Geschmack! – Ein Geschmack, den Wagner begriff! – dem er sich gewachsen fühlte! den er verewigt hat! – Er machte bloß die Nutzanwendung auf die Musik – er erfand sich einen Stil, der

---

Behendigkeit im Wechsel des Niveaus, obgleich etwas in uns, es mag unser Künstlertum sein – uns rät, sie nicht zu gut zu verstehen." (Zitat 106).

[251] Obwohl sich Wagner bereits früh zum Feind der Politik stilisierte (vgl. demgegenüber Bermbach 1995 u. Manzoni 1995), glaubte Nietzsche, bei Wagner eine ausgeprägte Verbindung zwischen Ästhetik und Politik und in dessen Aufwertung des ‚Machers' einen quasi-politischen Kraftakt zu erkennen: „[...] die Bühne Wagners hat nur eins nötig – *Germanen!..* Definition des Germanen: Gehorsam und lange Beine... Es ist voll tiefer Bedeutung, dass die Heraufkunft Wagners zeitlich mit der Heraufkunft des ‚Reichs' zusammenfällt: beide Tatsachen beweisen ein und dasselbe – Gehorsam und lange Beine. – Nie ist besser gehorcht, nie besser befohlen worden." (*Der Fall Wagner*; Nietzsche, *Werke*, II, 926)

[252] Nietzsche provozierte Wagner, wie sich Cosima Wagner erinnerte, anlässlich ihrer Auseinandersetzung um das Deutschtum auch damit, dass er behauptete, keine Freude an der deutschen Sprache zu finden und lieber lateinisch zu sprechen (Walther 2000). Überdies sah Wagner in der (kleindeutschen) Neugründung des Deutschen Reiches durch Bismarck nicht nur die Erfüllung seiner patriotischen Wünsche, sondern erkannte im „Reich", für das Nietzsche wiederum leidenschaftlichste Worte tiefster Ablehnung fand, auch den geeigneten Boden für sein Kunstwerk. Bismarcks historischer Erfolg stärkte in Wagner den Glauben an die Entwicklung einer spezifisch deutschen Kunst und Kultur, d. h. an die Wirkungsmöglichkeiten *seines* Kunstwerks, der sublimierten Oper. Thomas Mann spricht daher vom „grandiose[n] Zugleich und Ineinander von Deutschheit und Mondänität" und führt weiter aus: „Wagners Kunst ist die sensationellste Selbstdarstellung und Selbstkritik deutschen Wesens, die sich erdenken lässt" (Mann 1974, 129-133, Zitate 131 u. 132f.).

„Unendliches bedeutet", – er wurde der *Erbe Hegels*... Die Musik als „Idee" – – [...] Es ist *nicht* die Musik, mit der Wagner sich die Jünglinge erobert hat, es ist die „Idee" – es ist das Rätselreiche seiner Kunst, ihr Versteckspielen unter hundert Symbolen, ihre Polychromie des Ideals, was diese Jünglinge zu Wagner führt und lockt; es ist Wagners Genie der Wolkenbildung, sein Greifen, Schweifen und Streifen durch die Lüfte, sein Überall und Nirgendswo, genau dasselbe, womit sie seinerzeit Hegel verführt und verlockt hat![253]

Weil Nietzsche hier Hegels Philosophie auf einen bloßen „Geschmack" reduziert, lässt sich nachvollziehen, was Wagner mit Hegel verbunden hatte: sein eigener Zug zum großen Ganzen. Dabei oszillierte Wagner Nietzsche zufolge zwischen Allmacht und Ohnmacht: Die Omnipräsenz des Künstlers („sein Überall") schlug immer wieder in Absenz („Nirgendswo") um. Rückt man jedoch von der begrenzten Sphäre des „Geschmacks" ab, dann bleibt – und das war Nietzsche zweifellos bewusst – wenig Gemeinsames zwischen Wagner und Hegel übrig. Obwohl es aufgrund seiner Feuerbach-Lektüre auch eine ‚junghegelianische' Phase bei Wagner gegeben hatte, war Hegels Philosophie für ihn doch primär jene der Totalität. In der Tradition des deutschen Idealismus und seines Systemdenkens stehend, war Wagner auf eine systematische Einheit der Erkenntnis bedacht, und zwar als Denker wie auch als Künstler. Sein Ziel war eine die Gegensätze und Widersprüche aussöhnende ästhetische Weltordnung: „Wagner war alles Einzelne nur aus Not. Glücklich, berufen, vollkommen, legitim und groß ist er erst im Großen und Ganzen."[254] (THOMAS MANN). Während Schopenhauer und Feuerbach ähnlich dachten, fand Nietzsche schon bald in der Destruktion von Einheitsgewissheiten und im assoziativen Gestus eines essayistischen Denkens seine Form der Störung wie Zerstörung systemischer Gewissheiten.[255] Damit – und mit seinem Diktum, Wagner sei gerade nicht „der

---

[253] Nietzsche, *Werke*, II, 924f. (Hervorhebungen im Original).

[254] Mann 1974, 88.

[255] Dies zeigt sich auch daran, dass Nietzsche in seiner Prosa eine erhebliche Tendenz zur Phrasierung, zu kleinen Satzteilen und deren Zuschärfung hatte, insbesondere durch vielfältige Interpunktion. Und auch den Aphorismus betrachtete Nietzsche als seine ureigene Form (Walther 2000). Was der späte Nietzsche allenfalls – oder besser: allerdings – an Wagner noch schätzte, war nicht der alles überwölbende künstlerische Anspruch, sondern seine Gabe zu musikalischen Miniaturen oder Fragmenten, die seine Werke – fast wie Flecke – übersäten: „Aber vom Magnetiseur und Affresko-Maler Wagner abgesehn gibt es noch einen Wagner, der kleine Kostbarkeiten beiseite legt: [...] Ein Lexikon der intimsten Worte Wagners, lauter kurze Sachen von fünf bis fünfzehn Tak-

Seher einer Zukunft", sondern „der Deuter und Verklärer einer Vergangenheit" (*Vierte Unzeitgemäße Betrachtung – Richard Wagner in Bayreuth*) – subvertierte er nicht nur Wagners holistisches Weltbild, sondern brachte auch einen Denktypus hervor, der jenem Wagners diametral entgegengesetzt war. Darauf konnte sich Wagner wiederum nicht einlassen, ohne sein eigenes Werk in Frage zu stellen und damit in seinen Grundfesten erschüttern zu lassen. Wagners letzte Begegnung mit einem Philosophen lässt daher etwas völlig Neues zutage treten, indem sie auf die Grenzen von Wagners Modernität verweist – wenn denn „Modernität" bedeutet, dass es schwerfällt, die Einheit der Welt und der Welterfahrung noch systematisch zu denken.[256]

Damit geht ein weiterer Einwand einher, den Nietzsche gegen Wagner vorbrachte, nämlich jener der von Wagner halb verhehlten, halb eingestandenen Künstlichkeit des Gesamtkunstwerks. In *Der Fall Wagner* und der *Zweiten Nachschrift* dazu sowie in einem seiner Nachlassfragmente aus den 1880er Jahren meint Nietzsche, in Wagners Musik den „Affekt um jeden Preis" sowie ein „Raffinement als Ausdruck des *verarmten* Lebens" zu spüren. Zudem beklagt er den „Hysterismus", der eines der „Mittel zur Wirkung" ist, „deren sich Wagner mit Vorliebe bedient":[257]

Man erwäge die Mittel zur Wirkung, deren sich Wagner mit Vorliebe bedient (– die er zu einem guten Teile sich erst hat erfinden müssen): sie ähneln in einer befremdlichen Weise den Mitteln, mit denen der Hypnotiseur es zur Wirkung bringt (– Wahl der Bewegungen, der Klangfarben seines Orchesters; das abscheuliche Ausweichen vor der Logik und Quadratur des Rhythmus; das Schleichende, Streichende, Geheimnisvolle, der Hysterismus seiner „unendlichen Melodie").[258]

Besonders spürbar wird das Beißende dieser Kritik, wenn man sich Wagners frühere Kritik an Meyerbeer vergegenwärtigt, dessen „Verunehrlichung" einer auf reinen „Effekt" gerichteten Kunst er ablehnte.[259] Nunmehr war es Wagner selbst, der sich einem Vorwurf dieser Art aus-

---

ten, lauter Musik, die *niemand kennt...*" (*Der Fall Wagner*; Nietzsche, *Werke*, II, 918; Hervorhebung im Original).

[256] Thomä 2006, 47; Borchmeyer 2008, 43f.; Bermbach 2005, 304f. u. Bermbach 2003; Walther 2000; Mann 1974, 88; Nietzsche, *Werke*, I, 434.

[257] Thomä, 2006, 119f.; Nietzsche, *Werke*, II, 916 u. 933 (Hervorhebung im Original).

[258] Nietzsche, *Werke*, III, 581.

[259] Vgl. Wagner, *Werke, Schriften und Briefe*; *Sämtliche Schriften und Dichtungen*, III, 304f. Zum Musiktheater bei Wagner und Meyerbeer vgl. Döhring 1998.

gesetzt sah. Thomas Mann pflichtete später Nietzsche bei und bedauerte die „plakathafte Wirksamkeit" Wagners.[260]

Nietzsches Philippika kulminiert in *Der Fall Wagner* mit einer Pathologisierung sowohl des Komponisten Wagner als auch seines Œuvres:

> Wagners Kunst ist krank. Die Probleme, die er auf die Bühne bringt – lauter Hysteriker-Probleme –, das Konvulsivische seines Affekts, seine überreizte Sensibilität, sein Geschmack, der nach immer schärferen Würzen verlangte, seine Instabilität, die er zu Prinzipien verkleidete, nicht am wenigsten die Wahl seiner Helden und Heldinnen[261], diese als physiologische Typen betrachtet (– eine Kranken-Galerie! –): alles zusammen stellt ein Krankheitsbild dar, das keinen Zweifel lässt. *Wagner est une névrose.* Nichts ist vielleicht heute besser bekannt, nichts jedenfalls besser studiert als der Proteus-Charakter der Degenereszenz, der hier sich als Kunst und Künstler verpuppt.[262]

Von tiefer Melancholie und Resignation erfüllt, äußert sich Nietzsche am 14. Januar 1880 in einem Brief an Malwida von Meysenbug über die verlorene Freundschaft Wagners und dessen Frau:

> Hören Sie Gutes von Wagners? Es sind drei Jahre, dass ich nichts von ihnen erfahre: *die* haben mich auch verlassen, und ich wusste es längst, dass Wagner von dem Augenblicke an, wo er die Kluft unsrer Bestrebungen merken würde, auch nicht mehr zu mir halten werde. Man hat mir erzählt, dass er gegen mich schriebe. Möge er damit fortfahren: es muss die Wahrheit auf jede Art ans Licht kommen! Ich denke in einer dauernden Dankbarkeit an ihn, denn ihm verdanke ich einige der kräftigsten Anregungen zur geistigen Selbständigkeit. Frau Wagner, Sie wissen es, ist die sympathischste Frau, der ich im Leben

---

[260] Thomä 2006, 120 (Zitate ebd.). Nietzsche und Mann (1974, 85-87 u. 90f.) waren sich auch darin einig, dass sich in Wagner Gesamtkunstwerk etwas „eigentümlich Dilettantisches" offenbare. In diesem Zusammenhang ist darauf hinzuweisen, dass bei der Erweiterung des Dilettantismusbegriffs als Terminus der *Décadence* wichtige Impulse von Nietzsche ausgingen (vgl. Coers 2004, 26f.): Hinter Nietzsches „Dilettantisieren" verbirgt sich deutliche Ironie, obwohl die Begriffsverwendung noch aus der Zeit vor dem Bruch mit Wagner stammt. Gemeint ist damit nicht mehr nur eine mangelhafte Kunstausübung, sondern eine prinzipielle Oberflächlichkeit, weshalb Nietzsche das „Dilettantisieren" mit „gefährliche Lust an geistigem Anschmecken" umschreibt (Nietzsche, *Werke*, I, 371). Vgl. hierzu auch Borchmeyer 2008, 20f.

[261] Vgl. hierzu Wapnewski 1978.

[262] Nietzsche, *Werke*, II, 913 (Hervorhebungen im Original)

begegnet bin. – Aber zu allem Verkehren und gar zu einem Wiederan-
knüpfen bin ich ganz untauglich. Es ist zu spät.[263]

Des ungeachtet hält Nietzsche im Herbst desselben Jahres fest: „Wenn
er mich sehr bäte oder ich erriete, dass er meiner sehr bedürfte, ich würde, trotz allem besseren Wissen, auf seine Seite treten. Dies wäre meine
Schwäche."[264]

---

[263] Nietzsche, *Werke*, III, 1161.
[264] Zitiert nach Borchmeyer 2008, 116.

Wissenschaftlicher Rationalismus und zerrüttetes Bildungsideal

„Wirklichkeit" bedeutete für Nietzsche die Härte des Daseins, die heroische Entscheidung, die Notwendigkeit und auch Permanenz der Krise, des Tragischen. Dieser Vorstellung entgegengesetzt war in seinen Augen der von der Aufklärung herrührende „Glaube[n] an die Ergründlichkeit der Natur der Dinge", an das Wissen als eine „Kraft einer Universalmedizin"[265]:

> Selbst die erhabensten sittlichen Taten, die Regungen des Mitleids, der Aufopferung, des Heroismus und jene schwer zu erringende Meeresstille der Seele, die der apollinische Grieche Sophrosyne[266] nannte, wurden von Sokrates und seinen gleichgesinnten Nachfolgern bis auf die Gegenwart hin aus der Dialektik des Wissens abgeleitet und demgemäß als lehrbar bezeichnet. (*Die Geburt der Tragödie aus dem Geiste der Musik*)[267]

Überblickt man Nietzsches *Geburt der Tragödie aus dem Geiste der Musik* als Ganzes, so ist diese Schrift weitaus mehr als lediglich eine Kampfansage an den optimistisch-rationalistisch-utilitaristischen Zeitgeist. Vielmehr erweist sie sich – in Übereinstimmung mit den Ideen Wagners – als Ruf nach einem „Wiedererwachen des dionysischen Geistes", „die Wiedergeburt der Tragödie" und die „bevorstehende Wiedergeburt des hellenischen Altertums", denn „[…] in ihm finden wir allein unsere Hoffnung für eine Erneuerung und Läuterung des deutschen Geistes durch den Feuerzauber der Musik. Was wüssten wir sonst zu nennen, was in der Verödung und Ermattung der jetzigen Kultur irgendwelche tröstliche Erwartung für die Zukunft erwecken könnte?"[268]

Nach dem Ausbruch des Deutsch-Französischen Krieges schreibt Nietzsche Anfang November 1870 an Carl von Gersdorff: „Für die kommende Kulturperiode sind die Kämpfer vonnöten: für diese müssen wir uns erhalten."[269] Und wiederum in der *Geburt der Tragödie aus dem Geiste der Musik* verkündet er, dass die Zeit gekommen sei:

---

[265] Nietzsche, *Werke*, I, 86 (*Die Geburt der Tragödie aus dem Geiste der Musik*).

[266] Bei der „Sophrosyne" handelt es sich nach Platon um eine der vier antiken Haupttugenden (später auch „Kardinaltugenden" genannt), nämlich um besonnene Gelassenheit und kluge Mäßigung, also um die Fähigkeit, den rechten Mittelweg zu halten zwischen Strenge und Nachgiebigkeit, Genuss und Askese oder Verschwendung und Geiz.

[267] Nietzsche, *Werke*, I, 86.

[268] Nietzsche, *Werke*, I, 112. Vgl. hierzu Gossman 2005, 547 u. Janz 1978.

[269] Nietzsche, *Werke*, III, 1030.

Die Zeit des sokratischen Menschen ist vorüber: kränzt euch mit Epheu (sic), nehmt den Thyrsusstab zur Hand und wundert euch nicht, wenn Tiger und Panther sich schmeichelnd zu euren Knien niederlegen. Jetzt wagt es nur, tragische Menschen zu sein: denn ihr sollt erlöst werden. Ihr sollt den dionysischen Festzug von Indien nach Griechenland geleiten! Rüstet euch zu hartem Streite, aber glaubt an die Wunder eures Gottes![270]

In Nietzsches Augen hingen die Schwächung und Auflösung des neuhumanistischen Bildungsideals unmittelbar mit dem Aufkommen des Nationalstaats und der modernen industriellen Wirtschaftsordnung seit der Reichsgründung von 1871 zusammen. Er war davon überzeugt, dass dieses (und damit auch sein eigenes) Bildungsideal von drei Seiten bedroht war: durch den modernen Nationalstaat, die moderne Wirtschaft und die moderne Weltsicht.

Da Nietzsches Ansicht nach die Bildungsstrukturen des modernen Staates auf dem Bedürfnis nach zweckmäßig ausgebildeten, loyalen Beamten bzw. Willensvollstreckern fußten, konnte der Staat eine kritische Grundeinstellung und die Möglichkeit abweichender Meinungen, die aus einer klassischen Erziehung und der nachhaltigen Vertiefung in das Leben der Antike entspringen, nicht zulassen. Ebenso verlangten auch die modernen Nationalökonomien nach einer gut ausgebildeten, disziplinierten und folgsamen Arbeiterschaft.[271] Symptomatisch für Nietzsches Kritik ist ein Passus aus seinem ersten Vortrag der Vortragsreihe *Über die Zukunft unserer Bildungsanstalten* 1872 an der Universität Basel:

Die nur zu häufige Ausbeutung dieser Jahre durch den Staat, der sich möglichst bald brauchbare Beamte heranziehn und sich ihrer unbedingten Fügsamkeit durch übermäßig anstrengende Examina versichern will, war durchaus von unsrer Bildung in weitester Entfernung geblieben; und wie wenig irgendein Nützlichkeitssinn, irgendeine Absicht auf rasche Beförderung und schnelle Laufbahn uns bestimmt hat-

---

[270] Nietzsche, *Werke*, I, 113. Die Bacchanten, Anhänger des weitgehend dem griechischen Dionysos entsprechenden römischen Gottes Bacchus, trugen den mit Weinlaub und Efeu umwundenen „Thyrsusstab" als Emblem des Dionysos an den Bacchusfesten bzw. Bacchanalien. Diese wurden in der römischen Antike jeweils im März und damit zu Beginn der neuen Vegetationsperiode in wilder Ausgelassenheit zelebriert. Man nimmt ferner an, dass die Thyrsusstäbe, neben ihrer feierlichen Bestimmung, die sie bei solchen festlichen Aufzügen hatten, auch dazu verwendet wurden, den von Lauf und Jubel erhitzten Bacchusverehrern und -verehrerinnen Schatten und Kühlung zu verschaffen.

[271] Gossman 2005, 549f. Vgl. hierzu auch Safranski 2007, 278f.

te, lag für jeden von uns in der heute einmal tröstlich erscheinenden Tatsache, dass wir auch jetzt beide nicht recht wussten, was wir werden sollten, ja dass wir uns um diesen Punkt gar nicht bekümmerten. […]

Ich glaube bemerkt zu haben, von welcher Seite aus der Ruf nach möglichster Erweiterung und Ausbreitung der Bildung am deutlichsten erschallt. Diese Erweiterung gehört unter die beliebten national-ökonomischen Dogmen der Gegenwart. Möglichst viel Erkenntnis und Bildung – daher möglichst viel Produktion und Bedürfnis – daher möglichst viel Glück – so lautet etwa die Formel. Hier haben wir den Nutzen als Ziel und Zweck der Bildung, noch genauer den Erwerb, den möglichst großen Geldgewinn. […]

Dem Menschen wird nur so viel Kultur gestattet als im Interesse des Erwerbs ist, aber so viel wird auch von ihm gefordert. Kurz: die Menschheit hat einen notwendigen Anspruch auf Erdenglück – darum ist die Bildung notwendig – aber auch nur darum! […] ein Staat [strebt] hier und da um seiner eignen Existenz willen nach einer möglichsten Ausdehnung der Bildung, weil er sich immer noch stark genug weiß, auch die stärkste Entfesselung der Bildung noch unter sein Joch spannen zu können, und es bewährt gefunden hat, wenn die ausgedehnteste Bildung seiner Beamten oder seiner Heere zuletzt immer nur ihm selbst, dem Staate, im Wetteifer mit anderen Staaten, zugutekommt.[272]

Nietzsche kritisierte, dass die moderne Weltanschauung, verbunden mit der Macht und dem Ansehen des Staates sowie mit der Autorität und dem Einfluss von Industrie und Handel einen selbstzufriedenen Mangel an Interesse verbreite. Ja, er sah gar die Unterstützungsbereitschaft für ein Denken gefährdet, das anders, nämlich herausfordernd und möglicherweise gar subversiv sein könnte. Deshalb führe, so Nietzsche, die neue Weltanschauung zu einer freiwilligen Unterwerfung des Individuums unter die geisttötende, zerstreuende Kultur des Ephemeren und des Augenblicks. Gefragt seien stets die neuesten Nachrichten, die neueste Mode und was immer die „Flucht vor sich selbst" und die „Flucht vor der Langeweile", die Aufhebung wirklicher Individualität erleichtern könne.[273] An die Stelle des wahren Bildungsmenschen sei der Journalist getreten:

In der Journalistik nämlich fließen die beiden Richtungen zusammen: Erweiterung und Verminderung der Bildung reichen sich hier die Hand; das Journal tritt geradezu an die Stelle der Bildung, und wer,

---

[272] Nietzsche, *Werke*, III, 188 u. 191f.

[273] Gossman 2005, 550; Nietzsche, *Werke*, I, 323 u. 339 (*Dritte Unzeitgemäße Betrachtung – Schopenhauer als Erzieher*).

auch als Gelehrter, jetzt noch Bildungsansprüche macht, pflegt sich an jene klebrige Vermittlungsschicht anzulehnen, die zwischen allen Lebensformen, allen Ständen, allen Künsten, allen Wissenschaften die Fugen verkittet und die so fest und zuverlässig ist wie eben Journalpapier zu sein pflegt. Im Journal kulminiert die eigentümliche Bildungsabsicht der Gegenwart: wie ebenso der Journalist, der Diener des Augenblicks, an die Stelle des großen Genius, des Führers für alle Zeiten, des Erlösers vom Augenblick, getreten ist.[274]

Während in der *Geburt der Tragödie aus dem Geiste der Musik* die kaum verhüllte Warnung vor den Gefahren einer proletarischen Revolution durchscheint, verweisen Nietzsches Bildungsvorträge auf die Gefahr, der die Privilegien des liberalen Bildungsbürgertums durch das Ideal einer allgemeinen Bildung ausgesetzt seien:

> Bei dieser nicht undeutlich charakterisierten Anschauung entsteht die große, ja ungeheure Gefahr, dass die große Masse irgendwann einmal die Mittelstufe überspringt und direkt auf dieses Erdenglück losgeht. Das nennt man jetzt die ‚soziale Frage‘. Es möchte nämlich dieser Masse so scheinen, dass demnach die Bildung für den größten Teil der Menschen nur ein Mittel für das Erdenglück der wenigsten sei: die ‚möglichst allgemeine Bildung‘ schwächt die Bildung so ab, dass sie gar keine Privilegien und gar keinen Respekt mehr verleihen kann. Die allerallgemeinste Bildung ist eben die Barbarei. (*Über die Zukunft unserer Bildungsanstalten*).[275]

Oder, wie Nietzsche es in den Notizen zu diesen Vorträgen provokant formuliert hat: „Die allgemeine Bildung ist nur ein Vorstadium des Kommunismus […] die Voraussetzung des Kommunismus." Damit knüpfte er an die damals schlagkräftige Losung der Arbeiterbewegung an, die lautete: „Wissen ist Macht".[276]

---

[274] Nietzsche, *Werke*, III, 194.
[275] Nietzsche, *Werke*, III, 192.
[276] Safranski 2007, 278; Gossman 2005, 551; Nietzsche, *Werke*, III, 192.

Vom Erkenntnisproblem über die Moralkritik und die Proklamation „Gott ist tot!" bis zum Chaosmodell

> Religion ist das, was uns blieb, in Resten, nachdem die Ideologien abgewirtschaftet haben und der Konsumismus keine Metaphysik hervorbringen kann. Ansonsten hat uns, den „letzten Menschen", von denen Nietzsche im „Zarathustra" spricht, eine geheimnislose Amnesie befallen. „Was ist Liebe? Was ist Schöpfung? Was ist Sehnsucht? Was ist Stern? – so fragt der letzte Mensch und blinzelt." Nur noch in der Kunst oder in der Religion greifen wir über uns hinaus, nach Sinn, nach Stern.
>
> *Matthias Matussek*, Das katholische Abenteuer.
> Vom Mut, der Moderne ein Ärgernis zu bleiben.

Im Zuge seiner Analyse der Erkenntnis und angesichts der eigenen Leidenschaft, bei keinem Resultat stehenzubleiben und über alle Antworten hinweg unablässig weiterzufragen, gelangte Nietzsche zu der Auffassung, dass für das Erkenntnisvermögen des Menschen ein starkes Bedürfnis nach Dauer und Konstanz charakteristisch sei. Um diesem Bedürfnis gerecht zu werden, sehe sich der Mensch gezwungen, in vereinfachenden Kategorien und Strukturen wie „Sein", „Wahrheit" oder „Einheit" zu denken. Diese Vereinheitlichungen dienten dazu, die Welt überschaubar und berechenbar zu machen, also deren Komplexität zu reduzieren und zu systematisieren. Nietzsche zufolge werde in der Philosophie der Grundfehler begangen, den fiktionalen und einschränkenden Charakter dieser „Setzungen" des Menschen zu ignorieren. Und genau auf dieser Beobachtung gründet sich Nietzsches radikale Kultur-, Metaphysik- und Religionskritik sowie sein perspektivischer Wertebegriff: So seien Werte nicht *a priori* vorhanden, sondern würden durch die Wertgebung des Menschen überhaupt erst herausgebildet.

Nietzsches „Umwertung aller Werte" bedeutet nun nicht, dass alte Wahrheiten und Moralauffassungen durch neue ersetzt werden. Vielmehr impliziert seine Umdeutung in erster Linie die Aufdeckung der Motive bestimmter Wertsetzungen sowie die Bewusstwerdung ihrer Relativität. Während die Moral bis Kant von zahlreichen Philosophen in erster Linie als eine Verpflichtung gegenüber Gott betrachtet wurde, so dass ein gottgefälliges Leben und Handeln als ‚moralisch' und ‚richtig' galt, löste Kant die Moral aus der Verpflichtung des Menschen gegenüber Gott. Kants Maxime zufolge sollte der Mensch, dem er einen grundsätzlich unüberbietbaren Wert, nämlich die Menschenwürde, zusprach, sich selbst – und nicht Gott – verpflichtet sein. Dies ist die eigentliche Pointe an Kants Vorstellung vom „moralischen Gesetz in mir".

Nietzsche führte diesen Weg, an Schopenhauer und damit auch an Kant anknüpfend, radikal fort. Die Moral verlor ihre Nähe zu Gott und wurde ausschließlich im Menschen selbst, im Individuum verortet. Freilich wurde Kants Diktum, dass es ein moralisches Gesetz im Menschen gebe, das ihn zum Gutsein zwinge, bald angesichts neuer Sichtweisen auf den Moralbegriff relativiert. Vor dem Hintergrund der gesellschaftlichen, politischen und wirtschaftlichen Umbrüche im 19. Jahrhundert erstaunt es nicht, dass diese Neubewertungen eine erhebliche Entfremdung von althergebrachten Vorstellungen erfuhren.[277]

In seinem Diktum „Gott ist tot!"[278] manifestiert und verdichtet sich Nietzsches Reflexion über seine Zeit, insbesondere über die seiner Ansicht nach erodierte (christliche) Moral. Dementsprechend heißt es im Aphorismus 108 der *Fröhlichen Wissenschaft*:

> *Neue Kämpfe.* – Nachdem Buddha tot war, zeigte man noch jahrhundertelang seinen Schatten in einer Höhle – einen ungeheuren schauerlichen Schatten. Gott ist tot: aber so wie die Art der Menschen ist, wird es vielleicht noch jahrtausendelang Höhlen geben, in denen man seinen Schatten zeigt. – Und wir – wir müssen auch noch seinen Schatten besiegen![279]

Nietzsche verstand sich als Gegen-Platon und Antichrist und war notabene nicht der Erste, der die Frage nach dem „Tod Gottes" aufwarf. So spricht bereits Hegel 1802 in *Glauben und Wissen* von dem „unendlichen Schmerz" als einem Gefühl, „worauf die Religion der neuen Zeit beruht, – das Gefühl: Gott selbst ist tot".[280] Nietzsches „Gott" wiederum bezeichnet eine Gesamtheit von Wertvorstellungen, mithin alles, was Lebensorientierungen schafft und die platonische Trias des „Wahren", „Schönen" und „Guten" näher bestimmt, also die Platon zufolge höchsten und unantastbaren Ideen bzw. Wahrheiten, über denen selbst Gott nicht stehe. Und: Nietzsche glaubte an ein Leben ohne metaphysische Garantien und daran, dass es Erkenntnis im anspruchsvoll metaphysischen Verständnis gar nicht gebe. Nietzsches „Gott ist tot!" bedeutet demnach, dass keine Hoffnung mehr bestehen könne auf letztgültiges Wissen und absolut objektive Erkenntnis der Welt. Was der Mensch für die „Wirklichkeit" halte, seien lediglich seine eigenen Setzungen, so dass das menschliche „Wissen" letztlich nichts anderes darstelle als eine ge-

---

[277] Zweig 2009, 287f.; Precht 2007, 167, 176, 182 u. 186; Delius 2005, 90.

[278] Ausführlich hierzu: Kohler 1998.

[279] Nietzsche, *Werke*, II, 115 (Hervorhebung im Original).

[280] Zitiert nach Krüger 2001, 309.

waltige Selbsttäuschung.[281] So lautet Aphorismus 125 der *Fröhlichen Wissenschaft*:

> *Der tolle Mensch.* – Habt ihr nicht von jenem tollen Menschen gehört, der am hellen Vormittage eine Laterne anzündete, auf den Markt lief und unaufhörlich schrie: „Ich suche Gott! Ich suche Gott!" – Da dort gerade viele von denen zusammenstanden, welche nicht an Gott glaubten, so erregte er ein großes Gelächter. Ist er denn verlorengegangen? sagte der eine. Hat er sich verlaufen wie ein Kind? sagte der andere. Oder hält er sich versteckt? Fürchtet er sich vor uns? Ist er zu Schiff gegangen? ausgewandert? – so schrien und lachten sie durcheinander. Der tolle Mensch sprang mitten unter sie und durchbohrte sie mit seinen Blicken. „Wohin ist Gott?" rief er, „ich will es euch sagen! *Wir haben ihn getötet* – ihr und ich! Wir alle sind seine Mörder! Aber wie haben wir dies gemacht? Wie vermochten wir das Meer auszutrinken? Wer gab uns den Schwamm, um den ganzen Horizont wegzuwischen? Was taten wir, als wir diese Erde von ihrer Sonne losketteten? Wohin bewegt sie sich nun? Wohin bewegen wir uns? Fort von allen Sonnen? Stürzen wir nicht fortwährend? Und rückwärts, seitwärts, vorwärts, nach allen Seiten? Gibt es noch ein Oben und ein Unten? Irren wir nicht wie durch ein unendliches Nichts? Haucht uns nicht der leere Raum an? Ist es nicht kälter geworden? Kommt nicht immerfort die Nacht und mehr Nacht? Müssen nicht Laternen am Vormittage angezündet werden? Hören wir noch nichts von dem Lärm der Totengräber, welche Gott begraben? Riechen wir noch nichts von der göttlichen Verwesung? – auch Götter verwesen! Gott ist tot! Gott bleibt tot! Und wir haben ihn getötet! Wie trösten wir uns, die Mörder aller Mörder? Das Heiligste und Mächtigste, was die Welt bisher besaß, es ist unter unsern Messern verblutet – wer wischt dies Blut von uns ab? Mit welchem Wasser könnten wir uns reinigen? Welche Sühnefeiern, welche heiligen Spiele werden wir erfinden müssen? Ist nicht die Größe dieser Tat zu groß für uns? Müssen wir nicht selber zu Göttern werden, um nur ihrer würdig zu erscheinen? Es gab nie eine größere Tat – und wer nur immer nach uns geboren wird, gehört um dieser Tat willen in eine höhere Geschichte, als alle Geschichte bisher war!" – Hier schwieg der tolle Mensch und sah wieder seine Zuhörer an: auch sie schwiegen und blickten befremdet auf ihn. Endlich warf

---

[281] Vgl. Kohler 1998, 22. In der christlichen ebenso wie in der paganen platonisch-aristotelischen Theologie steht „Gott" oder das „Göttliche" für den Inbegriff des Urgrundes, des „ersten Bewegers" und damit zugleich für das Vorhandensein einer obersten, unverrückbar festen und verlässlichen Instanz der Wahrheit. Das Sein aller Dinge geht demzufolge ausschließlich auf Gott zurück, nur in seinem Licht erscheint ihr Wesen vollständig bestimmt und damit auch fassbar (ebd.).

er seine Laterne auf den Boden, dass sie in Stücke sprang und erlosch. „Ich komme zu früh", sagte er dann, „ich bin noch nicht an der Zeit. Dies ungeheure Ereignis ist noch unterwegs und wandert – es ist noch nicht bis zu den Ohren der Menschen gedrungen. Blitz und Donner brauchen Zeit, das Licht der Gestirne braucht Zeit, Taten brauchen Zeit, auch nachdem sie getan sind, um gesehn und gehört zu werden. Diese Tat ist ihnen immer noch ferner als die fernsten Gestirne – *und doch haben sie dieselbe getan*!" – Man erzählt noch, dass der tolle Mensch desselbigen Tages in verschiedene Kirchen eingedrungen sei und darin sein *Requiem aeternam deo* angestimmt habe. Hinausgeführt und zur Rede gesetzt, habe er immer nur dies entgegnet: „Was sind denn diese Kirchen noch, wenn sie nicht die Grüfte und Grabmäler Gottes sind?"[282]

In *Also sprach Zarathustra* wiederum wendet sich Zarathustra an seine Zuhörer mit den Worten:

Ach, meine Brüder! Man weiß von jedermann etwas zu viel! Und mancher wird uns durchsichtig, aber deshalb können wir noch lange nicht durch ihn hindurch.

Es ist schwer mit Menschen zu leben, weil Schweigen so schwer ist.

Und nicht gegen den, der uns zuwider ist, sind wir am unbilligsten, sondern gegen den, welcher uns gar nichts angeht.

Hast du aber einen leidenden Freund, so sei seinem Leiden eine Ruhestätte, doch gleichsam ein hartes Bett, ein Feldbett: so wirst du ihm am besten nützen.

Und tut dir ein Freund Übles, so sprich: „ich vergebe dir, was du mir tatest; dass du es aber *dir* tatest – wie könnte ich das vergeben!"

Also redet alle große Liebe: die überwindet auch noch Vergebung und Mitleiden.

Man soll sein Herz festhalten; denn lässt man es gehn, wie bald geht einem da der Kopf durch!

Ach, wo in der Welt geschahen größere Torheiten, als bei den Mitleidigen? Und was in der Welt stiftete mehr Leid als die Torheiten der Mitleidigen?

Wehe allen Liebenden, die nicht noch eine Höhe haben, welche über ihrem Mitleiden ist!

Also sprach der Teufel einst zu mir: „auch Gott hat seine Hölle: das ist seine Liebe zu den Menschen."

Und jüngst hörte ich ihn dies Wort sagen: „Gott ist tot; an seinem Mitleiden mit den Menschen ist Gott gestorben." –

---

[282] Nietzsche, *Werke*, II, 126-128. (Hervorhebungen im Original).

so seid mir gewarnt vor dem Mitleiden: *daher* kommt noch den Menschen eine schwere Wolke! Wahrlich, ich verstehe mich auf Wetterzeichen!

Merket aber auch dies Wort: alle große Liebe ist noch über all ihrem Mitleiden: denn sie will das Geliebte noch – schaffen!

„Mich selber bringe ich meiner Liebe dar, *und meinen Nächsten gleich mir*" – so geht die Rede allen schaffenden.

Alle schaffenden aber sind hart. – [283]

In Nietzsches Nachlass aus den 1880er Jahren findet sich schließlich der Passus:

Extreme Positionen werden nicht durch ermäßigte abgelöst, sondern wiederum durch extreme, aber *umgekehrte.* Und so ist der Glaube an die absolute Immoralität der Natur, an die Zweck- und Sinnlosigkeit der psychologisch-notwendige *Affekt,* wenn der Glaube an Gott und eine essentiell moralische Ordnung nicht mehr zu halten ist. Der Nihilismus erscheint jetzt, *nicht* weil die Unlust am Dasein größer wäre als früher, sondern weil man überhaupt gegen einen „Sinn" im Übel, ja im Dasein misstrauisch geworden ist. *Eine* Interpretation ging zugrunde: weil sie aber als *die* Interpretation galt, erscheint es, als ob es gar keinen Sinn im Dasein gebe, als ob alles *umsonst* sei.[284]

In zahlreichen Überlegungen versuchte Nietzsche, die historische, psychologische und anthropologische Genealogie dieser Werte und Haltungen herauszuarbeiten und sie zugleich als illusionär und verlogen zu demaskieren. Das eigentlich ‚Giftige', ‚Kranke' oder ‚Krankmachende', das er bei seinen Betrachtungen der Metaphysik, des Glaubens an Gott und der christlichen Moral, diagnostizierte, ist die funktionslos gewordene Unbedingtheit im Letzten. So erklärt er im Kapitel „Genealogie der Moral" von *Ecce homo* das „Gewissen" aus dem „Instinkt der Grausamkeit, der sich rückwärts wendet, nachdem er nicht mehr nach außen hin sich entladen kann."[285]

Nietzsche glaubte, dass die immanente Funktion der Moral, ihr Sinn, nicht über sie selbst hinausweise, sondern im Grunde nichts anderes sei als eine ‚Verkleidung' des elementaren Willens. Ihm ging es um die Bestimmung der Moral als der Ideologie der „Schwachen". Nächstenliebe betrachtete er als verkappten Egoismus, die, ebenso wie Demut oder Mitleid (und christliche Werte im Allgemeinen) zur „Sklavenmoral" gehöre (*Jenseits von Gut und Böse*). Darunter verstand Nietzsche die von „Herdenmenschen", also der Masse der „schwachen" Individuen vollzo-

---

[283] Nietzsche, Werke, II, 347f. (Hervorhebungen im Original).

[284] Nietzsche, *Werke*, III, 852f. (Hervorhebungen im Original).

[285] Nietzsche, *Werke*, II, 1143.

gene, ebenso lebens- und erkenntnisverneinende wie „dekadente" Um-
deutung einer „Herrenmoral". Letztere verkörpert dagegen für Nietzsche
die lebensbejahenden und in seinen Augen natürlich-egoistischen
Instinkte der „starken" Individuen: „Ich sage euch: man muss noch
Chaos in sich haben, um einen tanzenden Stern gebären zu können. Ich
sage euch: ihr habt noch Chaos in euch." (*Also sprach Zarathustra*).[286]
Peter Sloterdijk sieht in dieser Sentenz Nietzsches gar ein Epitheton der
Moderne schlechthin:

> Moderne, das bedeutet: nach den Bedingungen von Produktionen zu
> fragen. „Ich sage euch, man muss noch Chaos in sich haben, um einen
> tanzenden Stern gebären zu können." Das ist die Stimme der neueren
> Ästhetik selbst – an ihrem klinischen und romantischen Pol. Noch
> wird das Hervorbringen unbeirrt als Geburt gedacht; noch hat das

---

[286] Zweig 2009, 273; Delius 2005, 91f.; Kahl 2000, 6f. Kohler 1998, 21 u.
23f.; Nietzsche, *Werke*, II, 284. Vgl. hierzu auch den folgenden Passus
aus *Jenseits von Gut und Böse*: „Der Blick des Sklaven ist abgünstig für
die Tugenden des Mächtigen: er hat Skepsis und Misstrauen, er hat
Feinheit des Misstrauens gegen alles „Gute", was dort geehrt wird –, er
möchte sich überreden, dass das Glück selbst dort nicht echt sei. Umgekehrt werden die Eigenschaften hervorgezogen und mit Licht übergos-
sen, welche dazu dienen, Leidenden das Dasein zu erleichtern: hier
kommt das Mitleiden, die gefällige hilfsbereite Hand, das warme Herz,
die Geduld, der Fleiß, die Demut, die Freundlichkeit zu Ehren –, denn
das sind hier die nützlichsten Eigenschaften und beinahe die einzigen
Mittel, den Druck des Daseins auszuhalten. Die Sklaven-Moral ist wesentlich Nützlichkeitsmoral. Hier ist der Herd für die Entstehung jenes
berühmten Gegensatzes „gut" und *„böse"* – ins Böse wird die Macht
und Gefährlichkeit hineinempfunden, eine gewisse Furchtbarkeit, Feinheit und Stärke, welche die Verachtung nicht aufkommen lässt. Nach
der Sklaven-Moral erregt also der „Böse" Furcht; nach der Herren-
Moral ist es gerade der „Gute", der Furcht erregt und erregen will, während der „schlechte" Mensch als der verächtliche empfunden wird. Der
Gegensatz kommt auf seine Spitze, wenn sich, gemäß der Sklavenmo-
ral-Konsequenz, zuletzt nun auch an den „Guten" dieser Moral ein
Hauch von Geringschätzung hängt – sie mag leicht und wohlwollend
sein –, weil der Gute innerhalb der Sklaven-Denkweise jedenfalls der
ungefährliche Mensch sein muss: er ist gutmütig, leicht zu betrügen, ein
bisschen dumm vielleicht, *un bonhomme*. Überall, wo die Sklaven-
Moral zum Übergewicht kommt, zeigt die Sprache eine Neigung, die
Worte „gut" und „dumm" einander anzunähern." (Nietzsche, *Werke*, II,
732f. Hervorhebungen im Original).

Chaos als Uterus zu dienen, in dem das Werk sich still und unerhört formiert; noch gibt sich Nietzsche als Gynäkosoph der Künste.[287]

Nietzsches Appell ist folglich eine Aufforderung zum Aufbruch und zum Aufbegehren gegen jenes hypertrophe menschliche Sicherheitsbedürfnis, das sich jegliche Experimente verbittet. Nietzsche redet dem menschlichen Gefühls- und Gedankenchaos das Wort, indem er ihm eine kreative Kraft und beispiellose Potenz beimisst. Das Gären und Brodeln im Menschen wird zu einer *Conditio sine qua non*, zu einer radikalen Gebärde stilisiert, die „einen tanzenden Stern" gebiert und damit etwas völlig Neues, noch nie Dagewesenes schafft. Es ging Nietzsche um die Kraft der Herausforderung, die sein Prophet Zarathustra von der ihn umgebenden Menschenmenge einfordert. Diese Provokation soll jene Freiwilligen, „die die Wette halten", von jenen scheiden, „die vom Versuchen nichts mehr hören wollen." (SLOTERDIJK). Dadurch, dass Zarathustra als Prophet des Zukunftsmenschen „vom Verächtlichsten", nämlich dem „letzten Menschen" zu sprechen beginnt, zwingt er die ‚Nicht-Letzten', sich zu offenbaren: „Wo die Letzten einstimmen in den Satz: Nach uns wir selber!, sammeln die Nicht-Letzten sich unter einer unvernünftigen Devise: Nach uns der Stern!"[288]

In *Also sprach Zarathustra* wird diese Stern-Metapher folgendermaßen entfaltet:

Als Zarathustra diese Worte gesprochen hatte, sahe (sic) er wieder das Volk an und schwieg. „Da stehen sie", sprach er zu seinem Herzen, „da lachen sie: sie verstehen mich nicht, ich bin nicht der Mund für diese Ohren.

Muss man ihnen erst die Ohren zerschlagen, dass sie lernen, mit den Augen hören? Muss man rasseln gleich Pauken und Bußpredigern? Oder glauben sie nur dem Stammelnden?

Sie haben etwas, worauf sie stolz sind. Wie nennen sie es doch, was sie stolz macht? Bildung nennen sie's, es zeichnet sie aus vor den Ziegenhirten.

Drum hören sie ungern von sich das Wort ‚Verachtung'. So will ich denn zu ihrem Stolze reden.

So will ich ihnen vom Verächtlichsten sprechen: das aber ist *der letzte Mensch*."

Und also sprach Zarathustra zum Volke:

Es ist an der Zeit, dass der Mensch sich sein Ziel stecke. Es ist an der Zeit, dass der Mensch den Keim seiner höchsten Hoffnung pflanze.

---

[287] Sloterdijk 2006, 2.

[288] Nietzsche, *Werke*, II, 283f. u. 399; Sloterdijk 2006, 2 (Zitate ebd.); Kahl 2000, 12.

Noch ist sein Boden dazu reich genug. Aber dieser Boden wird einst arm und zahm sein, und kein hoher Baum wird mehr aus ihm wachsen können.

Wehe! Es kommt die Zeit, wo der Mensch nicht mehr den Pfeil seiner Sehnsucht über den Menschen hinaus wirft, und die Sehne seines Bogens verlernt hat, zu schwirren!

Ich sage euch: man muss noch Chaos in sich haben, um einen tanzenden Stern gebären zu können. Ich sage euch: ihr habt noch Chaos in euch.

Wehe! Es kommt die Zeit, wo der Mensch keinen Stern mehr gebären wird. Wehe! Es kommt die Zeit des verächtlichsten Menschen, der sich selber nicht mehr verachten kann.

Seht! Ich zeige euch *den letzten Menschen*.

„Was ist Liebe? Was ist Schöpfung? Was ist Sehnsucht? Was ist Stern?" – so fragt der letzte Mensch und blinzelt.

Die Erde ist dann klein geworden, und auf ihr hüpft der letzte Mensch, der alles klein macht. Sein Geschlecht ist unaustilgbar wie der Erdfloh; der letzte Mensch lebt am längsten.

„Wir haben das Glück erfunden" – sagen die letzten Menschen und blinzeln.

Sie haben die Gegenden verlassen, wo es hart war zu leben: denn man braucht Wärme. Man liebt noch den Nachbar und reibt sich an ihm: denn man braucht Wärme.

Krankwerden und Misstrauen-haben gilt ihnen sündhaft: man geht achtsam einher. Ein Tor, der noch über Steine oder Menschen stolpert!

Ein wenig Gift ab und zu: das macht angenehme Träume. Und viel Gift zuletzt, zu einem angenehmen Sterben.

Man arbeitet noch, denn Arbeit ist eine Unterhaltung. Aber man sorgt, dass die Unterhaltung nicht angreife.

Man wird nicht mehr arm und reich: beides ist zu beschwerlich. Wer will noch regieren? Wer noch gehorchen? Beides ist zu beschwerlich.

Kein Hirt und *eine* Herde! Jeder will das Gleiche, jeder ist gleich: wer anders fühlt, geht freiwillig ins Irrenhaus.[289]

Laut Sloterdijk bedeutet Moderne, dass das Chaos im Menschen knapp werden könnte. Dabei erscheint das Chaos nicht als ein „umgreifendes Verhältnis, in dem man sich befindet oder auf dem man reitet, sondern [als] eine innere Ressource, von der sich sagen lässt, sie sei noch nicht verbraucht" (SLOTERDIJK). Nietzsche erkannte im Chaos einen Rest, ein noch zur Verfügung stehendes Potential, das die Subjekte aus ihrem angestammten Dasein zu reißen vermag, wenn diese gewahr werden, dass

---

[289] Nietzsche, *Werke*, II, 283f. (Hervorhebungen im Original).

sie noch Chaos in sich haben. Nietzsches Chaosmodell erweist sich als ein energetisches oder thermodynamisches System, als Gärstadium, in dem eine Selbstorganisation zwar noch abläuft, dabei jedoch innere Energie verbraucht und Entropie, die Kenngröße für den Ordnungszustand eines Systems, exportiert wird. Auf diese Weise werden die Grenzen des geschlossenen Systems hin zum offenen überschritten – bis zur größtmöglichen Ausdehnung, zum maximalen Chaos und damit, metaphorisch gesprochen, zum Gebären eines Sterns. In diesem Sinne ist das Chaos als die „Instanz des Ungeheuren" zu verstehen, zu dem die Menschen aus ihrer Geschlossenheit, „Geordnetheit und Endlichkeit heraus in Spannung gesetzt sind." (SLOTERDIJK).

Das Ungeheure wird von jedem Menschen unterschiedlich interpretiert und gelebt, je nach Selbstverhältnis und Ausrichtungspräferenz. Menschen werden zu Hütern der Ordnung oder Protagonisten der Unordnung, zu Verbrechern, Schlafwandlern, Spielern oder Künstlern. Zum Störer neuer Art wird, wer, wie Nietzsches Zarathustra, die anderen Menschen an ihr Verhältnis zum Ungeheuren und damit an ihren inneren Aggregatzustand erinnert.[290]

Sternenträchtig ist das Chaos jedoch nur als dionysisches[291] – und nicht apollinisches, geschweige denn sokratisches – Element. Das Potential, tanzende Sterne zu schaffen, ist dem Dionysischen entwachsen, es ist zerrissen, gespalten, gegen sich selbst gerichtet. Und es braucht eine Ausdruckswelt für ein Leiden. Denn nur der eigene Aufstieg in eine verklärende Gestalt vermag den aufgewühlten Lebensgrund zu retten. Das Metaphysische, so Nietzsches Gedanke, verklärt gerade nicht das Eigene und dessen Aufstieg, sondern vom Menschen bereitgestellte Mythen, Fluchträume, Kalmenzonen. Nietzsches Trias „Übermensch – Stern – Sehnsucht" muss daher zusammengedacht werden, es sind „Wörter aus einem Leben, das solches noch nötig hat. Wer zu den Erfindern des Glücks zählt, ist darüber hinaus." (SLOTERDIJK). Es geht in der Moderne darum, zur Ausnahme die Regel zu finden, und nicht das bereits Verregelte, d. h. in Regelwerke gegossene Bequeme weiter zu propagieren. Die Geschichte der Steigerungen und damit des Schaffens darf dieser Lesart zufolge nie innehalten – ebenso wenig wie die Urbarmachung der Andersheit, die der Mensch noch in sich trägt. Denn solange das „Individuum", der buchstäblich „unteilbare" Mensch, eine Divergenz in sich selbst trägt und diese innere Unschärfe zur produktiven Kraft erheben kann, solange ist er eine Hoffnung für die eigene Zukunft. Sloterdijk

---

[290] Sloterdijk 2006, 2 (Zitate ebd.).
[291] Siehe Seite 69ff.

schließt seinen Diskurs denn auch mit einem Dekret ab, das die ungebrochene Aktualität von Nietzsches Chaosmodell vergegenwärtigt:[292]

> Moderne, das bedeutet: Prophezeiungen kehren sich gegen sich selbst. Die Vorhersagen sind Vektoren, die dafür sorgen, dass es anders kommt.
> Sie regenerieren das Chaos auf inneren und äußeren Schauplätzen. Wo das Ende der Kreation aus dem Chaos-in-euch als öffentliche Möglichkeit ausgesprochen wurde, formieren sich die Widerlegungen. Von den Sternabschaffern unerwartet, wird der Chaosbeweis geliefert, sobald der Stern erscheint.[293]

Dass Nietzsches ebenfalls unterschiedlich auslegbare Begriffe des „Herdenmenschen" und der „Sklavenmoral" eine klare Stoßrichtung aufweisen und ausdrücklich gegen die christlichen Wertvorstellungen gerichtet sind, veranschaulicht ein Passus in *Jenseits von Gut und Böse*, wo es heißt:

> Auf der andern Seite gibt sich heute der Herdenmensch in Europa das Ansehn, als sei er die einzig erlaubte Art Mensch, und verherrlicht seine Eigenschaften, vermöge deren er zahm, verträglich und der Herde nützlich ist, als die eigentlich menschlichen Tugenden: also Gemeinsinn, Wohlwollen, Rücksicht, Fleiß, Mäßigkeit, Bescheidenheit, Nachsicht, Mitleiden. Für die Fälle aber, wo man der Führer und Leithammel nicht entraten zu können glaubt, macht man heute Versuche über Versuche, durch Zusammen-Addieren kluger Herdenmenschen die Befehlshaber zu ersetzen: dieses Ursprungs sind zum Beispiel alle repräsentativen Verfassungen. Welche Wohltat, welche Erlösung von einem unerträglich werdenden Druck trotz alledem das Erscheinen eines unbedingt Befehlenden für diese Herdentier-Europäer ist, dafür gab die Wirkung, welche das Erscheinen Napoleons machte, das letzte große Zeugnis – die Geschichte der Wirkung Napoleons ist beinahe die Geschichte des höheren Glücks, zu dem es dieses ganze Jahrhundert in seinen wertvollsten Menschen und Augenblicken gebracht hat.[294]

Nietzsche betrachtete die „christliche Moral-hypothese" als reinen Selbstschutz des menschlichen Lebens. Er glaubte, sie als Ideologie des „schwachen" gegen das „starke" Leben entlarven zu können, als Instrument des „gemeine[n] Mannes" gegen die „Herren". Durch eine derartige Auslegung der Funktion und Bedeutung von Moral wurde diese primär als Recht und Maßstab aufgefasst, der den Beherrschten Ansprüche

---

[292] Sloterdijk 2006, 3 (Zitat ebd.).
[293] Sloterdijk 2006, 3.
[294] Nietzsche, *Werke*, II, 655f. Vgl. auch Kahl 2000, 6f.

auf „Gerechtigkeit" gegen die „Ungerechtigkeit" der „Herren" einräumte. Nietzsches Moralkritik verengte sich dabei zusehends auf eine klassentheoretische Genealogie sozialer Gleichheits- und Gerechtigkeitsansprüche. Letzten Endes wurde seine „christliche Moral-hypothese" genau das, was sie – scheinbar – nicht sein wollte, nämlich lebensfeindlich und Ausdruck eines verzerrten Willens zur Macht.[295]

---

[295] Kohler 1998, 24; Nietzsche, *Werke*, III, 852-854.

Der Wille zur Macht und der „Übermensch"

> Vor Gott! – Nun aber starb dieser Gott! Ihr höheren Menschen, dieser Gott war eure größte Gefahr.
>
> Seit er im Grabe liegt, seid ihr erst wieder auferstanden. Nun erst kommt der große Mittag, nun erst wird der höhere Mensch – Herr!
>
> Verstandet ihr dies Wort, o meine Brüder? Ihr seid erschreckt: wird euren Herzen schwindlig? Klafft euch hier der Abgrund? Kläfft euch hier der Höllenhund?
>
> Wohlan! Wohlauf! Ihr höheren Menschen! Nun erst kreißt der Berg der Menschen-Zukunft. Gott starb: nun wollen *wir* – dass der Übermensch lebe.
>
> *Nietzsche*, Also sprach Zarathustra (1883-85)

Nietzsches „Wille zur Macht" ist als Experiment des Lebens mit sich selbst und mit dem Leben des Menschen zu verstehen, mithin als ein dionysisches Bejahen der ewigen Kreisläufe von Leben und Tod, Entstehen und Vergehen, Lust und Schmerz – als eine Urkraft, die das „Rad des Seins" in stetiger Bewegung hält:

> Alles geht, alles kommt zurück; ewig rollt das Rad des Seins. Alles stirbt, alles blüht wieder auf, ewig läuft das Jahr des Seins. Alles bricht, alles wird neu gefügt; ewig baut sich das gleiche Haus des Seins. Alles scheidet, alles grüßt sich wieder; ewig bleibt sich treu der Ring des Seins. [296] (*Also sprach Zarathustra*)

In einem Nachlassfragment aus den 1880er Jahren gibt Nietzsche einen Hinweis darauf, wie dieser vielschichtige „Macht"-Begriff zu fassen sei:

> Und wisst ihr auch, was mir „die Welt" ist? Soll ich sie euch in meinem Spiegel zeigen? Diese Welt: ein Ungeheuer von Kraft, ohne Anfang, ohne Ende, eine feste, eherne Größe von Kraft, welche nicht größer, nicht kleiner wird, die sich nicht verbraucht, sondern nur verwandelt, als Ganzes unveränderlich groß, ein Haushalt ohne Ausgaben und Einbußen, aber ebenso ohne Zuwachs, ohne Einnahmen, vom „Nichts" umschlossen als von seiner Grenze, nichts Verschwimmendes. Verschwendetes, nichts Unendlich-Ausgedehntes, sondern als bestimmte Kraft einem bestimmten Raum eingelegt, und nicht einem Raume, der irgendwo „leer" wäre, vielmehr als Kraft überall, als Spiel von Kräften und Kraftwellen zugleich Eins und Vieles, hier sich häufend und zugleich dort sich mindernd, ein Meer in sich selber stürmender und flutender Kräfte, ewig sich wandelnd, ewig zurücklau-

---

[296] Nietzsche, *Werke*, II, 463.

fend, mit ungeheuren Jahren der Wiederkehr, mit einer Ebbe und Flut seiner Gestaltungen, aus den einfachsten in die vielfältigsten hinaustreibend, aus dem Stillsten, Starrsten, Kältesten hinaus in das Glühendste, Wildeste, Sich-selber-Widersprechendste, und dann wieder aus der Fülle heimkehrend zum Einfachen, aus dem Spiel der Widersprüche zurück bis zur Lust des Einklangs, sich selber bejahend noch in dieser Gleichheit seiner Bahnen und Jahre, sich selber segnend als das, was ewig wiederkommen muss, als ein Werden, das kein Sattwerden, keinen Überdruss, keine Müdigkeit kennt –: diese meine *dionysische* Welt des Ewig-sich-selber-Schaffens, des Ewig-sich-selber-Zerstörens, diese Geheimnis-Welt der doppelten Wollüste, dies mein „Jenseits von Gut und Böse", ohne Ziel, wenn nicht im Glück des Kreises ein Ziel liegt, ohne Willen, wenn nicht ein Ring zu sich selber guten Willen hat – wollt ihr einen *Namen* für diese Welt? Eine *Lösung* für alle ihre Rätsel? Ein *Licht* auch für euch, ihr Verborgensten, Stärksten, Unerschrockensten, Mitternächtlichsten? – *Diese Welt ist der Wille zur Macht – und nichts außerdem!* Und auch ihr selber seid dieser Wille zur Macht – und nichts außerdem![297]

Den „Willen zur Macht" können und dürfen, so Nietzsche, das „starke" Individuum und der von ihm heraufbeschworene „Übermensch" nicht verneinen. Systematisch verwendet Nietzsche den Begriff des „Übermenschen" erstmals in *Also sprach Zarathustra*, wenngleich das entsprechende Konzept schon in *Menschliches, Allzumenschliches* ansatzweise entwickelt wird:

> Vielmehr muss ein Mensch, von dem in solchem Maße die gewöhnlichen Fesseln des Lebens abgefallen sind, dass er nur deshalb weiterlebt, um immer besser zu erkennen, auf vieles, ja fast auf alles, was bei den anderen Menschen Wert hat, ohne Neid und Verdruss verzichten können, ihm muss als der wünschenswerteste Zustand jenes freie, furchtlose Schweben über Menschen, Sitten, Gesetzen und den herkömmlichen Schätzungen der Dinge *genügen*. Die Freude an diesem Zustande teilt er gerne mit und er *hat* vielleicht nichts anderes mitzuteilen – worin freilich eine Entbehrung, eine Entsagung mehr liegt. Will man aber trotzdem mehr von ihm, so wird er mit wohlwollendem Kopfschütteln auf seinen Bruder hinweisen, den freien Menschen der Tat, und vielleicht ein wenig Spott nicht verhehlen: denn mit dessen „Freiheit" hat es eine eigene Bewandtnis.[298]

Als „Übermensch" (der Begriff ist u. a. auch bereits in Goethes *Faust I* [1808] zu finden[299]) ist eine Art ‚Idealmensch' zu verstehen, der über das

---

[297] Nietzsche, *Werke*, III, 916f. (Hervorhebungen im Original).

[298] Nietzsche, *Werke*, I, 473 (Hervorhebungen im Original).

[299] Vgl. Goethe, *Werke*, III, 145: „GEIST: Du flehst eratmend mich zu schauen, / Meine Stimme zu hören, mein Antlitz zu sehn; / Mich neigt dein

Leben eines gewöhnlichen – und damit von Nietzsche negativ bewerteten – Menschen hinausgewachsen ist oder hinaus strebt, ein Mensch also, der seinen Willen zur Macht unbedingt geltend macht, jenseits von Gut und Böse lebt, weltfreudig und stark ist und eine rücksichtslose Individualität an den Tag legt, eben: „Diese Welt: ein Ungeheuer von Kraft, ohne Anfang, ohne Ende, […] – *Diese Welt ist der Wille zur Macht – und nichts außerdem!* Und auch ihr selber seid dieser Wille zur Macht – und nichts außerdem!"

Nietzsche verwendet den Terminus zum einen für den „Vornehmen", „Singulären", für den es Beispiele in der Geschichte gegeben habe, zum anderen aber auch für ein Ideal, das über dem Menschen stehe, so dass dieser nicht das Ende der Entwicklung darstellen könne: „Nicht ‚Menschheit', sondern *Übermensch* ist das Ziel!"[300] In *Also sprach Zarathustra* wird dies folgendermaßen reflektiert und zugleich mit dem Postulat „Gott ist tot!" verbunden:

> *Ich lehre euch den Übermenschen.* Der Mensch ist etwas, das überwunden werden soll. Was habt ihr getan, ihn zu überwinden?
>
> Alle Wesen bisher schufen etwas über sich hinaus: und ihr wollt die Ebbe dieser großen Flut sein und lieber noch zum Tiere zurückgehn, als den Menschen überwinden?

---

mächtig Seelenflehn, / Da bin ich! – Welch erbärmlich Grauen / Fasst Übermenschen dich! Wo ist der Seele Ruf? / Wo ist die Brust, die eine Welt in sich erschuf, / Und trug und hegte, die mit Freudebeben / Erschwoll, sich uns, den Geistern, gleich zu heben?"

[300] Delius 2005, 92.; Kahl 2000, 6-8; Safranski 1998, 43-45. Nietzsche, *Werke*, III, 440 u. 916f. (Hervorhebungen im Original).
Zum zeitgenössischen Verständnis des Begriffs vgl. auch *Meyers Großes Konversations-Lexikon*, Band 19. Leipzig 1909, 859f (s. v. „Übermensch"): „Übermensch, nach Fr. Nietzsche […] der seinen Willen zur Macht unbedingt geltend machende, jenseits von Gut und Böse lebende, weltfreudige und starke Mensch. Der Ausdruck kommt schon bei Goethe, im „Faust" und in der „Zueignung" zu den Gedichten, vor, doch auch bereits gegen Ende des 17. Jahrh. in den *Geistlichen Erquickstunden* (1664-1666) des theologischen Schriftstellers Heinrich Müller in Rostock. Ähnliche Wortbildungen sind aber nicht selten, und es ist unwahrscheinlich, daß Goethe das Wort von Müller entlehnt habe. Nietzsche braucht es einmal für den Vornehmen, Singulären, wovon es Beispiele in der Geschichte gegeben hat, sodann für die Art, die über dem Menschen steht, so daß der Mensch nicht das Ende der Entwicklung sein soll, sondern diese über den Menschen hinausgeht."

Was ist der Affe für den Menschen? Ein Gelächter oder eine schmerzliche Scham. Und ebendas soll der Mensch für den Übermenschen sein: ein Gelächter oder eine schmerzliche Scham.

Ihr habt den Weg vom Wurme zum Menschen gemacht, und vieles ist in euch noch Wurm. Einst wart ihr Affen, und auch jetzt noch ist der Mensch mehr Affe, als irgendein Affe.

Wer aber der Weiseste von euch ist, der ist auch nur ein Zwiespalt und Zwitter von Pflanze und von Gespenst. Aber heiße ich euch zu Gespenstern oder Pflanzen werden?

Seht, ich lehre euch den Übermenschen!

Der Übermensch ist der Sinn der Erde. Euer Wille sage: der Übermensch *sei* der Sinn der Erde!

Ich beschwöre euch, meine Brüder, *bleibt der Erde treu* und glaubt denen nicht, welche euch von überirdischen Hoffnungen reden! Giftmischer sind es, ob sie es wissen oder nicht.

Verächter des Lebens sind es, Absterbende und selber Vergiftete, deren die Erde müde ist: so mögen sie dahinfahren!

[...]

Auch im Erkennen fühle ich nur meines Willens Zeuge- und Werde-Lust; und wenn Unschuld in meiner Erkenntnis ist, so geschieht dies, weil Wille zur Zeugung in ihr ist.

Hinweg von Gott und Göttern lockte mich dieser Wille; was wäre denn zu schaffen, wenn Götter – da wären!

Aber zum Menschen treibt er mich stets von neuem, mein inbrünstiger Schaffens-Wille; so treibt's den Hammer hin zum Steine.

Ach, ihr Menschen, im Steine schläft mir ein Bild, das Bild meiner Bilder! Ach, dass es im härtesten, hässlichsten Steine schlafen muss!

Nun wütet mein Hammer grausam gegen sein Gefängnis. Vom Steine stäuben Stücke: was schiert mich das?

Vollenden will ich's: denn ein Schatten kam zu mir – aller Dinge Stillstes und Leichtestes kam einst zu mir!

Des Übermenschen Schönheit kam zu mir als Schatten. Ach, meine Brüder! Was gehen mich noch – die Götter an! – [301]

Im *Antichristen* (1888) geht Nietzsche noch einen Schritt weiter und impliziert zugleich eine grundlegende Kritik an der Moderne:

Die Menschheit stellt *nicht* eine Entwicklung zum Besseren oder Stärkeren oder Höheren dar, in der Weise, wie dies heute geglaubt wird. Der „Fortschritt" ist bloß eine moderne Idee, das heißt eine falsche Idee. Der Europäer von heute bleibt in seinem Werte tief unter dem

---

[301] Nietzsche, *Werke*, II, 279f. u. 345f. (Hervorhebungen im Original).

Europäer der Renaissance; Fortentwicklung ist schlechterdings *nicht* mit irgendwelcher Notwendigkeit Erhöhung, Steigerung, Verstärkung. In einem andern Sinne gibt es ein fortwährendes Gelingen einzelner Fälle an den verschiedensten Stellen der Erde und aus den verschiedensten Kulturen heraus, mit denen in der Tat sich ein *höherer Typus* darstellt: etwas, das im Verhältnis zur Gesamt-Menschheit eine Art Übermensch ist. Solche Glücksfälle des großen Gelingens waren immer möglich und werden vielleicht immer möglich sein. Und selbst ganze Geschlechter, Stämme, Völker können unter Umständen einen solchen *Treffer* darstellen.[302]

An dieser Stelle sei nachdrücklich darauf hingewiesen, dass die in der Rezeptionsgeschichte kontrovers beurteilten und unterschiedlich mit Bedeutungen angereicherten Begriffe des „letzten Menschen" und insbesondere des „Übermenschen" nur diesem ideellen Zusammenhang verpflichtet sind. Den zweifellos ohne Weiteres zu missbrauchenden und – zumindest außerhalb ihres Kontextes – höchst fragwürdigen Unterscheidungen zwischen „Herren-" und „Sklavenmoral" oder zwischen „Herdenmenschen" bzw. „schwachen" Individuen und „starken" Menschen liegt Nietzsches Auffassung vom „Willen zur Macht", verstanden als Herrschaft über sich selbst, zugrunde.

Indes gilt auch hier: Nietzsche hat mit seiner Sprachgewalt Termini geprägt, die den totalitären Ideologien des 20. Jahrhunderts wenig Widerstand boten. Dies hat ihm – nicht zuletzt vor dem Hintergrund seiner Kampfrhetorik – wiederholt den Vorwurf eingebracht, zum Vorboten und Eideshelfer des Nationalsozialismus, ja, generell zu den geistigen Vätern des Faschismus zu gehören (so die Auffassung Bertrand Russells) und bei der Unterhöhlung humanistischer Normen im 20. Jahrhundert eine zentrale Rolle gespielt zu haben.[303]

---

[302] Nietzsche, *Werke*, II, 1166 (Hervorhebungen im Original).

[303] Zur Rezeption Nietzsches durch den Nationalsozialismus, insbesondere im Hinblick auf den *Willen zur Macht* vgl. Mazenauer 1998.

Bezeichnend sind in diesem Zusammenhang die Ausführungen, die Kurt Kauffmann als Ernst Kaltenbrunners Verteidiger am Nachmittag des 9. Juli 1946 vor dem Internationalen Militärgerichtshof in Nürnberg machte. Als einer der führenden SS-Funktionäre und Hauptkriegsverbrecher wurde Kaltenbrunner am 9. Oktober 1946 vom Nürnberger Gerichtshof zum Tode verurteilt und am 16. Oktober hingerichtet (*Enzyklopädie des Holocaust. Die Verfolgung und Ermordung der europäischen Juden*, II, 730f., s. v. „Kaltenbrunner"). Bevor Kauffmann in seinem Plädoyer vom 9. Juli 1946 auf die eigentliche Verteidigung Kaltenbrunners eingeht, beleuchtet er in einem Exkurs seine Auffassung der „geistesgeschichtlichen Entwicklung in Europa":

Russell vertritt die Ansicht, Nietzsche habe unter seiner eigenen Schwäche gelitten und dies in der Welt der Fantasie zu kompensieren versucht. Anstatt ihre Doktrinen durch Wahrnehmung und Induktion zu prüfen, hätten dann die modernen Irrationalisten, so Russell, die Macht glorifiziert und den Willen im Gegensatz zum Denken und Fühlen betont.[304] So heißt es in Russells Essay *Die geistigen Väter des Faschismus* aus dem Jahre 1935:

> Welches Ziel die Staatsmänner nach der Vorstellung fast aller Irrationalisten, aus deren Ideen sich der Faschismus entwickelt hat, verfolgen sollten, ist am klarsten von Nietzsche herausgestellt worden. In

---

„Es gibt zu denken, daß Hitler jene wundervolle Haltung eines wahrhaft gütigen Menschen verwarf, die wir Demut nennen, *weil er sich selbst für Machiavelli und Nietzsche entschieden hatte* und daß jetzt das Maß des deutschen Menschen eine Erniedrigung ohne Beispiel ist. [...] *Die letzten Stationen knüpfen an die Namen Nietzsche und anderer an. Nietzsche hat wie kein neuzeitlicher Mensch die modernen Ideen zu Ende gedacht und mit unerschrockener logischer Konsequenz das ausgesprochen, worauf die Entwicklung unentrinnbar hinaustreiben musste.* So geht von Kaligula und Julian Apostata der Weg über viele, von der großen Welt verherrlichte, in Wahrheit zerstörend wirkende Geister unmittelbar zu Hitler. [...] Als Hitler, aus dem ersten Weltkrieg heimkehrend, sich, wie er sagte, entschloss, Politiker zu werden, erklärte er, die Kräfte gefunden zu haben, deren nationale und soziale Elemente die Verwirklichung der deutschen Not beheben könnten. Aber seine Weltanschauung war im Grunde genommen nur ein weiterer Schritt auf dem bereits eingefahrenen Wege zur völligen Autonomie der sogenannten natürlichen Vernunft, auf die er sich ja oft und oft berief. Natürlich hatte er seine Vorbilder. *Die Apotheose des eigenen Volkes geht auf Fichte zurück; das Ideal des Herrenmenschen auf Nietzsche; die Relativierung der Moral und des Rechts auf Machiavelli, der Rassenkult auf den Darwinismus.*"

Quelle: *Der Prozess gegen die Hauptkriegsverbrecher vor dem Internationalen Militärgerichtshof Nürnberg: 14. November 1945-1. Oktober 1946.* 42 Bde. Nürnberg 1947-1949, XVIII, 58f. [Hervorhebungen A.S.]. Elektronischer Text: http://www.zeno.org/nid/2000 2762560; Link vom 30. Dezember 2011).

[304] Russell 2006, 95-99 u. 105-110. Vgl. hierzu auch Kahl 2000, 7: „Durch Kerngehalte seiner Schriften selbst wurde er zum Stichwort- und Ideenspender für den Weg in die Barbarei. [...] Heute wird vielfach tabuiert und bestritten, was einst allgemein bekannt war und gefeiert wurde: Zwei faschistische Diktatoren (Hitler und Mussolini, A.S.) und ihre Ideologen erwiesen Nietzsche ihre Reverenz und konnten sich dabei durchaus auf zentrale Inhalte seiner Schriften beziehen."

bewusster Opposition zum Christentum wie auch zu den Utilitariern, verwirft er Benthams Doktrinen hinsichtlich des Glücks und der „größten Zahl". Er sagt: ‚Die Menschheit ist viel eher noch ein Mittel als ein Ziel… die Menschheit ist bloß das Versuchsmaterial'. Das von ihm vorgeschlagene Ziel ist die Größe außergewöhnlicher Einzelner […].[305]

Demgegenüber ist Thomas Manns Einschätzung aus dem Jahre 1947 deutlich zurückhaltender: „Unterderhand (sic) bin ich geneigt, hier Ursache und Wirkung umzukehren und nicht zu glauben, dass Nietzsche den Faschismus gemacht hat, sondern der Faschismus ihn." War Nietzsche also eher Opfer „einer ideologischen Kollektivierung, eines machtvollen Willens zum rhetorischen Missverständnis" (MAZENAUER)?[306] Ist Nietzsches „Wille zur Macht"[307] (das Buch sei, wie Nietzsche betonte, ausschließlich zum D e n k e n gedacht) daher als das Experiment des Lebens mit sich selbst und mit dem Leben des Menschen zu betrachten? In zwei Nachlassfragmenten der 1880er Jahre heißt es:

Jene ungeheure *Energie der Größe* zu gewinnen, um, durch Züchtung und andrerseits durch Vernichtung von Millionen Missratener, den zukünftigen Menschen zu gestalten und nicht zugrunde zu gehn an dem Leid, das man schafft und dessengleichen noch nie da war! – […] *Wert* ist das höchste Quantum Macht, das der Mensch sich einzuverleiben vermag – der Mensch: *nicht* die Menschheit! Die Menschheit ist viel eher noch ein Mittel, als ein Ziel. Es handelt sich um den Typus: die Menschheit ist bloß das Versuchsmaterial, der ungeheure Überschuss des Missratenen: ein Trümmerfeld.[308]

Einen im negativen Sinne wesentlichen Beitrag zur Herausbildung idealisierter Nietzsche-Legenden und weihevoller Nietzsche-Kulte leistete Nietzsches Schwester Elisabeth Förster-Nietzsche, „Protagonistin einer Verfälschungsgeschichte" (RATH). Sie legte, wenn es darum ging, die

---

[305] Russell 2006, 98.

[306] Vgl. Kahl 2000, 5-7 und Taureck 1989, ferner auch Safranski 2007, 357f. sowie Mazenauer 1998 (Thomas Mann-Zitat: ebd. 63). Kahl (ebd. 6) wirbt für einen differenzierten Blick auf Nietzsche: „Nietzsche hat bestimmte menschenverachtende Ideen salonfähig gemacht. Er hat den ‚Willen zur Macht' und den ‚Übermenschen' propagiert. Aber er hat auch wichtige Einsichten Sigmund Freuds in die Rolle des Unbewussten, der Sexualität und der Ressentimentbildung vorweggenommen. Es sind dies zwei Seiten derselben Medaille, die vorne und hinten den Kopf des Pfarrersohnes aus Röcken trägt."

[307] Vgl. hierzu Seite 141.

[308] Nietzsche, *Werke*, III, 427f. u. 793 (Hervorhebungen im Original).

Leerstelle eines neuen *Praeceptor Germaniae*, eines „Lehrers Deutschlands", zu besetzen, das passende Zitatgemenge aus den vielfältig kombinier- und auslegbaren Schriften ihres Bruders vor.[309] Freilich konnten ihr Deutungsgeschick und ihre zielorientierte Manipulation des Nachlasses nur in einer politischen Kultur derart wirkungsmächtig werden, die einen ‚Großdenker‘, der Krieg, Gewalt und Härte rechtfertigte und traditionelle Moralvorstellungen zu zertrümmern versprach, förmlich herbeisehnte. Tatsächlich gelang es Elisabeth Förster-Nietzsche mit einem spezifischen ‚Willen zur Deutungsmacht‘, „Nietzsche in turmhohen Monumenten zu einem nationalen Heros zu stilisieren." (ASCHHEIM). Dass das geistige Erbe ihres Bruders für brutale politische Zielsetzungen usurpiert wurde, fand offenbar Elisabeth Förster-Nietzsches Duldung.[310]

Und doch wurde Nietzsches eigentliche philosophische Strahlkraft selbst in einer Zeit, als manche totalitäre Regime die Gedanken des Philosophen für ihre eigenen Zwecke in Dienst nahmen, wahrgenommen, und zwar überwiegend im Exil. So lässt sich das differenzierteste Nietzsche-Bild der frühen 1940er Jahre in kleinen Zirkeln von Emigranten ausmachen. Max Horkheimer und Theodor W. Adorno etwa knüpften an Nietzsche an als einen Denker, der „wie wenige seit Hegel die Dialektik der Aufklärung erkannt" habe.

Thomas Mann wiederum arbeitete damals an seinem Roman *Doktor Faustus* (*Das Leben des deutschen Tonsetzers Adrian Leverkühn, erzählt von einem Freunde*; entstanden 1943-47, veröffentlicht 1947). Zu lesen ist *Doktor Faustus* „zugleich [als] eine verschlüsselte Autobiographie, eine literarische Verarbeitung von Nietzsches Schicksal und ein Kommentar zu einer politischen Kultur [...], die auf den Nationalsozialismus zulief." (RATH).[311] Die Vielschichtigkeit und Vieldeutigkeit von Nietzsches Gedankenwelt konnte und kann nach wie vor völlig unterschiedlichen Exegesen unterworfen sein – mit entsprechenden Ergebnissen.

---

[309] Vgl. Förster-Nietzsche 1895-1904.

[310] Aschheim 1996. 48; Rath 2000, 289, 291 u. 296 (Zitat 291). Rath (ebd. 292) weist darauf hin, dass in der DDR, Zeit ihres Bestehens, keine vollständige Nietzsche-Ausgabe erscheinen durfte, da Nietzsche dort als Stichwortgeber und Wegbereiter des Faschismus galt und deshalb tabu war.

[311] Rath 2000, 296 (Zitat); Heftrich 1996; Rath 1987; Horkheimer / Adorno 1947, 59. Zu Thomas Manns Werk vgl. Scherrer / Wysling 1967.

Man verehrt und verachtet in jungen Jahren noch ohne jene Kunst der Nuance, welche den besten Gewinn des Lebens ausmacht, und muss es billigerweise hart büßen, solchergestalt Menschen und Dinge mit Ja und Nein überfallen zu haben. Es ist alles darauf eingerichtet dass der schlechteste aller Geschmäcker, der Geschmack für das Unbedingte, grausam genarrt und gemissbraucht (sic) werde, bis der Mensch lernt, etwas Kunst in seine Gefühle zu legen und lieber noch mit dem Künstlichen den Versuch zu wagen: wie es die rechten Artisten des Lebens tun. Das Zornige und Ehrfürchtige, das der Jugend eignet, scheint sich keine Ruhe zu geben, bevor es nicht Menschen und Dinge so zurechtgefälscht hat, dass es sich an ihnen auslassen kann – Jugend ist an sich schon etwas Fälschendes und Betrügerisches. Später, wenn die junge Seele, durch lauter Enttäuschungen gemartert, sich endlich argwöhnisch gegen sich selbst zurückwendet, immer noch heiß und wild, auch in ihrem Argwohne und Gewissensbisse: wie zürnt sie sich nunmehr, wie zerreißt sie sich ungeduldig, wie nimmt sie Rache für ihre lange Selbst-Verblendung, wie als ob sie eine willkürliche Blindheit gewesen sei! In diesem Übergange bestraft man sich selber, durch Misstrauen gegen sein Gefühl; man foltert seine Begeisterung durch den Zweifel, ja man fühlt schon das gute Gewissen als eine Gefahr, gleichsam als Selbst-Verschleierung und Ermüdung der feineren Redlichkeit; und vor allem, man nimmt Partei, grundsätzlich Partei *gegen* „die Jugend". – Ein Jahrzehnt später: und man begreift, dass auch dies alles noch – Jugend war!

Jenseits von Gut und Böse, *Aphorismus 31*

Nihilismuskritik, die „Ewige Wiederkunft des Gleichen" und der „Amor fati"

> Sorrow is knowledge: they who know the most
> Must mourn the deepest o'er the fatal truth,
> The Tree of Knowledge is not that of Life.
>
> *Lord George Gordon Byron*, Manfred (1817)

> Ich weiß mehr vom Leben, weil ich so oft daran war, es zu verlieren: und eben darum habe ich mehr vom Leben als ihr alle!
>
> *Nietzsche*, Die fröhliche Wissenschaft (1882)

> Alles Unvergängliche – das ist nur ein Gleichnis! Und die Dichter lügen zuviel. –
>
> *Nietzsche*, Also sprach Zarathustra (1883-85)

Dass Nietzsche die Werte insbesondere des Christentums, die die christliche Welt auch außerhalb des eigentlichen religiösen Feldes mitbestimmen, als „tot" proklamiert, ist weniger eine Aussage über ein abgeschlossenes Faktum als vielmehr über einen Prozess des Absterbens. Dieser ist laut Nietzsche nach wie vor im Gang und müsse, so seine These und auch vernichtende Grunddiagnose der Gegenwart, zur „Heraufkunft des europäischen Nihilismus" führen. Nihilismus bedeutete für ihn eine Entwertung der höchsten Werte und damit zugleich die Abdankung nicht nur der christlichen, sondern auch anderer säkularer oder moralischer Werte wie des Humanismus: „Was bedeutet Nihilismus? – *Dass die obersten Werte sich entwerten. Es fehlt das Ziel. Es fehlt die Antwort auf das ‚Wozu?'*".[312]

Was ich erzähle, ist die Geschichte der nächsten zwei Jahrhunderte. Ich beschreibe, was kommt, was nicht mehr anders kommen kann: *die Heraufkunft des Nihilismus*. Diese Geschichte kann jetzt schon erzählt werden: denn die Notwendigkeit selbst ist hier am Werke. Diese Zukunft redet schon in hundert Zeichen, dieses Schicksal kündigt überall sich an; für diese Musik der Zukunft sind alle Ohren bereits gespitzt. Unsre ganze europäische Kultur bewegt sich seit Langem schon mit einer Tortur der Spannung, die von Jahrzehnt zu Jahrzehnt wächst,

---

[312] Delius 2005, 92; Nietzsche, *Werke*, III, 557 (Hervorhebung im Original). Zu Nietzsches Kulturkritik und Nihilismusdiagnose vgl. Kohler 1998, 22.

wie auf eine Katastrophe los: unruhig, gewaltsam, überstürzt: einem Strom ähnlich, der ans *Ende* will, der sich nicht mehr besinnt, der Furcht davor hat, sich zu besinnen.[313]

Nietzsche glaubte, dass dieser Nihilismus eine schwache Form annehmen könnte, die nur die Verzweiflung gegenüber einem Nichts an Wahrheiten und moralischen Werten verberge und Zuflucht zu der (aus heutiger Sicht postmodernen) Parole ‚Erlaubt ist alles, was gefällt' nehme. So heißt es in *Zur Genealogie der Moral*: „‚Nichts ist wahr, alles ist erlaubt'... Wohlan, *das* war *Freiheit* des Geistes, *damit* war der Wahrheit selbst der Glaube *gekündigt*...". Nietzsche sah aber noch eine zweite Variante, in der sich der Nihilismus in einer starken Form als notwendiges Durchgangsstadium selbst überwinden und schließlich zu der besagten „Umwertung aller Werte" führen würde. Dies freilich gelingt Nietzsche zufolge nur den wenigen „Übermenschen". Ein Prüfstein für den Übermenschen ist wiederum die Lehre von der „ewigen Wiederkunft des Gleichen", Nietzsches „undurchsichtigstes Lehrstück" (so der Philosoph und Günter Abel), sein, wie Nietzsche selbst schreibt, „schwerster Gedanke".[314]

Dieses für seine Philosophie grundlegende Theorem entwickelte Nietzsche laut *Ecce homo* anlässlich eines Aufenthaltes im Engadin:

Ich erzähle nunmehr die Geschichte des Zarathustra. Die Grundkonzeption des Werks, der Ewige-Wiederkunfts-Gedanke, die höchste Formel der Bejahung, die überhaupt erreicht werden kann –, gehört in den August des Jahres 1881: er ist auf ein Blatt hingeworfen, mit der Unterschrift: „6000 Fuß jenseits von Mensch und Zeit".

Ich ging an jenem Tage am See von Silvaplana durch die Wälder; bei einem mächtigen pyramidal aufgetürmten Block unweit Surlei machte ich halt. Da kam mir dieser Gedanke.[315]

---

[313] Nietzsche, *Werke*, III, 634 (Hervorhebungen im Original).

[314] Delius 2005, 92; Kahl 2000, 8; Safranski 1998, 42f.; Nietzsche, *Werke*, II, 889 (Hervorhebung im Original).

[315] Nietzsche, *Werke*, II, 1128 (Hervorhebung im Original). Vgl. hierzu auch Raabe 2005, 68-70. Die Abbildung zeigt diesen sogenannten „Nietzsche-Stein" bzw. „Nietzsche-Felsen" am Silvaplanersee bei Surlei

Anfang August 1881 hielt Nietzsche in Sils-Maria, „6000 Fuß über dem Meere und viel höher über allen menschlichen Dingen!" hierzu fest:

> Das neue Schwergewicht: die ewige Wiederkunft des Gleichen. Unendliche Wichtigkeit unseres Wissens, Irrens, unsrer Gewohnheiten, Lebensweisen für alles Kommende. Was machen wir mit dem Reste unseres Lebens – wir, die wir den größten Teil desselben in der wesentlichsten Unwissenheit verbracht haben? Wir lehren die Lehre – es ist das stärkste Mittel, sie uns selber einzuverleiben. Unsre Art Seligkeit, als Lehrer der größten Lehre.[316]

Zum ersten Mal findet sich Nietzsches Gedanke von der ewigen Wiederkunft des Gleichen im 341. Aphorismus des Vierten Buches der *Fröhlichen Wissenschaft*. Außerhalb seines Nachlasses handelt es sich hierbei um die umfassendste und anschaulichste Beschreibung der Lehre, die hier bereits alle wesentlichen Elemente enthält:

> *Das größte Schwergewicht.* – Wie, wenn dir eines Tages oder Nachts ein Dämon in deine einsamste Einsamkeit nachschliche und dir sagte: „Dieses Leben, wie du es jetzt lebst und gelebt hast, wirst du noch einmal und noch unzählige Male leben müssen; und es wird nichts Neues daran sein, sondern jeder Schmerz und jede Lust und jeder Gedanke und Seufzer und alles unsäglich Kleine und Große deines Lebens muss dir wiederkommen, und alles in derselben Reihe und Folge – und ebenso diese Spinne und dieses Mondlicht zwischen den Bäumen, und ebenso dieser Augenblick und ich selber. Die ewige Sanduhr des Daseins wird immer wieder umgedreht – und du mit ihr, Stäubchen vom Staube!" – Würdest du dich nicht niederwerfen und mit den Zähnen knirschen und den Dämon verfluchen, der so redete? Oder hast du einmal einen ungeheuren Augenblick erlebt, wo du ihm antworten würdest: „du bist ein Gott und nie hörte ich Göttlicheres!" Wenn jener Gedanke über dich Gewalt bekäme, er würde dich, wie du bist, verwandeln und vielleicht zermalmen; die Frage bei allem und jedem: „willst du dies noch einmal und noch unzählige Male?" würde als das größte Schwergewicht auf deinem Handeln liegen! Oder wie müsstest du dir selber und dem Leben gut werden, um nach nichts *mehr zu verlangen* als nach dieser letzten ewigen Bestätigung und Besiegelung? –[317]

Ausdrücklich verkünden lässt Nietzsche diesen zentralen Gedanken seiner Philosophie, „die höchste Formel der Bejahung, die überhaupt er-

---

im Oberengadin. Ausführlich zu Nietzsches Aufenthalten im Engadin: Raabe 2005.

[316] Nietzsche, KGB, III/7/1, 130f.

[317] Nietzsche, *Werke*, II, 202f. (Hervorhebungen im Original).

reicht werden kann", in *Also sprach Zarathustra* durch Zarathustras Tiere (!):[318]

> Denn deine Tiere wissen es wohl, o Zarathustra, wer du bist und werden musst: siehe, *du bist der Lehrer der ewigen Wiederkunft* –, das ist nun *dein* Schicksal!
>
> Dass du als der erste diese Lehre lehren musst – wie sollte dies große Schicksal nicht auch deine größte Gefahr und Krankheit sein!
>
> Siehe, wir wissen, was du lehrst: dass alle Dinge ewig wiederkehren und wir selber mit, und dass wir schon ewige Male da gewesen sind, und alle Dinge mit uns.
>
> Du lehrst, dass es ein großes Jahr des Werdens gibt, ein Ungeheuer von großem Jahre: das muss sich, einer Sanduhr gleich, immer wieder von neuem umdrehn, damit es von neuem ablaufe und auslaufe: –
>
> – so dass alle diese Jahre sich selber gleich sind, im Größten und auch im Kleinsten, so dass wir selber in jedem großen Jahre uns selber gleich sind, im Größten und auch im Kleinsten.
>
> Und wenn du jetzt sterben wolltest, o Zarathustra: siehe, wir wissen auch, wie du da zu dir sprechen würdest – aber deine Tiere bitten dich, dass du noch nicht sterbest!
>
> Du würdest sprechen und ohne Zittern, vielmehr aufatmend vor Seligkeit: denn eine große Schwere und Schwüle wäre von dir genommen, du Geduldigster! –
>
> ,Nun sterbe und schwinde ich', würdest du sprechen, ,und im Nu bin ich ein Nichts. Die Seelen sind so sterblich wie die Leiber.
>
> Aber der Knoten von Ursachen kehrt wieder, in den ich verschlungen bin – der wird mich wieder schaffen! Ich selber gehöre zu den Ursachen der ewigen Wiederkunft.
>
> Ich komme wieder, mit dieser Sonne, mit dieser Erde, mit diesem Adler, mit dieser Schlange – *nicht* zu einem neuen Leben oder besseren Leben oder ähnlichen Leben:
>
> – ich komme ewig wieder zu diesem gleichen und selbigen Leben, im Größten und auch im Kleinsten, dass ich wieder aller Dinge ewige Wiederkunft lehre, –
>
> – dass ich wieder das Wort spreche vom großen Erden- und Menschen-Mittage, dass ich wieder den Menschen den Übermenschen künde. [...]'[319]

Nietzsches Lehre von der ewigen Wiederkunft des Gleichen umfasst, in dichterischen Andeutungen, Überlegungen zum Problem der Zeit, der Zeiterfahrung und der Seinsauffassung. In Kürze besagt sie, dass sich alles Geschehen, ohne jede Änderung und irgendeine Steigerung oder Ab-

---

[318] Delius 2005, 92.
[319] Nietzsche, *Werke*, II, 466f. (Hervorhebungen im Original).

schwächung, ewig wiederholt. Die in Nietzsches Augen ‚schwachen Ni-
hilisten' zerbrechen dabei an der Einsicht in die Sinnlosigkeit dieser
ewigen Wiederkehr, wohingegen die „Übermenschen" sie begrüßen, um
sie überwinden zu können. Stefan Zweig deutet Nietzsches Theorem gar
als eine „Apologie der Krankheit". Demnach habe Nietzsche seine bisweilen heftigen und langandauernden körperlichen Leiden als „seine
Krankheit für sich ‚entdeckt'" und „diese Leiden, diese Entbehrung für
ihn ‚zur Sache', zur heiligen, ihm einzig heiligen Sache seines Lebens"[320]
und damit zu einem Grundpfeiler seiner Existenz erhoben. So schreibt
Zweig:

> Und von diesem Augenblick an, wo sein Geist kein Mitleid mehr mit
> dem Körper hat, kein Mit-Leiden mit seinem Leiden, sieht er zum ers-
> ten Mal sein Leben in einer neuen Perspektive, seine Krankheit in tie-
> ferem Sinn. Mit ausgebreiteten Armen nimmt er sie in sein Schicksal
> wissend hinein als ein Notwendiges, und da er als der fanatische „Für-
> sprecher des Lebens" alles an seiner Existenz liebt, so sagt er auch zu
> seinem Leiden jenes hymnische Ja Zarathustras, jenes jubelnde „Noch
> einmal! noch einmal in alle Ewigkeit!" Aus dem bloßen Anerkennen
> wird ein Erkennen, aus dem Erkennen eine Dankbarkeit. […] Denn –
> so überjauchzt der Gequälte nun dankbar seine Qualen in seiner gro-
> ßen Hymne an den heiligen Schmerz – nur das Leiden allein macht
> wissend.[321]

Stefan Zweigs Auslegung stützt sich insbesondere auf einen Passus in
Nietzsches Vorrede zur *Fröhlichen Wissenschaft* (1882; 1887 ergänzt),
wo es heißt:

> Ein Philosoph, der den Gang durch viele Gesundheiten gemacht hat
> und immer wieder macht, ist auch durch ebenso viele Philosophien
> hindurchgegangen: er *kann* eben nicht anders, als seinen Zustand jedes
> Mal in die geistigste Form und Ferne umzusetzen – diese Kunst der
> Transfiguration *ist* eben Philosophie. Es steht uns Philosophen nicht
> frei, zwischen Seele und Leib zu trennen, wie das Volk trennt, es steht
> uns noch weniger frei, zwischen Seele und Geist zu trennen. Wir sind
> keine denkenden Frösche, keine Objektivier- und Registrier-Apparate
> mit kaltgestellten Eingeweiden – wir müssen beständig unsre Gedan-
> ken aus unsrem Schmerz gebären und mütterlich ihnen alles mitgeben,
> was wir von Blut, Herz, Feuer, Lust, Leidenschaft, Qual, Gewissen,
> Schicksal, Verhängnis in uns haben. Leben – das heißt für uns Philo-
> sophen alles, was wir sind, beständig in Licht und Flamme verwan-
> deln; auch alles, was uns trifft, wir *können* gar nicht anders. Und was
> die Krankheit angeht: würden wir nicht fast zu fragen versucht sein,

---

[320] Zweig 2009, 254 (Hervorhebung im Original).
[321] Zweig 2009, 254f.

ob sie uns überhaupt entbehrlich ist? Erst der große Schmerz ist der letzte Befreier des Geistes, als der Lehrmeister des *großen Verdachtes*, der aus jedem U ein X macht, ein echtes rechtes X, das heißt den vorletzten Buchstaben vor dem letzten... Erst der große Schmerz, jener lange langsame Schmerz, der sich Zeit nimmt, in dem wir gleichsam wie mit grünem Holze verbrannt werden, zwingt uns Philosophen, in unsre letzte Tiefe zu steigen und alles Vertrauen, alles Gutmütige, Verschleiernde, Milde, Mittlere, wohinein wir vielleicht vordem unsre Menschlichkeit gesetzt haben, von uns zu tun. Ich zweifle, ob ein solcher Schmerz "verbessert"– ; aber ich weiß, dass er uns *vertieft*.[322]

Angesichts dieser hyperbolischen Erhöhung des Leidens zum Mittel tiefster Erkenntnis hält Zweig jedoch Nietzsche vor, dieser sei „der eigenen Ekstase" erlegen und habe letztlich „seinen rasenden Willen zur Gesundheit mit der Gesundheit selbst" verwechselt:

[...] Leiden im Sinne Nietzsches ist ja nur das eine dunkle Ufer der Krankheit, das andere erglänzt in einem unsäglichen Licht, es heißt Genesen, und nur vom Ufer des Leidens wird es erreicht. Genesen, Gesundwerden bedeutet aber mehr als Erreichung des normalen Lebenszustandes, nicht nur Verwandlung, sondern unendlich mehr, es ist auch Steigerung, Erhöhung und Verfeinerung: man geht aus der Krankheit „gehäuteter, kitzliger, mit einem feineren Geschmack für die Freude, mit einer zarteren Zunge für alle guten Dinge, mit lustigeren Sinnen und einer zweiten gefährlicheren Unschuld in der Freude" hervor, kindlich zugleich und hundertmal raffinierter, als man je gewesen ist.[323] [...] Aber kaum dass Nietzsche den Sinn seines Leidens sich (sic) entdeckt und die große Wollust des Gesunden, so will er sie in ein Apostolat verwandeln, in den Sinn der Welt. Wie alle Dämonischen, erliegt er der eigenen Ekstase und kann nun nicht mehr satt werden an dem funkelnden Wechselspiel von Lust und Leiden; er will noch tiefer hinabgemartert sein in die Qual, um sich höher hinaufzuschwingen in das allerletzte, allerseligste, allerklarste, allerkraftvollste Genesen. Und in diesem funkelnden, lechzenden Rausch verwechselt

---

[322] Nietzsche, *Werke*, II, 12f. (Hervorhebungen im Original).

[323] Vgl. Nietzsche, Werke, II, 14f. (*Die fröhliche Wissenschaft*; Hervorhebung im Original), wo es, geringfügig abweichend von Zweigs Nietzsche-Zitat, heißt: „Zuletzt, dass das Wesentlichste nicht ungesagt bleibe: man kommt aus solchen Abgründen, aus solchem schweren Siechtum, auch aus dem Siechtum des schweren Verdachts, *neugeboren* zurück, gehäutet[,] kitzliger, boshafter, mit einem feineren Geschmacke für die Freude, mit einer zarteren Zunge für alle guten Dinge, mit lustigeren Sinnen, mit einer zweiten gefährlicheren Unschuld in der Freude, kindlicher zugleich und hundertmal raffinierter, als man jemals vorher gewesen war."

er allmählich seinen rasenden Willen zur Gesundheit mit der Gesundheit selbst, sein Fieber mit Vitalität, seinen Untergangstaumel mit errungener Kraft.[324]

Die Idee von der in sich kreisenden, ihren begrenzten Weltinhalt immer wieder aufs Neue durchspielenden Zeit hat eine lange Tradition und ist bereits in indischen Mythen, bei den Vorsokratikern oder auch in häretischen Unterströmungen des christlichen Abendlandes zu finden. Üblicherweise drückt sich im Bild der ewigen Wiederkehr eine resignative Weltmüdigkeit aus, da der kreisende Zeitumtrieb das Geschehen bis zur Sinnlosigkeit entleert. Nietzsche dagegen überführt diesen Mythos in eine autosuggestive Formel für die Überzeugung, dass, wenn jeder Augenblick wiederkehrt, das Hier und Jetzt die Würde des Ewigen erhält. Dem Transzendenten kommt dabei keine Funktion mehr zu.[325] So heißt es in *Jenseits von Gut und Böse*:

Wer, gleich mir, mit irgendeiner rätselhaften Begierde sich lange darum bemüht hat, den Pessimismus in die Tiefe zu denken und aus der halb christlichen, halb deutschen Enge und Einfalt zu erlösen, mit der er sich diesem Jahrhundert zuletzt dargestellt hat, nämlich in Gestalt der schopenhauerschen Philosophie; wer wirklich einmal mit einem asiatischen und überasiatischen Auge in die weltverneinendste aller möglichen Denkweisen hinein- und hinuntergeblickt hat – jenseits von Gut und Böse, und nicht mehr, wie Buddha und Schopenhauer, im Bann und Wahne der Moral –, der hat vielleicht ebendamit, ohne dass er es eigentlich wollte, sich die Augen für das umgekehrte Ideal aufgemacht: für das Ideal des übermütigsten, lebendigsten und weltbejahendsten Menschen, der sich nicht nur mit dem, was war und ist, abgefunden und vertragen gelernt hat, sondern es, *so wie es war und ist*, wiederhaben will, in alle Ewigkeit hinaus, unersättlich *da capo* rufend, nicht nur zu sich, sondern zum ganzen Stücke und Schauspiele, und nicht nur zu einem Schauspiele, sondern im Grunde zu dem, der gerade dies Schauspiel nötig hat – und nötig macht: weil er immer wieder sich nötig hat – und nötig macht – – Wie? Und dies wäre nicht – *circulus vitiosus deus*?[326]

---

[324] Zweig 2009, 256f.

[325] Safranski 2007, 298f.

[326] Nietzsche, *Werke*, II, 617 (Aphorismus 56; Hervorhebungen im Original). Die oxymoronische Wendung *circulus vitiosus deus* (lat.) kann auf Deutsch mit „der Teufelskreis als Gott" übersetzt werden, wodurch der auf diese Weise sakralisierte „Teufelskreis" eine fetischhaft-metaphysische Besetzung erfährt.

In Nietzsches Nachlass der 1880er Jahre finden sich schließlich noch folgende zusammenfassende Erläuterungen zu seinem „*schwersten* Gedanken":

Um den Gedanken der Wiederkunft zu *ertragen,* ist nötig: Freiheit von der Moral; – neue Mittel gegen die Tatsache des *Schmerzes* (Schmerz begreifen als Werkzeug, als Vater der Lust; es gibt kein *summierendes* Bewusstsein der Unlust); – der Genuss an aller Art Ungewissheit, Versuchhaftigkeit, als Gegengewicht gegen jenen extremen Fatalismus; – Beseitigung des Notwendigkeitsbegriffs; – Beseitigung des ‚Willens'; – Beseitigung der ‚Erkenntnis an sich'. *Größte Erhöhung des Kraft-Bewusstseins* des Menschen, als dessen, der den Übermenschen schafft.

1. Der Gedanke der ewigen Wiederkunft: seine Voraussetzungen, welche wahr sein müssten, wenn er wahr ist. Was aus ihm folgt.

2. Als der *schwerste* Gedanke: seine mutmaßliche Wirkung, falls nicht vorgebeugt wird, d. h. falls nicht alle Werte umgewertet werden.

3. Mittel, ihn zu *ertragen*: die Umwertung aller Werte. Nicht mehr die Lust an der Gewissheit, sondern an der Ungewissheit; nicht mehr ‚Ursache und Wirkung', sondern das beständig Schöpferische; nicht mehr Wille der Erhaltung, sondern der Macht; nicht mehr die demütige Wendung ‚es ist alles *nur* subjektiv', sondern ‚es ist auch *unser* Werk! – Seien wir stolz darauf!' [...]

Das Misstrauen gegen unsere früheren Wertschätzungen steigert sich bis zur Frage: „sind nicht alle ‚Werte' Lockmittel, mit denen die Komödie sich in die Länge zieht, aber durchaus nicht einer Lösung näherkommt?" Die *Dauer,* mit einem „Umsonst", ohne Ziel und Zweck, ist der *lähmendste* Gedanke, namentlich noch, wenn man begreift, dass man gefoppt wird und doch ohne Macht ist, sich nicht foppen zu lassen.

Denken wir diesen Gedanken in seiner furchtbarsten Form: das Dasein, so wie es ist, ohne Sinn und Ziel, aber unvermeidlich wiederkehrend, ohne ein Finale ins Nichts: „*die ewige Wiederkehr*". Das ist die extremste Form des Nihilismus: das Nichts (das „Sinnlose") ewig![327]

Was *ist*, ist – im heraklitischen Sinn – *Werden* und wiederholt sich immer wieder. Diese Erkenntnis führt bei Nietzsche letztlich in die absolute Verneinung des Existenzsinnes, in den Nihilismus und in die Erkenntnis des Todes Gottes. Gleichzeitig ist sie aber auch die größte Erheiterung und Befreiung. Der Wiederkunftslehre, die Nietzsche sowohl naturwissenschaftlich-kosmologisch als auch ethisch untermauern wollte, kommt grundlegende Bedeutung für sein Denken zu, stellt sie doch auf eine für

---

[327] Nietzsche, *Werke*, III, 438 u. 853 (Hervorhebungen im Original).

Nietzsche typisch paradoxe Weise eine Synthese des Endlichkeits- und Unendlichkeitsbedürfnisses des Menschen dar: Zunächst wird ein im Absoluten begründeter Endzweck des menschlichen Daseins von Nietzsche negiert. Sodann wird die daraus entstehende Bewegung des Nihilismus im mystischen Konzept des durch den „schwersten Gedanken" hindurch geschrittenen „Übermenschen" überwunden. Dadurch wird ein Prinzip der Übersehbarkeit und Ordnung in die Unruhe des endlosen Werdens und der ewigen Wiederholung eingebracht – der Gedanke des Entsetzens wandelt sich zum Gedanken des Halts und des Trosts (in *Also sprach Zarathustra* wird dieser Vorgang im Kapitel mit dem bezeichnenden Titel „Der Genesende" beschrieben).

Allerdings wird damit die Aufhebung der Metaphysik keineswegs endgültig, wie man dies bei Nietzsche erwarten würde. Denn selbst hier schleicht sich abermals ein Paradoxon ein: An dem Punkt nämlich, an dem sich die Welt auf erschreckende Weise in sich selbst schließt und keinerlei Ausblicke und Hoffnungen auf ein Absolutes, Letztgültiges mehr zu gestatten scheint, folgt sie im Grunde eben doch einem Ordnungsprinzip. Und dieses wird, wie Georg Simmel konstatiert, dem „erlebten" Menschen zu Halt und Trost, „denn das grenzenlose Weitergetriebenwerden, in dem Unrast seiner Natur sich mit jener Verneinung eines Weltzweckes zusammenfand, war damit wenigstens zu den Umfangsgrenzen und der Formbestimmtheit des ‚Ringes' umgebogen."[328]

Nietzsche kam es also auf die Heiligung des Diesseits, die Beseligung im Jetzt an,[329] und dies unterscheidet seinen Atheismus vom modernen Nihilismus. Denn seiner Ansicht nach hatte man dem Leben bis dahin einen transzendenten, stets auf das Jenseits gerichteten Sinn und Wert beigemessen. Wenn nun aber dieser Sinn schwindet, bleibt ein entleertes Leben im profanen Diesseits zurück. Der moderne Nihilismus, so Nietzsche, verliere die bis dato gültigen Werte des Jenseits, freilich ohne das Diesseits als eigenen Wert zu gewinnen. Sein Zarathustra „unterweist in der Kunst, wie man gewinnt, wenn man verliert." (SAFRANSKI). Dieses erneute Paradoxon erinnert an die Formel „Wer verliert, gewinnt" („un jeu à qui perd gagne") des französischen Soziologen und Ethnologen Pierre Bourdieu. Bourdieus These zufolge können die je nach sozialem Gefüge unterschiedlich wirksamen „Kapitalsorten" (ökonomisches, soziales, kulturelles oder symbolisches Kapital) als ‚gespeicherte' Macht in

---

[328] Haas 1998, 40 (Zitat ebd.); vgl. hierzu auch Häußling 2000, 159-161.
[329] Zweig 2009, 297f.

einem gegebenen Kontext eingesetzt werden. Verlust wird, je nach Situation und Konstellation, in Gewinn umgewandelt.[330]

Alle vormals dem Jenseitssinn innewohnenden Ekstasen, Beseligungen, Intensitäten und Himmelfahrten des Gefühls sollten sich im diesseitigen Leben sammeln: „der Erde treu bleiben" (*Also sprach Zarathustra*), diese gleichzeitig aber doch überschreiten. Dies ist es, was Nietzsche seinem „Übermenschen" abverlangt, der, wie ihn Nietzsche entworfen hat, frei von Religion ist – nicht etwa, weil er sie verloren oder aufgegeben, sondern weil er sie in sich zurückgenommen hat. Damit einhergehend will Nietzsches Mythos von der „ewigen Wiederkehr" die heiligenden Kräfte für das Diesseits bewahren. Nietzsche, der allen gebieterischen Aufrufen des „Du sollst" eine Absage erteilt, lehrt hier ein neues „Du sollst", gewissermaßen seinen eigenen kategorischen Imperativ: „Du sollst den Augenblick so leben, dass er Dir ohne Grauen wiederkehren kann! Du sollst zu jedem Augenblick sagen können: Noch einmal!"[331] (SAFRANSKI). Und in einem Nachlassfragment Nietzsches heißt es:

> Tatsächlich haben wir ein Gegenmittel gegen den *ersten* Nihilismus nicht mehr so nötig: das Leben ist nicht mehr dermaßen ungewiss, zufällig, unsinnig in unserem Europa. Eine solch ungeheure *Potenzierung vom Wert* des Menschen, vom Wert des Übels usw. ist jetzt nicht so nötig, wir ertragen eine bedeutende *Ermäßigung* dieses Wertes, wir dürfen viel Unsinn und Zufall einräumen: die erreichte *Macht* des Menschen erlaubt jetzt eine *Herabsetzung* der Zuchtmittel, von denen die moralische Interpretation das stärkste war. „Gott" ist eine viel zu extreme Hypothese.[332]

Nietzsche glaubte, dass der zivilisatorische und wissenschaftlich-technische Fortschritt seines Zeitalters eine Milderung der Daseinsrisiken zur Folge hatte, aber auch neue Reflexionschancen bot und dadurch ein Nachdenken gestattete, das die Transzendenzversprechen von Platon, der Bibel bis hin zum hegelschen Begriff einer vernünftigen Universalgeschichte skeptisch zersetzte. Mit dem Postulat „Gott ist tot!" sollte zudem der Wagnis- und Spielcharakter des menschlichen Daseins offenbart werden.[333] Und als „Übermensch" sollte gelten, wer die Kraft und Leich-

---

[330] Safranski 2007, 298 u. Botton 2001, 249-296. Zu Bourdieus „Wer verliert, gewinnt" vgl. Bourdieu 1999, 345 (Zitat) sowie Seljak 2010b, 233-235.

[331] Safranski 2007, 299.

[332] Nietzsche, *Werke*, III, 856 (Hervorhebungen im Original).

[333] Dies evoziert Schillers Spieltheorie und sein damit verbundenes Diktum, dass der Mensch nur da ganz Mensch sei, wo er spiele. Das Spiel stellt bei Schiller einen zentralen Begriff in seiner Philosophie der Freiheit dar

tigkeit besitzt, bis in diese Dimension des Weltspiels vorzudringen. Denn Nietzsches Transzendieren geht genau in diese Richtung: hin zum großen Spiel als (Ur-)Grund des Seins. Deshalb ermunterte er dazu, das eigene Leben zum Kunstwerk zu erheben und sich das Recht zur Souveränität der existentiellen Selbstgestaltung zu nehmen, wodurch er wiederum in die Nähe Wagners rückte. Es ist dieser Aspekt, der zuallererst Nietzsches ominösem „Willen zur Macht" zugrunde liegt.[334] So ruft er in *Menschliches, Allzumenschliches* dem freien Geist, der über sich hinauszuwachsen bereit ist, seine Wahlsprüche zu:

> „Du solltest Herr über dich werden, Herr auch über die eigenen Tugenden. Früher waren *sie* deine Herren; aber sie dürfen nur deine Werkzeuge neben andren Werkzeugen sein. Du solltest Gewalt über dein Für und Wider bekommen und es verstehn lernen, sie aus- und wieder einzuhängen, je nach deinem höheren Zwecke. Du solltest das Perspektivische in jeder Wertschätzung begreifen lernen – die Verschiebung, Verzerrung und scheinbare Teleologie der Horizonte und was alles zum Perspektivischen gehört; auch das Stück Dummheit in Bezug auf entgegengesetzte Werte und die ganze intellektuelle Einbuße, mit der sich jedes Für, jedes Wider bezahlt macht. Du solltest die *notwendige* Ungerechtigkeit in jedem Für und Wider begreifen lernen, die Ungerechtigkeit als unablösbar vom Leben, das Leben selbst als *bedingt* durch das Perspektivische und seine Ungerechtigkeit. Du solltest vor allem mit Augen sehn, wo die Ungerechtigkeit immer am größten ist: dort nämlich, wo das Leben am kleinsten, engsten, dürftigsten, anfänglichsten entwickelt ist und dennoch nicht umhin kann, *sich* als Zweck und Maß der Dinge zu nehmen und seiner Erhaltung zuliebe das Höhere, Größere, Reichere heimlich und kleinlich und unablässig anzubröckeln und in Frage zu stellen, – du solltest das Problem der *Rangordnung* mit Augen sehn, und wie Macht und Recht und Umfänglichkeit der Perspektive miteinander in die Höhe wachsen. Du solltest" – genug, der freie Geist *weiß* nunmehr, welchem „du sollst" er gehorcht hat, und auch, was er jetzt *kann*, was er jetzt erst – *darf...*[335]

In einer „Ansprache des Jahrhunderts an die Seinen" postuliert Peter Sloterdijk, nicht nur direkt auf Nietzsche bezogen, sondern in geradezu existentialistischer, an Jean-Paul Sartres Dekret „l'homme n'est rien d'autre

---

und steht für den ästhetischen, „dritten" Zustand neben den beiden Zwängen der Naturtriebe und der Moral.

[334] Safranski 2007, 298f.; Kohler 1998, 23; Nietzsche, *Werke*, III, 868, 887, 902 u. 906f.

[335] Nietzsche, *Werke*, I, 443 (Hervorhebungen im Original).

que ce qu'il se fait"[336] („der Mensch ist genau das, was er aus sich macht") erinnernder Manier:

> Liefere dich Prüfungen aus! Lege deine Akte an. Sammle Hinweise, die verstehen lassen, dass es dich geben musste. Setze dich selbst, bringe dein Thema zum Zuge! Weil Kraft zur Setzung alles ist, vergiss nicht, dein Zeichen aufzustellen. Nimm teil an dem Experiment, das zeigen wird, was geht und hält; lass zu, dass vieles an sich selber scheitert! Die Welt ist Versuch geworden – wer nicht versucht hat, wird nicht zur Welt gekommen sein. Es gibt nur einen Fehler, den, latent zu bleiben. Klugheit bedeutet für die Zukunft: Der Versuchung durch Spurlosigkeit widerstehen.[337]

Der neue Weltzustand erfährt in Nietzsches *Also sprach Zarathustra* seine Sprachwerdung. Das Experimentiergebot, das Sloterdijk dieser Schrift entnimmt und zur Diskussion stellt, will, ähnlich wie zuvor das Gesetz und die Liebe, verkündet sein. Der postulierte Lebensakt des permanenten Versuchens verharrt dabei nicht im Zustand des Auf-der-Stelle-Tretens, sondern wird zum schöpferischen Prinzip erhoben: Versuchen heißt Schaffen. Sloterdijk veranschaulicht dies mit Blick auf einen Passus im *Zarathustra*, der den „Seiltänzer" als Experimentator und Schöpfer von Wagnissen, als ungesichert auf dem Seil tanzenden Teilnehmer am Aufbruch ins Ungewisse erscheinen lässt:

> Zarathustra […] sprach […] also:
> Der Mensch ist ein Seil, geknüpft zwischen Tier und Übermensch – ein Seil über einem Abgrunde.
> Ein gefährliches Hinüber, ein gefährliches Auf-dem-Wege, ein gefährliches Zurückblicken, ein gefährliches Schaudern und Stehenbleiben.
> Was groß ist am Menschen, das ist, dass er eine Brücke und kein Zweck ist: was geliebt werden kann am Menschen, das ist, dass er ein *Übergang* und ein *Untergang* ist.[338]

Die Moderne, wie Nietzsche sie dachte, implizierte demzufolge „die Betroffenheit von dem Zwang zu wählen zwischen der Selbsterhaltung in stationären Verhältnissen und der Steigerung durch Versuche." (SLOTERDIJK). Insofern hängt das Maß der Modernität, ihr „Wie viel", von der Freiwilligkeit für das Wagnis des höheren Experiments ab, also für den Mut, meinungsaktiv an dem Punkt anzuknüpfen, der bis dahin den Stand der Kunst markiert hat. Die „Ermittlung nach den Akteuren der Moderne ist ihr Vollzug" (SLOTERDIJK), das Transzendieren des Statio-

---

[336] Zitiert nach Bayer 1992, 23, Anm. 12.
[337] Sloterdijk 2006, 1.
[338] Nietzsche, *Werke*, II, 281 (Hervorhebungen im Original).

nären, Festgefügten hin zum schöpferischen ‚Trial and Error' ihre Maxime.[339]

Eng verbunden mit dem Gedanken von der ewigen Wiederkunft des Gleichen, der eine neue, lebensbejahende Moral begründete, ist der von Nietzsche geprägte Begriff des *Amor fati* (lat.; dt. „Liebe zum Schicksal"). Laut Nietzsche ist der *Amor fati* die „Formel für die Größe am Menschen" (*Ecce homo*) und damit die Bezeichnung des höchsten Zustands und der deutlichsten Lebensbejahung, die ein Philosoph erreichen kann: „Meine Formel für die Größe am Menschen ist *amor fati: dass man nichts anders haben will, vorwärts nicht, rückwärts nicht, in alle Ewigkeit nicht. Das Notwendige nicht bloß ertragen, noch weniger verhehlen – aller Idealismus ist Verlogenheit vor dem Notwendigen –, sondern es lieben...*" (*Ecce homo*). Nietzsches *Amor fati* ist demnach nicht nur die Akzeptanz, sondern die ausdrückliche Bejahung des notwendigen Geschicks als Zeichen für menschliche Größe.[340] So heißt es in Aphorismus 276 der *Fröhlichen Wissenschaft*:

> *Zum neuen Jahre.* – Noch lebe ich, noch denke ich: ich muss noch leben, denn ich muss noch denken. *Sum, ergo cogito: cogito, ergo sum.*

---

[339] Sloterdijk 2006, 1f. (Zitate ebd.).

[340] Zweig 2009, 289; Haas 1998, 40; Nietzsche, *Werke*, II, 1098 (Hervorhebung im Original); vgl. hierzu auch Kahls Kritik an Nietzsches *Amor fati* (Kahl 2000, 9). Kahl sieht in Nietzsches These einen weiteren gescheiterten Versuch, die „religiöse Theodizee-Problematik zu bewältigen". Unter der „Theodizee" sind Antwortversuche angesichts des von Gott in der Welt zugelassenen Übels zu verstehen. Der Begriff bedeutet wörtlich übersetzt „Rechtfertigung Gottes" (aus altgriech. *theós* „Gott" und *díke* „Gerechtigkeit" bzw. *dikazein* „Recht sprechen", „richterlich entscheiden") und geht auf den Mathematiker und Philosophen Gottfried Wilhelm Leibniz zurück. Leibniz entfaltet in seiner 1710 in Amsterdam veröffentlichten Schrift *Essais de théodicée sur la bonté de Dieu, de la liberté de l'homme et l'origine du mal* eine Theorie der Rechtfertigung Gottes angesichts des physischen und moralischen Übels in der Welt und bringt das Argument ein, dass diese unsere Welt „die beste aller möglichen Welten" sei („*le meilleur des mondes possibles*") und die Totalität der Schöpfung, mithin alles Existierende, umfasse. Aus diesem Grunde widerspreche die Existenz des Bösen in der Welt nicht der Güte Gottes. Das klassische philosophische wie auch theologische Theodizee-Problem betrifft in erster Linie jene religiösen Traditionen – mithin die Abrahamitischen Religionen –, die von der Existenz eines allmächtigen, allgütigen und allwissenden Gottes, also des Guten schlechthin, ausgehen und nach der Vereinbarkeit der Existenz eines solchen Gottes mit dem Vorhandensein des Bösen in der Schöpfung fragen.

Heute erlaubt sich jedermann, seinen Wunsch und liebsten Gedanken auszusprechen: nun, so will auch ich sagen, was ich mir heute von mir selber wünschte und welcher Gedanke mir dieses Jahr zuerst über das Herz lief – welcher Gedanke mir Grund, Bürgschaft und Süßigkeit alles weiteren Lebens sein soll! Ich will immer mehr lernen, das Notwendige an den Dingen als das Schöne sehen – so werde ich einer von denen sein, welche die Dinge schön machen. *Amor fati*: das sei von nun an meine Liebe! Ich will keinen Krieg gegen das Hässliche führen. Ich will nicht anklagen, ich will nicht einmal die Ankläger anklagen. *Wegsehen* sei meine einzige Verneinung! Und, alles in allem und großen: ich will irgendwann einmal nur noch ein Jasagender sein![341]

Somit stellt sich die Frage, ob jemand angesichts des abgründigen Welt-Bezugs zu leben vermag und bereit ist, sich auf die apollinisch-dionysische Widerwendigkeit des Welt-Spieles einzulassen. Denn genau das heißt bei Nietzsche „dionysisch zum Dasein stehen".[342] Umfassend und zugleich abschließend definiert Nietzsche seine Formel des *Amor fati* in einem Nachlassfragment aus dem Jahre 1888. Dieses ist auch insofern von eminenter Bedeutung, als Nietzsche darin die wesentlichen Postulate seiner Philosophie aufführt und miteinander verbindet:

Mein neuer Weg zum „Ja". – Philosophie, wie ich sie bisher verstanden und gelebt habe, ist das freiwillige Aufsuchen auch der verabscheuten und verruchten Seiten des Daseins. Aus der langen Erfahrung, welche mir eine solche Wanderung durch Eis und Wüste gab, lernte ich alles, was bisher philosophiert hat, anders ansehn – die *verborgene* Geschichte der Philosophie, die Psychologie ihrer großen Namen kam für mich ans Licht. „Wie viel Wahrheit *erträgt,* wie viel Wahrheit *wagt* ein Geist?" – dies wurde für mich der eigentliche Wertmesser. Der Irrtum ist eine *Feigheit*... jede Errungenschaft der Erkenntnis *folgt* aus dem Mut, aus der Härte gegen sich, aus der Sauberkeit gegen sich... Eine solche *Experimental-Philosophie*, wie ich sie lebe, nimmt versuchsweise selbst die Möglichkeiten des grundsätzlichsten Nihilismus vorweg: ohne dass damit gesagt wäre, dass sie bei einer Negation, beim Nein, bei einem Willen zum Nein stehen bliebe. Sie will vielmehr bis zum Umgekehrten hindurch – bis zu einem *dionysischen Ja-sagen* zur Welt, wie sie ist, ohne Abzug, Ausnahme und Auswahl –, sie will den ewigen Kreislauf – dieselben Dinge, dieselbe Logik und Unlogik der Verknotung. Höchster Zustand, den ein Philosoph erreichen kann: dionysisch zum Dasein stehn – : meine Formel dafür ist *amor fati*. Hierzu gehört, die bisher *verneinten*

---

[341] Nietzsche, *Werke*, II, 161 (Hervorhebungen im Original).

[342] Böning 1988, 319; Nietzsche, *Werke*, III, 834. Safranski (2007, 325) spricht von „Nietzsches Idee vom Zweikammersystem der Kultur, wo in der einen Kammer genialisch und romantisch eingeheizt und in der anderen lebenserhaltend und vernünftig heruntergekühlt wird."

Seiten des Daseins nicht nur als *notwendig* zu begreifen, sondern als wünschenswert: und nicht nur als wünschenswert in Hinsicht auf die bisher bejahten Seiten (etwa als deren Komplemente oder Vorbedingungen), sondern um ihrer selber willen, als der mächtigeren, fruchtbareren, *wahreren* Seiten des Daseins, in denen sich sein Wille deutlicher ausspricht. Insgleichen gehört hierzu, die bisher allein *bejahte* Seite des Daseins abzuschätzen; zu begreifen, woher diese Wertung stammt und wie wenig sie verbindlich für eine dionysische Wertabmessung des Daseins ist: ich zog heraus und begriff, *was* hier eigentlich ja sagt (der Instinkt der Leidenden einmal, der Instinkt der Herde andrerseits und jener dritte, der *Instinkt der meisten* gegen die Ausnahmen –). Ich erriet damit, inwiefern eine stärkere Art Mensch notwendig nach einer anderen Seite hin sich die Erhöhung und Steigerung des Menschen ausdenken müsste: *höhere Wesen,* jenseits von Gut und Böse, jenseits von jenen Werten, die den Ursprung aus der Sphäre des Leidens, der Herde und der meisten nicht verleugnen können – ich suchte nach den Ansätzen dieser umgekehrten Idealbildung in der Geschichte (die Begriffe „heidnisch", „klassisch", „vornehm" neu entdeckt und hingestellt –).[343]

---

[343] Nietzsche, *Werke*, III, 834f. (Hervorhebungen im Original).

Nietzsches Sturz in die Härte des Daseins und sein Scheitern am eigenen Ideal

> *Am Scheidewege.* – Pfui! Ihr wollt in ein System hinein, wo man entweder Rad sein muss, voll und ganz, oder unter die Räder gerät! Wo es sich von selber versteht, daß jeder das *ist*, wozu er von oben her *gemacht* wird! Wo das Suchen nach „Konnexion" zu den natürlichen Pflichten gehört?
>
> *Nietzsche*, Morgenröte. Gedanken über die moralischen Vorurteile (1881)[344]

Nietzsches neue, eigene Religion war die der radikalen Diesseitsüberglänzung. In seinem *Amor fati* ging er so weit, dass er postulierte: „*Aus der Kriegsschule des Lebens.* – Was mich nicht umbringt, macht mich stärker.*" (Götzen-Dämmerung)*[345] Und in der Tat: Bis zum Schluss kämpfte Nietzsche um den „ironischen Widerstand", auch gegen sich selbst. Gefordert war die ins Existentielle gewendete romantische Ironie. So schreibt er in *Ecce homo*:

> Ich *will* keine „Gläubigen", ich denke, ich bin zu boshaft dazu, um an mich selbst zu glauben, ich rede niemals zu Massen… Ich habe eine erschreckliche Angst davor, dass man mich eines Tags *heilig* spricht […] Ich will kein Heiliger sein, lieber noch ein Hanswurst… Vielleicht bin ich ein Hanswurst. (*Ecce homo*)

Und in Nietzsches Brief vom 29. Juli 1888 an Carl Fuchs heißt es:

> Es ist durchaus *nicht* nötig, nicht einmal *erwünscht,* Partei dabei für mich zu nehmen: im Gegenteil, eine Dosis Neugierde, wie vor einem fremden Gewächs, mit einem ironischen Widerstande, schiene mir eine unvergleichlich *intelligentere* Stellung zu mir.[346]

Nietzsches eigentliche Tragödie begann, als er sich bis zum Exzess, bis zum rauschhaften Umgewandeltwerden verlor, „sich mit sich selbst verwechselte und mit Leib und Leben in jene Bilder stürzte, die er sich ausgedacht hatte." (SAFRANSKI). Doch sogar in den „Wahnsinnszetteln", die er noch während seines geistigen Zusammenbruchs aus Turin ver-

---

[344] Nietzsche, KGW, V/1, 148 (Drittes Buch, Aphorismus 166; Hervorhebungen im Original).

[345] Nietzsche, *Werke*, III, 943. Vgl. hierzu auch Zweig 2009, 297f. u. Raabe 2005, 46.

[346] Safranski 2007, 300; Nietzsche, *Werke*, II, 1152 u. III, 1308 (Hervorhebungen im Original).

schickte, flammt der „ironische Widerstand" ein letztes Mal auf, so etwa in seinem Schreiben vom 6. Januar 1889 an Jacob Burckhardt:[347]

> Lieber Herr Professor, zuletzt wäre ich sehr viel lieber Basler Professor als Gott; aber ich habe es nicht gewagt, meinen Privat-Egoismus so weit zu treiben, um seinetwegen die Schaffung der Welt zu unterlassen. Sie sehen, man muss Opfer bringen, wie und wo man lebt.[348]

Nietzsche hatte sich zu weit vorgewagt und an das Ungeheure des Lebens verloren. Er verbrannte sich in unablässigen Selbstaufzehrungen, sein Weg war, so Stefan Zweig, eine einzige Flamme. Er zerbrach an seiner tiefen Vereinsamung und zugleich am Versuch, der Poet und Gestalter seiner eigenen Existenz zu sein, sich und seiner Umwelt eine neue Lebens- und Daseinsregel und damit eine selbstbestimmte Freiheit im weitesten Sinne zu schaffen. Stefan Zweig verdichtet Nietzsches Impetus gegen die althergebrachte ‚Welt-Vorstellung' zu der Feststellung:

> Wie Hammerschläge fallen seine Worte gegen das ganze Weltgebäude: er verlangt, dass der Kalender umgestellt werde von der Geburt Christi auf das Erscheinen seines Antichrists, er stellt sein Bildnis über alle Gestalten aller Zeiten – selbst der kranke Wahn Nietzsches ist noch größer als jener aller andern im Geist Geblendeten; auch hier wie in allem durchwaltet ihn das herrlichste, das tödlichste Zuviel. […] Immer ist Freiheit Nietzsches letzter Sinn – Sinn seines Lebens und Sinn seines Untergangs.[349]

Nietzsches Werk wirkte, indem es alles Vertraute, Traditionelle, bereits Durch(ge)dachte, Plausible und für die Gegenwart Anwendbare von sich warf, auf viele seiner Zeitgenossen höchst irritierend, skandalaffin, ja, abstoßend. Jedes neue Buch, jedes Werk kostete ihn Freundschaften und Beziehungen: erst die Philologen, dann Wagner und dessen geistigen Kreis, schließlich seine Jugendgefährten. Verleger für seine Schriften gab es in Deutschland ohnehin kaum mehr. Nietzsche verlor sich in jener „einsamsten Einsamkeit"[350], die er in der *Fröhlichen Wissenschaft* noch beschworen hatte, um seinen Gedanken der ewigen Wiederkunft des Gleichen zu veranschaulichen. Jegliche Inspiration hatte ihn verlassen, tiefes Schweigen umhüllte ihn. Er, der sich selbst „fromm nur als ‚Mundstück jenseitiger Imperative'"[351] gefühlt hatte, fand nunmehr weder Zuflucht beim metaphysischen Trost der Kunst, bei einem Mythos, einem Gott oder bei Antworten auf seine großen Fragen: Der euphori-

---

[347] Zweig 2009, 294; Safranski 2007, 300f. (Zitat 300).

[348] Nietzsche, *Werke*, III, 1351.

[349] Zweig 2009, 320 u. 325.

[350] Vgl. Seite 152.

[351] Zweig 2009, 316.

sche „halkyonische Ton", das mythisch und musikalisch geformte, mit Klarheit, Ruhe und stillgestellter Zeit gesättigte Seligkeitszeichen, war verklungen.[352] Das in *Also sprach Zarathustra* noch willkommen geheißene „lange Schweigen"[353] hatte Nietzsche erschöpft. Sein Tanz über dem in *Jenseits von Gut und Böse* evozierten Abgrund, endete mit dem Sturz in ebendiesen Abgrund: „Wer mit Ungeheuern kämpft, mag zusehn, dass er nicht dabei zum Ungeheuer wird. Und wenn du lange in einen Abgrund blickst, blickt der Abgrund auch in dich hinein."[354]

Franz Overbeck teilte übrigens die Ansichten des Arztes Paul Julius Möbius über Nietzsches Krankheit nicht. Möbius zufolge lag im „irreligiösen Individualismus" nicht nur eines der Hauptmerkmale des Zeitalters, sondern auch eine der Hauptursachen für Nietzsches geistige Erkrankung. Overbeck glaubte demgegenüber, dass Nietzsches Schwierigkeiten und Widersprüche gerade durch das anhaltend lebendige religiöse Element in ihm gesteigert wurden (was auch Nietzsches ambivalente Haltung zu Wagners *Parsifal* erklären könnte):[355]

---

[352] Schneider 1998, 84.

[353] „Aller guten Dinge Ursprung ist tausendfältig – alle guten mutwilligen Dinge springen vor Lust ins Dasein: wie sollten sie das immer nur – einmal tun!

Ein gutes mutwilliges Ding ist auch das lange Schweigen und gleich dem Winter-Himmel blicken aus lichtem rundäugichtem Antlitze: –

– gleich ihm seine Sonne verschweigen und seinen unbeugsamen Sonnen-Willen: wahrlich, diese Kunst und diesen Winter-Mutwillen lernte ich gut!

Meine liebste Bosheit und Kunst ist es, dass mein Schweigen lernte, sich nicht durch Schweigen zu verraten." (*Also sprach Zarathustra*; Nietzsche, *Werke*, II, 423, Hervorhebung im Original).

[354] Nietzsche, *Werke*, II, 636 (Aphorismus bzw. Spruch 146).

[355] Zweig 2009, 288 u. 308-322; Safranski 2007, 303; Gossman 2005, 558. Nietzsches Zusammenbruch Anfang Januar 1889 in Turin, mithin seine finale Krise, durch die er sich der Welt geistig für immer entzog, wurde in der Forschung wiederholt auf ihre möglichen Ursachen hin untersucht. Allerdings gibt es hierzu weder endgültige Klarheit noch ist eine abschließende Meinung gebildet worden (vgl. Laska 2002). Während Pia Volz (1990) die seit Möbius (1902) vorherrschende Meinung vertritt, Nietzsches Zusammenbruch habe infolge einer Syphilis im tertiären Stadium und einer progressiven Paralyse primär exogene Ursachen gehabt, betrachten der Neurologe und Psychiater Richard Schain (2001) sowie sein Kollege Louis Corman (1982) diese Diagnose als unhaltbar und plädieren für endogene Ursachen.

Nietzsche hat sich als Individuum wirklich stets mit religiösem Ernst genommen, und daran hängt seine sonst unbegreifliche Doppelgesichtigkeit der wütenden Natur, des Fanatikers, als den er sich selbst zeitweise erkannt –, und des Mustermenschen, und ebenso auch sein Immoralismus findet hier allein seine Erklärung. Er hängt an seinem religiösen Fanatismus weit mehr als an irgendwelcher Laxheit […].[356]

Overbeck besaß das feine Gespür, um „ein ganz anderes Gefühl" aus dem scheinbar so triumphalisch-egozentrischen Klang der Worte Nietzsches herauszuhören – nämlich die Resonanz einer unheimlich und furchtbar empfindlichen Seele, die sich ein eigenes Tiefenbewusstsein für die Vorgänge am Grund kollektiver und individueller Selbstbestimmung bewahrt hat.[357] Lou Andreas-Salomé charakterisiert den Philosophen in ihrem noch zu Nietzsches Lebzeiten erschienenen Buch *Nietzsche in seinen Werken* (1894) sogar als „homo religiosus", dessen Weg vom Verlust des christlichen Gottesglaubens zur Selbstvergottung geführt habe:

Der *Meinungswechsel*, der *Wandlungsdrang* stecken […] der Philosophie Nietzsches tief im Herzen, sie sind durchaus bestimmend für die Art seines Erkennens. Nicht umsonst nennt er sich im Schlusslied von „Jenseits von Gut und Böse" einen: „Ringer, der zu oft sich selbst bezwungen, – Zu oft sich gegen eigne Kraft gestemmt, – Durch eignen Sieg verwundet und gehemmt."[358]

Bezeichnenderweise stellt gerade der „letzte Papst" in *Also sprach Zarathustra* fest:

[…] o Zarathustra, du bist frömmer als du glaubst, mit einem solchen Unglauben! Irgendein Gott in dir bekehrte dich zu deiner Gottlosigkeit. Ist es nicht deine Frömmigkeit selber, die dich nicht mehr an einen Gott glauben lässt? Und deine übergroße Redlichkeit wird dich auch noch jenseits von Gut und Böse wegführen![359]

---

[356] Gossman 2005, 558.

[357] Kohler 1998, 22.

[358] Andreas-Salomé 2000, 47 (Hervorhebungen im Original); vgl. auch Kahl 2000, 6.

[359] Nietzsche, *Werke*, II, 500. Im Gegensatz dazu stellt Kahl (2000, 7) bei Nietzsche eine „bleibende antireligiöse Fixiertheit" fest. Vgl. in diesem Zusammenhang auch Nietzsches Invektive gegen seine Mutter und seine Schwester: „Wenn ich den tiefsten Gegensatz zu mir suche, die unausrechenbare Gemeinheit der Instinkte, so finde ich immer meine Mutter und Schwester, – mit solcher canaille mich verwandt zu glauben wäre eine Lästerung auf meine Göttlichkeit." (zitiert nach Nietzsche, KGB, III/7/3,1, 42).

Und selbst Nietzsches Idee des „Übermenschen" hielt Overbeck für ein Residuum, ein Überbleibsel jenes philosophischen Idealismus, den Nietzsche eigentlich immer wieder zu dekuvrieren suchte.[360] Es scheint, als ob Nietzsches Selbstbewusstsein und seine davon unterströmten, in die Zukunft weisenden philosophischen Schriften sowie die ihm – z. T. auch unbewusst – innewohnenden rückwärtsgewandten Tendenzen auseinanderklafften. Nietzsche verfügte in der Tat über ein außerordentliches Selbstvertrauen, das er sich zugleich aber auch stets einredete, indem er es schreibend heraufbeschwor. So heißt es zu Beginn des Kapitels „Warum ich ein Schicksal bin" von *Ecce homo* prophetisch: „Ich kenne mein Los. Es wird sich einmal an meinen Namen die Erinnerung an etwas Ungeheures anknüpfen – an eine Krisis, wie es keine auf Erden gab, an die tiefste Gewissens-Kollision, an eine Entscheidung, heraufbeschworen *gegen* alles, was bis dahin geglaubt, gefordert, geheiligt worden war. Ich bin kein Mensch, ich bin Dynamit." Adorno zog denn auch eine Parallele zwischen den seiner Ansicht zu weit ins Positive hinausgreifenden Jubelfinalsätzen in Mahlers Sinfonien und Nietzsches Philosophieren: Wenn nämlich Nietzsche Werte verkünde, aus bloßer Gesinnung rede, mithin „jenen abscheulichen Begriff der Überwindung" praktiziere, so Adorno, überschlage sich – wie bei Mahler – seine Stimme.[361] Entgegen allen Bestrebungen und Hoffnungen Nietzsches war das Glück, wie er es sah und frei von jedem metaphysischen Trost definierte, weder bei ihm selbst noch beim „Menschentum" angekommen:

Er […], „der Mörder Gottes", hat nicht Gott und nicht Menschen mehr: je mehr er sich selbst gewinnt, um so mehr hat er die Welt verloren; je weiter er wandert, desto weiter wächst „die Wüste" um ihn. Sonst verstärken die einsamsten Bücher langsam und still ihre menschenmagnetische Macht: mit dunkel wirkender Kraft ziehen sie einen wachsenden Kreis um ihre noch unsichtbare Gegenwart; Nietzsches Werk aber übt eine repulsive Wirkung, es drängt in gesteigertem Maße alles Befreundete von ihm ab und schält ihn immer gewaltsamer aus der Gegenwart heraus.[362]

---

[360] Gossman 2005, 558.

[361] Precht 2007, 26; Safranski 1998, 42; Adorno 1960, 180f.; Nietzsche, *Werke*, II, 1152 (Hervorhebung im Original).

[362] Zweig 2009, 309.

Resümee – Nietzsche als Künstler der Philosophie

Nietzsches Verdienst, das ihn nach seinem Tode zum wohl einflussreichsten Philosophen der darauf folgenden Jahrzehnte, angesichts seiner Strahlkraft möglicherweise sogar des gesamten 20. Jahrhunderts werden ließ, bestand zuallererst in seiner ebenso schonungslos-apodiktisch wie schwungvoll vorgetragenen Kritik an den Hauptpfeilern der bis dahin gültigen abendländischen Weltsicht(en) und Gewissheiten. Leidenschaftlicher als andere Philosophen vor ihm zeigte er auf, wie anmaßend und letztlich – von der Erkenntnisfrage her gesehen – unwissend der Mensch die Welt, in der er lebt, nach der Logik und Wahrheit seiner Art, der „menschlichen" Spezies, beurteilt.

Nietzsches Ansicht nach glaubten die „klugen Tiere", wie er die Menschen bezeichnete, dass sie über einen exklusiven Status verfügten. Demgegenüber war er fest davon überzeugt, dass der Mensch tatsächlich nichts anderes sei als ein „Tier" und dass durch diesen Umstand letztlich auch sein Denken bestimmt werde: durch Triebe und Instinkte, durch einen „primitiven Willen" sowie ein höchst eingeschränktes Erkenntnisvermögen. Damit wandte sich Nietzsche dezidiert gegen die Theorien jener Philosophen, die den Menschen als etwas Besonderes betrachtet hatten, nämlich als ein zu höchster Selbsterkenntnis fähiges Wesen. Bis zu Nietzsche und Darwins Theorien war die abendländische Philosophie davon ausgegangen, dass das menschliche Denken zugleich ein universelles Denken sei. Der Mensch war demnach nicht als „kluges Tier", sondern als ein auf einer ganz anderen, weitaus höheren Ebene anzusiedelndes Wesen zu betrachten. Aus diesem Grunde wurde auch das angebliche Erbe aus dem Tierreich systematisch dementiert.

Denn die Denker, die diese tradierte Ansicht vertraten, gingen davon aus, dass Gott die Menschen mit einer einzigartigen Erkenntnisfähigkeit ausgestattet hatte, mit deren Hilfe sie dem ewigen „Buch der Natur" die Wahrheit über die Welt entnehmen konnten. Mit Nietzsches Diktum, dass Gott tot sei, musste dieses menschliche Talent zur (Selbst-)Erkenntnis ein Produkt der Natur und – wie alles in der Natur – doch unvollkommen sein (diesen Gedanken hatte Nietzsche bereits bei Schopenhauer gefunden). Freilich trägt Nietzsches „Gott ist tot" in einem gewissen Sinn auch wieder eigene religiöse Konturen und damit ein metaphysisches Moment.

Schopenhauer und nach ihm Nietzsche glaubten oder ahnten zumindest, dass das Erkenntnisvermögen des menschlichen Geistes in direkter Abhängigkeit von den Erfordernissen der evolutionären Anpassung stand. Demzufolge vermag der Mensch nur das zu erkennen, was ihm der aus dem evolutionären Konkurrenzkampf hervorgegangene Erkenntnisapparat an Erkenntnisfähigkeit gestattet. Eine umfassende objektive

Sicht der Dinge ist deshalb nicht möglich, und die Welt, wie sie die Menschen wahrnehmen, ist niemals die Welt, wie sie „an sich" ist. Schopenhauer etwa verwendete für sie das binäre Modell von „Wille" und „Vorstellung".

Nietzsche knüpfte an Schopenhauer an, stellte mit seiner Kritik an der traditionellen Erkenntnisphilosophie und den zeitgenössischen Religionsvorstellungen althergebrachte Sicherheiten resolut in Frage und antizipierte auf diese Weise jenes philosophische Denken, das in den darauf folgenden Jahrzehnten die Moderne nachhaltig prägen sollte. Sein schonungsloser Blick auf die Philosophie, Religion und Lebenswelten seiner Gegenwart mit all ihren Moral- und Idealvorstellungen offenbarte, wie überanstrengt die meisten Selbstwahrnehmungen und Selbstdefinitionen des Menschen waren: Nietzsche sah das Wesentliche nicht in der Frage nach der „Wahrheit", die das menschliche Bewusstsein ausformte. Weitaus mehr Bedeutung maß er der Überlegung bei, was für das Überleben und das Fortkommen des Individuums das Beste sei. Was hierzu nichts beizutragen vermochte, hatte in seinen Augen – wie auch im Vorstellungshorizont einiger seiner Zeitgenossen – kaum Chancen, in der Evolution des Menschen eine bedeutende Rolle zu spielen. Mit dieser Theorie verband Nietzsche die Hoffnung, dass möglicherweise gerade diese Art der Selbsterkenntnis den Menschen in seiner Entwicklung voranbringen und zu einem „Übermenschen" machen könnte. Freilich konnte bis heute die Frage, ob dem Menschen eine schlechthin objektive Erkenntnis überhaupt möglich sei, nicht positiv beantwortet werden. Das Erkenntnisvermögen von Nietzsches „klugen Tieren" ist und bleibt ein Rätsel.[363]

Nietzsche ging es in allem, was er tat, um Selbsterschaffung und Sinnfindung. Durch ihn verwandelte sich das Philosophieren in Existenzästhetik, und er selbst wurde zum Künstler-Denker ohne Vorbild, zugleich aber auch zum exemplarisch Scheiternden. Denn vergeblich hatte Nietzsche für sich selbst gehofft, „Dichter" des eigenen Lebens zu werden: „Es ist eine gute Fähigkeit, seinen Zustand mit einem künstlerischen Auge ansehn zu können, selbst in Leiden und Schmerzen, die uns treffen, in Unbequemlichkeiten und dergleichen."[364]

Das eigene Dasein zum Werk zu machen, das auf vollkommenes Gelingen zielt, überfordert jeden Menschen, und zwar aus einem einfachen Grund: Wir sind zu schwach für eine solche Existenz, und deshalb suchen wir immer wieder nach Selbstbeschwichtigungen und neuen Konstruktionen, die uns das verdecken sollen (etwa die Objektivität der Wissenschaft, die Utopie der gerechten Politik oder Projekte des privaten

---

[363] Precht 2007, 26-28 u. 39.
[364] Precht 2007, 17 (zitiert nach ebd.); Safranski 2000; Safranski 1998, 42.

Glücks). Für Nietzsche hatte die Welt weder einen erkennbaren Sinn noch eine erkennbare Ordnung. Deshalb nahm er an, dass der Mensch bei allem, woran er sich orientiere, auf selbst geschaffene Zusammenhänge und Mythengewebe zurückgreife. Er selbst dagegen wollte und konnte nicht aufhören, das „Ungeheure" zu entdecken, in dem wir existieren müssen. Und er wandte sich gegen das (durchaus nachvollziehbare) Bestreben des modernen Menschen, die Ecken und Kanten des Lebens und Leidens abzuschleifen.

Nicht zuletzt deshalb ist Nietzsche aktueller denn je. Sein „Denken der Moderne" mag zur Reflexion der, um einen zugegebenermaßen vagen Begriff zu bemühen, heutigen „Post-Postmoderne"[365] beitragen. Gerade in der Gegenwart spiegelt sich das nietzscheanische „Ungeheure", ja, die „Verrücktheit der Außenwelt" (STEINGART) in uns wider. Wir sind selbst Gegenstand weitreichender Transformationen geworden, die auf sonderbare, wenn nicht gar geheimnisvolle Weise in uns wirken. Von Adorno stammt die Feststellung, es gebe kein normales Leben in Zeiten sich auflösender Normalität. Und in der Tat sind spätestens mit dem Anbruch unseres Jahrhunderts sämtliche Lebensbereiche von der Auflösung jeglicher Selbstverständlichkeit erfasst worden. Nietzsches Diktum von der Welt der unzählbaren Wahrheiten manifestiert sich heute als Welt der ungezählten Wirklichkeiten. Das einzig Zuverlässige ist ihre Unzuverlässigkeit. Mit dieser Kontingenz – der grundsätzlichen Offenheit und Ungewissheit menschlicher Lebenserfahrungen und -erwartungen – geht eine Wiederkehr der Umwertung aller Werte, der Verlust der Prägekraft alter Mächte und festgelegter Rollen sowie die Infragestellung jeglicher Begrifflichkeit einher.[366]

Hinzu tritt, dass die traditionellen, ‚altbewährten‘ oder auch nur scheinbar verlässlichen Ordnungssysteme der zurückliegenden Jahre nicht durch neue ersetzt werden. Gerade diese allenthalben bescheidene, wenn nicht gar inexistente Substitution alter Strukturen und Regelwerke droht die heutigen Gesellschaften aus ihren Angeln zu heben und, so der Soziologe Ralf Dahrendorf, eine „Welt ohne Halt" zu schaffen. Für das Individuum der heutigen Zeit impliziert dieser Umstand eine zweifache, zugleich verstörende und optimistische Botschaft: Der Mensch ist frei und in diesem Sinne nicht mehr nur Zeuge seiner Biographie. Alte soziale Normierungen sind weitreichenden Auflösungserscheinungen unterworfen, und es sind keine neuen, verbindlichen Maßstäbe, die an ihre Stelle treten, sondern es findet eine Inflation der Wirklichkeiten statt, „das Nebeneinander von falsch und richtig, die friedliche Koexistenz von Widersprüchen." (STEINGART). Gruppen und Zustände bilden sich

---

[365] Vgl. Seite 33.
[366] Steingart 2011, 136f. (Zitat 136).

heraus, um bald darauf wieder zu zerfallen und sich anschließend neu zu konfigurieren.

Terminologisch sind das heutige Kräftegeschiebe und die permanente Abfolge von Niedergang und unverbindlicher Neuordnung nur schwer zu fassen: Konservative Kreise sprechen vom Zerfall der Gesellschaft, die Werbeindustrie von sozialer Fragmentierung, der Philosoph und Soziologe Jürgen Habermas von Ausdifferenzierung, der Philosoph und Politologe Charles Taylor von Atomisierung, und der Schriftsteller Hans Magnus Enzensberger beklagt die „Idiotie der Gleichzeitigkeit". Eine solche Gleichzeitigkeit von Wahrheiten und Lebensstilen mag für die Gesellschaften möglich sein, werden diese doch durch die Vielfalt zweifellos reicher. Für den Einzelnen ist diese grenzenlose Simultaneität jedoch nicht zweckmäßig.[367]

Vom Wirkungsgrad her betrachtet, erfolgte durch den Eintritt in das heutige digitale Zeitalter ein mit den Zäsuren im 19. Jahrhundert vergleichbarer Paradigmenwechsel. Wie Bodo Kirchhoff kulturkritisch anmerkt, ist „aus der alten analogen Welt der Bedeutungen […] die digitale der Zeichen geworden", eine Ära des „Überflusses an brillanten Selbstbildern"[368] (KIRCHHOFF) in einer vom menschlichen Verstand hervorgebrachten multimedialen Gegenwart. Diese entwickelt sich unaufhörlich weiter und schafft Illusionen – vor allem jene, dass die schmerzliche Bewältigung von Verlusten jeder Art schlichtweg aufgehoben werden könne.

Dass die globalisierte Welt in kollektive Panik verfällt, wenn Finanzmärkte aus den Fugen geraten, die Grenzen der Machbarkeit materiellen Glücks sich offenbaren und die nicht mehr überwiegend eurokontinental, sondern weltweit hochsensibel vernetzten Märkte, Technologien und Gesellschaften in der Folge zusammenzubrechen drohen, rührt wohl auch von dem Begreifen unseres tatsächlichen menschlichen Maßes her. Die 2008 mit enormer Wucht einsetzende weltweite Wirtschaftskrise mag man, ebenso wie den von vielen Intellektuellen seit längerem beklagten innergesellschaftlichen Werte- und Verbindlichkeitsverlust, als Teil einer allgemeinen Sozialisationskrise verstehen, eines menschlichen Substanzverlustes aus den letzten Jahrzehnten, angefacht durch die elektronische Revolution.

Hinzu kommt, dass das digitale Zeitalter die Fülle jederzeit verfügbarer Informationen immer weiter befeuert. Und stärker denn je wird das bereits gegen Ende des 19. Jahrhunderts beschworene Ideal der Beschleunigung hochgehalten. Letztlich steht dies jedem vertieften, durch Innehalten erreichten Wissen und Erkennen im Wege. Die digitale Zeit

---

[367] Steingart 2011, 137 (Zitat ebd.).
[368] Kirchhoff 2009, 144.

hat gleichsam die epische verdrängt: „Statt Ironie gibt es Comedy oder im Feuilleton die Meinung aus der Hüfte. Das Coole hat den Charme abgelöst, das Gelächter das Lächeln, der Schnellschuss die Distanz, auch zu sich selbst.“[369] (KIRCHHOFF). In Wahrheit aber sind die Welt und mit ihr die Menschen weitaus langsamer und auch von viel geringerer Durchschlagskraft als ihre Botschaften. Und wer die Geschwindigkeit und Bedeutung der Zeichen, die er versendet, für sein eigenes Tempo oder die eigene Bedeutsamkeit hält, mag die keinem persönlichen Drehbuch verpflichtete Realität verkennen. Der gesellschaftliche Konsens über die Akzeleration von Erfolg, das Kondensieren von Lebenszeit und den *Hic-et-nunc*-Ruhm des Einzelnen „schafft das Klima für die Beibehaltung kindlicher Wahnideen, vom Geldmachen ohne Verlust bis zum Töten aus Spaß, bei dem der Verlust von Leben gar nicht begriffen wird. Es bleibt keine Zeit mehr für Fragen, es reicht nur noch für Antworten.“ (KIRCHHOFF).[370]

Während im 19. und beginnenden 20. Jahrhundert eine sämtliche Lebensbereiche und Diskurse erfassende Rasanz für den Übergang in die Moderne – mit all ihren Segnungen wie Katastrophen – eine zentrale Rolle spielte, wird in der hyperrhythmisierten Gegenwart eine immer stärkere Sehnsucht nach Entschleunigung und Zurückberuhigung spürbar. Heute scheint sich abermals jenes Phänomen zu wiederholen, das dem Eintritt in die Moderne immanent war: der Versuch des Menschen, den Fortschritt zu umarmen, während er zugleich mit der Vergangenheit liebäugelt.

Darüber, wie Nietzsche, dieser große Erzieher zur Freiheit, über die heutigen, unablässigen und unbegrenzten Wahlmöglichkeiten des Individuums geurteilt hätte, kann nur spekuliert werden. Der Mensch der Gegenwart verfügt über viele Optionen, seine Existenz – wie es Nietzsche postuliert hat – in die eigene Hand zu nehmen. Und doch gibt es eine Freiheit, die der Mensch nicht besitzt, nämlich jene der Gleichzeitigkeit: Er droht zu bersten. Hier nun scheint sich der Kreis auf geradezu ironische Weise zu schließen, zumal Bedenkenträger beim Aufkommen der ersten Automobile ja daran zweifelten, ob das menschliche Gehirn eine Autofahrt überhaupt aushalten könne. Von einer bestimmten Geschwindigkeit an, so die ernsthafte Überzeugung einiger Zeitgenossen, würde der Mensch wohl platzen. Und wie nimmt der moderne Mensch die Tempoangaben eines Gustav Mahler wahr, der bereits zu einer Zeit, als die Pferdekutsche noch das Hauptverkehrsmittel darstellte und damit den Reiserhythmus vorgab, in seinen Partituren vermerkte: „nicht hetzen“, „nicht eilen“, „bedächtig“, „langsam. schleppend“, „etwas schlei-

---

[369] Thadeusz 2010; Kirchhoff 2009, 144.
[370] Kirchhoff 2009, 144f. (Zitat 145).

chend", „ermüdet" oder „sehr gemächlich"? Um 1900 war Tempo angesagt, koste es, was es wolle. Heute scheint der Mensch zwischen der Rasanz *ad infinitum* und dem Versuch einer Entschleunigung zu oszillieren, mit mehr oder weniger Erfolg, als ‚freies' oder aber ‚unfreies' Individuum, je nach Sichtweise.

Will man abschließend auf die zugegebenermaßen steile, aber doch immer wieder aufgeworfene Frage „was wollte Nietzsche?" eine Antwort finden, kann allenfalls eine Annäherung erfolgen, wie sie Stefan Zweig versucht hat:

> Nietzsche wollte nichts: in ihm genießt eine übermächtige Leidenschaft zur Wahrheit sich selbst. Sie weiß von keinem „Um zu" – Nietzsche denkt nicht, um die Welt zu verbessern oder zu belehren, noch um sie oder sich zu beruhigen: sein ekstatischer Denkrausch ist Selbstzweck, Selbstgenuss, eine ganz private, ganz individuelle, eine vollkommen selbstsüchtige und elementare Wollust wie jede dämonische Leidenschaft. Niemals geht es bei diesem ungeheuren Kraftaufwand um eine „Lehre" – er ist längst hinaus über „die edle Kinderei und Anfängerei des Dogmatisierens" – und noch weniger um eine Religion („In mir ist nichts von einem Religionsstifter. Religionen sind Pöbelaffären"). Nietzsche treibt Philosophie wie eine Kunst, und als echter Künstler sucht er darum nicht Resultate, kalte Endgültigkeiten, sondern nur einen Stil, den „großen Stil in der Moral", und ganz als Künstler erlebt und genießt er alle Schauer der plötzlichen Inspirationen. Vielleicht bleibt es darum ein Wortirrtum, Nietzsche einen Philosophen, also einen Freund der Sophia, der Weisheit, zu nennen. Denn der Leidenschaftliche ist immer unweise, und nichts war Nietzsche fremder, als zum gewohnten Philosophenziel zu kommen, zu einer Schwebe des Gefühls, zu einer Rast und Entspannung, zu einer Tranquillitas, einer gesättigten „braunen" Weisheit – zu dem starren Standpunkt einer einmaligen Überzeugung. Er „braucht und verbraucht" Überzeugungen, wirft wieder weg, was er gewinnt, und wäre darum besser ein Philaleth genannt, ein leidenschaftlich Passionierter der Aletheia, der Wahrheit […]. Wahrheit, wie Nietzsche sie versteht, ist eben keine starre, keine kristallene Form der Wahrheit, sondern der feurig glühende Wille zum *Wahrsein* und *Wahrbleiben*, nicht der Schlusspunkt einer Gleichung, sondern eine unablässige dämonische Steigerung und Anspannung des eigenen Lebensgefühls, eine Lebenserfüllung im Sinne der höchsten Fülle: Nietzsche will nie und niemals glücklich, immer aber wahrhaftig sein.[371]

In ihrer Schrift *Friedrich Nietzsche in seinen Werken* setzt Lou Andreas-Salomé dem Philosophen und Philalethen ein einfühlendes Denkmal.

---

[371] Zweig 2009, 275f. (Hervorhebungen im Original).

Dieses zeugt von ihrer geistigen Nähe zu Nietzsche und wurde seinerzeit als erstes Buch über Nietzsche dessen Denken gerecht. In Nietzsches Philosophie hatte Lou Andreas-Salomé ihr eigenes Lebensprogramm entdeckt – den Versuch, Wissen und Leben in Einklang zu bringen:[372]

> In Gesängen klingt sein Geist aus. Die Verse sind überraschend verschieden an Wert, zum Teil vollendet: Gedanken, die an ihrer eigenen Schönheit und Fülle sich zu Gedichten wandelten; – zum Teil von einer so wunderlichen Unvollkommenheit, wie sie nur die Laune des Mutwillens vom Zaune bricht. Über ihnen allen aber ruht etwas seltsam Ergreifendes: Sind es doch Blumen, die sich ein Einsamer auf den Leidensweg streut, der seiner harrt, um den Schein zu erwecken, dass es ein Freudenweg sei. Frisch gebrochenen Rosen gleichen sie, auf die sein Fuß treten will, während er schon beschäftigt ist, in seinen leidvollsten Erkenntnissen seinem Haupte die Dornenkrone zu flechten. Sie klingen wie ein Präludium zu dem erschütternden Schauspiel seiner höchsten Erhebung und seines Unterganges.[373]

---

[372] Kohler 1998, 24; Schahadat 1998. Rath (2000, 295) stellt fest, dass Lou Andreas-Salomé in ihrer tiefgründigen und souveränen, erst 1951 postum veröffentlichten Autobiographie mit dem Titel *Lebensrückblick* auf das Thema Nietzsche kaum eingeht. Demnach sei der Philosoph, so Rath weiter, für ihr Leben weniger wichtig gewesen als sie für das seine. Gegen Ende ihres Lebens äußerte sie Ernst Pfeiffer gegenüber, „sie könne sich Nietzsche aus ihrem Leben fortdenken." (Rath 2000, 295). Nietzsche wiederum schwankte in seinem Urteil über Lou Andreas-Salomé von einem Extrem ins andere. So schreibt er am 13. Juli 1882 an Peter Gast: „Lou […] ist scharfsinnig wie ein Adler und mutig wie ein Löwe und zuletzt doch ein sehr mädchenhaftes Kind, welches vielleicht nicht lange leben wird. […] Sie ist auf die erstaunlichste Weise gerade für *meine* Denk- und Gedankenweise vorbereitet. Lieber Freund, Sie erweisen uns beiden sicherlich die Ehre, den Begriff einer Liebschaft von unserem Verhältnis fernzuhalten. Wir sind *Freunde* und ich werde dieses Mädchen und dieses Vertrauen zu mir heilig halten. – Übrigens hat sie einen unglaublich sicheren und lauteren Charakter und weiß selbst genau, was *sie* will – ohne die Welt zu fragen und sich um die Welt zu bekümmern." (Nietzsche, *Werke*, III, 1183; Hervorhebungen im Original). Nach ihrem Zerwürfnis bemerkt Nietzsche hingegen in einem an Paul Rées Bruder Georg gerichteten Schreiben vom Juli 1883: „Diese dürre, schmutzige übelriechende Äffin mit ihren falschen Brüsten – ein Verhängnis! Pardon! Wie sie selber über ihren Bruder spricht und denkt, das soll die Sache meiner Diskretion sein. In Leipzig rief sie ihn nie anders als Dreckel! was mich empört hat." (zitiert nach Leis 2000, 89).

[373] Andreas-Salomé 2000, 180f. Vgl. hierzu auch Raabe 2005, 27.

Die Einen reisen, weil sie sich suchen; die Andern, weil sie sich verlieren möchten.

* * *

Wir machen es auch im Wachen wie im Traume: immer erfinden und erdichten wir erst den Menschen, mit dem wir verkehren – und vergessen dann sofort, dass *wir* ihn erfunden und erdichtet haben.

* * *

Redlich gegen uns selber und wer sonst uns Freund ist, mutig gegen den Feind, großmütig gegen die Besiegten, höflich gegen Alle. –

Nietzsche, aus dem Stammbuch (Album Amicorum) des Fräulein Simon, Tochter des preußischen Generals a. D. Carl August Simon; Nizza, am 6. Februar 1884.

Bibliographie

Adorno, Theodor W.: Mahler. Eine musikalische Physiognomik. Frankfurt am Main 1960.

Adorno, Theodor W.: Mahler heute. In: *Anbruch* 12/3 (1930), 86-92.

Andreas-Salomé, Lou: *Friedrich Nietzsche in seinen Werken*. Frankfurt am Main 2000.

Andreas-Salomé, Lou: *Lebensrückblick. Grundriss einiger Lebenserinnerungen*. Aus dem Nachlass herausgegeben von Ernst Pfeiffer. Neu durchgesehene Ausgabe mit einem Nachwort des Herausgebers. Frankfurt am Main 1974. (Insel Taschenbuch 54)

Applegate, Celia / Potter, Pamela: *Music and German National Identity*. Chicago 2002.

Aschheim, Steven E.: *Nietzsche und die Deutschen. Karriere eines Kults*. Stuttgart – Weimar 1996.

Bätschmann, Oskar: Leuchtende Farben, pulsierender Strich. Vincent van Gogh und die Farben des Südens. In: *Basler Zeitung, baz.kulturmagazin*, 8. April 2009, 4f.

Bayer, Oswald: *Leibliches Wort. Reformation und Neuzeit im Konflikt*. Tübingen 1992.

Becker, Paul: *Die Symphonie von Beethoven bis Mahler*. Berlin 1918.

Bermbach, Udo: Die Utopie der Selbstregierung – politisch-ästhetische Aspekte der „Meistersinger". In: Opernhaus Zürich (Hg.): *Programmheft zu Richard Wagners „Die Meistersinger von Nürnberg"*, Spielzeit 2009/2010 (ohne Seitenzahlen).

Bermbach, Udo: *Richard Wagner. Stationen eines unruhigen Lebens*. Hamburg 2006.

Bermbach, Udo: *Opernsplitter*. Aufsätze. Essays. Würzburg 2005.

Bermbach, Udo: *Der Wahn des Gesamtkunstwerks. Richard Wagners politisch-ästhetische Utopie*. Stuttgart 2004(a).

Bermbach, Udo: Titan und Ahasver. Auseinandersetzungen mit Richard Wagner. In: *NZZ Online*, 10. Januar 2004, http://www.nzz.ch/2004/01/10/li/article9509H.html (Link vom 1. Januar 2012)

Bermbach, Udo: Eine ästhetische Weltordnung. Richard Wagner und die Philosophie seiner Zeit. In: *Neue Zürcher Zeitung*, 27./28. September 2003, Nr. 224, 47f. Siehe auch *NZZ Online*: http://www.nzz.ch/2003/09/27/li/article8UJQU.html (Link vom 1. Januar 2012).

Bermbach, Udo: *Antisemitismus als ästhetisches Programm. Wagners „Das Judentum in der Musik" im Kontext der „Zürcher Kunstschriften"*. Kurzfassung des Beitrags zum Symposium „Wagner und die Juden", Bayreuth, 6. bis 11. August 1998, http://goldenpages.jpehs. co.uk/static/conferencearchive/98-8-wuj.html (Link vom 1. Januar 2012).

Bermbach, Udo: Dresden und die Folgen. Wagners Grundlegung seines politisch-ästhetischen Denkens. In: *Michael Bakunin, Gottfried Semper, Richard Wagner und der Dresdner Mai-Aufstand 1849*. Symposium des Forschungsinstituts der Friedrich-Ebert-Stiftung am 27. Oktober 1995 in Dresden. Herausgegeben von der Friedrich-Ebert-Stiftung. Bonn 1995, 71-86.

Die Bibel in heutigem Deutsch. Die Gute Nachricht des Alten und Neuen Testaments. Mit den Spätschriften des Alten Testaments. Stuttgart 1985.

Biermann, Ingrid: *Von Differenz zu Gleichheit. Frauenbewegung und Inklusionspolitiken im 19. und 20. Jahrhundert*. Bielefeld 2009. (Genderstudies)

Biermann, Ingrid: Malwida von Meysenbug (1816-1903). Vom adeligen Fräulein zur Europäerin. In: Brünink, Ann / Grubitzsch, Helga (Hgg.): *„Was für eine Frau!" Porträts aus Ostwestfalen-Lippe*. Bielefeld 1992, 67-80.

Bloch, Peter André: Nietzsche als Gesellschaftsmusiker zwischen Parodie und Pathos. In: Gerhardt, Volker et al. (Hgg.): *Friedrich Nietzsche. Zwischen Musik, Philosophie und Ressentiment*. Berlin 2006, 93-114. (Nietzscheforschung 13).

Bohlman, Philip Vilas: *The Music of European Nationalism: Cultural Identity and Modern History*. Santa Barbara (Cal.) 2004.

Böhm, Michael: Grenzen der Aufklärung. Bruno Ganz als Adolf Hitler in Oliver Hirschbiegels Film „Der Untergang". In: *Bruno Ganz. Der zeitlos Zeitgemäße*. Rapperswil 2009, 34f. (Du 801)

Böning, Thomas: *Metaphysik, Kunst und Sprache beim frühen Nietzsche*. Berlin (West) etc. 1988. (Monographien und Texte zur Nietzscheforschung 20)

Borchardt, Knut: *Die industrielle Revolution in Deutschland*. München 1972.

Borchmeyer, Dieter: *Nietzsche, Cosima, Wagner. Porträt einer Freundschaft*. Frankfurt am Main – Leipzig 2008.

Borchmeyer, Dieter: Doppelgesichtige Passion: Nietzsche als Kritiker Wagners. In: *Ruperto Carola* 1 (1995), http://www.uni-heidelberg. de/uni/presse/rc9/5.html (Link vom 1. Januar 2012).

Borchmeyer, Dieter: Richard Wagner und der Antisemitismus. In: Müller, Ulrich / Wapnewski, Peter (Hgg.): *Richard-Wagner-Handbuch.* Stuttgart 1986, 137-161.

Botton, Alain de: *Trost der Philosophie. Eine Gebrauchsanweisung.* Frankfurt am Main 2001.

Bourdieu, Pierre: *Die Regeln der Kunst.* Frankfurt am Main 1999.

Breitling, Stefan: Veranstaltungsdokumentation zur Vorlesungsreihe „Bauformen und Baustile" im Rahmen der Bau- und Stadtbaugeschichte an der TU Berlin, Sommersemester 2003. http://baugeschich te.a.tu-berlin.de/bg/lehre/veranstaltung_dokumentation.php?det_id=1 53&veranst_id=48&veranstaltung=vorlesung&semester= (Link vom 22. Januar 2012).

Brock, Bazon: Der Hang zum Gesamtkunstwerk. In: Szeemann, Harald (Hg.): *Der Hang zum Gesamtkunstwerk. Europäische Utopien seit 1800.* Katalog der Wanderausstellung im Kunsthaus Zürich, 11. Feb. bis 30. April 1983 etc. Aarau – Frankfurt am Main 1983, 22-39.

Broer, Werner: Malwida von Meysenbug (1816-1903). Eine „aristokratische" Demokratin. In: Leuschner, Vera / Stummann-Bowert, Ruth (Hgg.): *Malwida von Meysenbug zum 100. Todestag.* Kassel 2003, 81-101 (Jahrbuch 2002 / Band 8 der Malwida von Meysenbug-Gesellschaft).

Byron, George Gordon: *The Complete Works of Lord Byron.* Reprinted from the last London edition. Frankfort (sic) o. M. 1852.

Celestini, Federico: *Die Unordnung der Dinge. Das musikalische Groteske in der Wiener Moderne (1885-1914).* Stuttgart 2006. (Beihefte zum Archiv für Musikwissenschaft 56)

Coers, Albert: *„Ganz nah verwandt dem Dämonischen und dem Genie"? Das Problem des Dilettantismus bei Goethe und Thomas Mann.* München 2004, http://www.thomasmann.de/thomasmann/wissenschaft_ und_literaturkritik/ (Link vom 1. Januar 2012).

Corbin, Alain: Gebannt im Übergang. In: Jeismann, Michael (Hg.): *Das 19. Jahrhundert. Aufbruch in die Moderne.* München 2000, 9-21.

Corman, Louis: *Nietzsche. Psychologue des profondeurs.* Paris 1982.

Dahlhaus, Carl (Hg.): *Neues Handbuch der Musikwissenschaft*. Wiesbaden 1980-1992.

Dammeyer, Albrecht: *Pathos – Parodie – Provokation: Authentizität versus Medienskepsis bei Friedrich Nietzsche und Gustav Mahler*. Würzburg 2005.

Deimel, Christina: Lou Andreas-Salomé. Die Dichterin der Psychoanalyse. In: Volkmann-Raue, Sibylle / Lück, Helmut E. (Hgg.): *Bedeutende Psychologinnen. Biographien und Schriften*. Weinheim 2002, 13-29. (Beltz Taschenbuch 136)

Delius, Christoph et al.: *Geschichte der Philosophie. Von der Antike bis heute*. Köln 2005.

Dietrich, Ronny: Richard Wagner. Tristan und Isolde. In: *Opernhaus Zürich-Magazin* 6, Spielzeit 2008/09 (s. l., 2008), 4-9.

Döhring, Sieghart: *Die Rezeption von Meyerbeers und Wagners Musiktheater*. Kurzfassung des Beitrags zum Symposium „Wagner und die Juden", Bayreuth, 6. bis 11. August 1998, http://goldenpages.jpehs.co.uk/static/conferencearchive/98-8-wuj.html (Link vom 1. Januar 2012).

Eggebrecht, Hans Heinrich: *Die Musik Gustav Mahlers*. München – Zürich 1982.

Eichner, Barbara: Eisenmänner und edle Völkerchöre: Die deutsche Nation auf der Opernbühne. In: Wischermann, Clemens et al. (Hgg.): *GeschichtsBilder: 46. Deutscher Historikertag in Konstanz vom 19. bis 22. September 2006*. Berichtsband. Konstanz 2007, 137.

Enzyklopädie des Holocaust. Die Verfolgung und Ermordung der europäischen Juden. Hauptherausgeber: Israel Gutman. Deutsche Ausgabe herausgegeben von Eberhard Jäckel, Peter Longerich und Julius H. Schoeps. 3 Bde. Berlin 1993.

Erbe, Günter: Der Jockey Club als gesellschaftlicher Mittelpunkt der Pariser Dandys unter der Julimonarchie. In: *Francia* 29/3 (2002), 1-11.

Feuerbach, Ludwig: *Gesammelte Werke*. Herausgegeben von der Berlin-Brandenburgischen Akademie der Wissenschaften durch Werner Schuffenhauer. Berlin 1967- .

Fischer, Jens Malte: *Gustav Mahler. Der fremde Vertraute*. Wien 2003.

Fischer, Jens Malte: Richard Wagners „Das Judentum in der Musik". Entstehung – Kontext – Wirkung. In: Borchmeyer, Dieter / Maayani, Ami / Vill, Susanne (Hgg.): *Richard Wagner und die Juden*. Stuttgart – Weimar 2000(a), 35-54.

Fischer, Jens Malte: *Richard Wagners „Das Judentum in der Musik"*. Eine kritische Dokumentation als Beitrag zur Geschichte des Antisemitismus. Frankfurt am Main – Leipzig 2000(b).

Fischer, Wolfram: *Handbuch der europäischen Wirtschafts- und Sozialgeschichte*. Band 5: Europäische Wirtschafts- und Sozialgeschichte von der Mitte des 19. Jahrhunderts bis zum Ersten Weltkrieg. Stuttgart 1985.

Floros, Constantin: *Gustav Mahler*. München 2010. (C.H. Beck Wissen in der Beck'schen Reihe 2489)

Förster-Nietzsche, Elisabeth: *Friedrich Nietzsche und die Frauen seiner Zeit*. München 1935.

Förster-Nietzsche, Elisabeth: *Das Leben Friedrich Nietzsche's*. 2 Bde. Leipzig 1895-1904.

Foucault, Michel: *Die Ordnung des Diskurses*. Frankfurt am Main 2010. (Fischer Taschenbücher. Fischer Wissenschaft 10083)

Foucault, Michel: *Archäologie des Wissens*. Frankfurt am Main 1997. (Suhrkamp Taschenbuch Wissenschaft 356)

Freud, Sigmund: Eine Schwierigkeit der Psychoanalyse. In: *Imago. Zeitschrift für Anwendung der Psychoanalyse auf die Geisteswissenschaften* V/1 (1917), 1-7.

Freud, Sigmund / Andreas-Salomé, Lou: *Briefwechsel*. Frankfurt am Main 1966.

Friedländer, Saul / Rüsen, Jörn (Hgg.): *Richard Wagner im Dritten Reich*. Ein Schloss Elmau-Symposion. München 2000.

Früchtl, Josef: Die Moderne als ethisch-ästhetisches Projekt. Dieter Thomä erkundet unsere Epoche mit Richard Wagner und Sergei Eisenstein. In: *NZZ Online*: http://www.nzz.ch/2006/09/20/fe/article EF9Z4.html (Link vom 1. Januar 2012).

Fulcher, Jane F.: *The Nation's Image: French Grand Opera as Politics and Politicized Art*. Cambridge etc. 1987.

Gall, Lothar: *Europa auf dem Weg in die Moderne, 1850-1890*. München ³1997 u. ⁵2009.

Gasser, Reinhard: *Nietzsche und Freud*. Berlin – New York 1997. (Monographien und Texte zur Nietzsche-Forschung 38)

Gerhard, Anselm: Die Pariser Grand Opéra und die Visualisierung von Geschichte. In: Wischermann, Clemens et al. (Hgg.): *GeschichtsBilder: 46. Deutscher Historikertag in Konstanz vom 19. bis 22. September 2006*. Berichtsband. Konstanz 2007, 136f.

Gerhardt, Volker et al. (Hgg.): *Friedrich Nietzsche. Zwischen Musik, Philosophie und Ressentiment*. Berlin 2006. (Nietzscheforschung 13)

Ǧibrān, Ḫalīl (Gibran, Khalil): *Der Prophet*. Düsseldorf 2008.

Goethe, Johann Wolfgang von: *Werke in vier Bänden*. Klagenfurt 1984. (= *Werke*)

Gossman, Lionel: *Basel in der Zeit Jacob Burckhardts. Eine Stadt und vier Unzeitgemäße Denker*. Basel 2005.

Haas, Alois M.: „Der schwerste Gedanke". Die ewige Wiederkunft des Gleichen. In: *Friedrich Nietzsche. Wendepunkt der Moderne*. Zürich 1998, 38-40. (Du 684)

Hanke, Eva Martina: *Wagner in Zürich – Individuum und Lebenswelt*. Kassel 2007. (Schweizer Beiträge zur Musikforschung 9)

Haumann, Heiko: *Dracula. Leben und Legende*. München 2011. (C.H. Beck Wissen in der Beck'schen Reihe 2715)

Häußling, Roger: *Nietzsche und die Soziologie. Zum Konstrukt des Übermenschen, zu dessen anti-soziologischen Implikationen und zur soziologischen Reaktion auf Nietzsches Denken*. Würzburg 2000.

Heftrich, Eckhard: *Nietzsches tragische Größe*. Frankfurt am Main 2000. (Das Abendland. Neue Folge 25)

Heftrich, Eckhard: Auf deinen Namen werden die Buben schwören. Das Leiden an Nietzsche war eine Form des Leidens an Deutschland. In: *Frankfurter Allgemeine Zeitung*, 17. 9. 1996, Nr. 217, 40.

Herder, Johann Gottfried: *Briefe zu* (sic) *Beförderung der Humanität*. 2 Bde. Berlin – Weimar 1971.

Hobsbawm, Eric J.: *The Age of Empire, 1875-1914*. London 1987. (History of civilization)

Hobsbawm, Eric J.: *Industrie und Empire. Britische Wirtschaftsgeschichte seit 1750*. Band 1. Frankfurt am Main 1980.

Hobsbawm, Eric J.: *The Age of Capital, 1848-1875*. New York 1975. (History of civilization)

Hobsbawm, Eric J.: *The Age of Revolution, 1789-1848*. New York etc. 1962. (A mentor book)

Hölscher, Lucian: Bürgerliche Religiosität im protestantischen Deutschland des 19. Jahrhunderts. In: Schieder, Wolfgang (Hg.): *Religion und Gesellschaft im 19. Jahrhundert*. Stuttgart 1993, 191-215. (Industrielle Welt 54)

Hong, Wen-Tsien: *Friedrich Nietzsche und die Musik im Spiegel der Kompositions- und Geistesgeschichte des 19. Jahrhunderts. Komposition, Philosophie, Rezeption.* Frankfurt am Main 2004.

Horkheimer, Max / Adorno, Theodor W.: *Dialektik der Aufklärung. Philosophische Fragmente.* Amsterdam 1947.

Janz, Curt Paul: *Friedrich Nietzsche. Biographie.* 3 Bde. München – Wien 1978-1979.

Jaspers, Karl: *Nietzsche. Einführung in das Verständnis seines Philosophierens.* Berlin – New York 1981.

Jeismann, Michael (Hg.): *Das 19. Jahrhundert. Aufbruch in die Moderne.* München 2000.

Kaelble, Hartmut: *Wege zur Demokratie. Von der Französischen Revolution zur Europäischen Union.* Stuttgart 2001.

Kahl, Joachim: Friedrich Nietzsche – ein großes Nein und ein kleines Ja. Kritische Hinführung zu einer Schlüsselfigur der deutschen Philosophie aus der Sicht eines skeptischen Humanismus. In: *Aufklärung und Kritik.* Sonderheft 4. Nürnberg 2000, 5-13, http://www.gkpn.de/AuK_SoHeft4_2000_Nietzsche.pdf (Link vom 1. Januar 2012).

Kennan, George F., *The Decline of Bismarck's European Order: Franco-Russian Relations, 1875-1890.* Princeton (N.J.) 1979.

Kirchhoff, Bodo: Unser aller Größenwahn. Über die Krise und das böse Erwachen. In: *DER SPIEGEL* 16 (2009), 144f.

Klueting, Harm: Das *Konfessionelle Zeitalter 1525-1648.* Stuttgart 1989.

Kneif, Tibor: Wagner und der Antisemitismus. In: Ders.: *Die Kunst und die Revolution. Das Judentum in der Musik. Was ist deutsch?* Herausgegeben und kommentiert von Tibor Kneif. München 1975, 114-130.

Koch, Gerhard R.: Die Welt als Wahn im Klang. In: Jeismann, Michael (Hg.): *Das 19. Jahrhundert. Aufbruch in die Moderne.* München 2000, 83-92.

Kocka, Jürgen: *Das lange 19. Jahrhundert. Arbeit, Nation und bürgerliche Gesellschaft.* Stuttgart 2001. (Handbuch der deutschen Geschichte 13)

Kocka, Jürgen: Bürgertum und bürgerliche Gesellschaft im 19. Jahrhundert. Europäische Entwicklungen und deutsche Eigenarten. In: Ders. (Hg.): *Bürgertum im 19. Jahrhundert. Deutschland im europäischen Vergleich.* 3 Bde. München 1988, I, 11-76.

Kohler, Georg: „Gott ist tot!" na und – In: *Friedrich Nietzsche. Wende-punkt der Moderne*. Zürich 1998, 21-24. (Du 684)

Koselleck, Reinhart (Hg.): *Studien zum Beginn der modernen Welt*. Stuttgart 1977. (Industrielle Welt 20)

Koselleck, Reinhart: *Kritik und Krise. Ein Beitrag zur Pathogenese der bürgerlichen Welt*. Freiburg i. Br. – München [2]1969 (1959).

Krug, Wilhelm Traugott: *Allgemeines Handwörterbuch der philosophi-schen Wissenschaften, nebst ihrer Literatur und Geschichte*. Nach dem heutigen Standpunkte der Wissenschaft bearbeitet und herausge-geben von Wilhelm Traugott Krug. Leipzig [2]1832-1838 (1827-1834).

Krüger, Hans-Peter: *Zwischen Lachen und Weinen*. Band 2: Der dritte Weg Philosophischer Anthropologie und die Geschlechterfrage. Ber-lin 2001.

Laska, Bernd A.: Nietzsches initiale Krise. Die Stirner-Nietzsche-Frage in neuem Licht. In: *Germanic Notes and Reviews* (33/2). Herbst 2002, S. 109-133. Siehe auch http://www.lsr-projekt.de/nietzsche.html (Link vom 22. Januar 2012).

Leis, Mario: *Frauen um Nietzsche*. Reinbek bei Hamburg 2000.

Lepsius, Mario Rainer: Soziologische Theoreme über die Sozialstruktur der „Moderne" und die „Modernisierung". In: Koselleck, Reinhart (Hg.): *Studien zum Beginn der modernen Welt*. Stuttgart 1977, 10-29.

Le Rider, Jacques: *Malwida von Meysenbug (1816-1903). Une Europé-enne du XIXe siècle*. Paris 2005.

Lévêque, Jean-Jacques: *Les années impressionnistes 1870-1889*. Paris 1990.

Lingner, Michael: Der Ursprung des Gesamtkunstwerkes aus der Un-möglichkeit „Absoluter Kunst". Zur rezeptionsästhetischen Typologi-sierung von Philipp Otto Runges Universalkunstwerk und Richard Wagners Totalkunstwerk. In: Szeemann, Harald (Hg.): *Der Hang zum Gesamtkunstwerk. Europäische Utopien seit 1800*. Katalog der Wanderausstellung im Kunsthaus Zürich, 11. Feb. bis 30. April 1983 etc. Aarau – Frankfurt am Main 1983, 52-69.

Lorenz, Konrad: *Der Abbau des Menschlichen*. München 1983.

Lütteken, Laurenz (Hg.): *Kunstwerk der Zukunft. Richard Wagner und Zürich (1849-1858)*. Unter Mitarbeit von Eva Martina Hanke. Kata-log zur Ausstellung „Kunstwerk der Zukunft – Richard Wagner und Zürich (1849-1858)", Museum Bärengasse Zürich, 25. Juni bis 16. November 2008. Zürich 2008.

Malisch, Kurt: *Richard Wagner und Frankreich. Frankreich und Richard Wagner. / Richard Wagner et la France. La France et Richard Wagner.* s. a., http://www.bayern-france.info/pdf/Kapitel_10_Beitrag_1_neu.pdf (Link vom 1. Januar 2012).

Mann, Thomas: Leiden und Größe Richard Wagners. In: Ders.: *Leiden und Größe der Meister.* Frankfurt am Main 1974, 73-136. (Bibliothek Suhrkamp 389)

Manzoni, Giacomo: Interesse an Wagner. In: *Michael Bakunin, Gottfried Semper, Richard Wagner und der Dresdner Mai-Aufstand 1849.* Symposium des Forschungsinstituts der Friedrich-Ebert-Stiftung am 27. Oktober 1995 in Dresden. Herausgegeben von der Friedrich-Ebert-Stiftung. Bonn 1995, 87-98.

Marquard, Odo: Gesamtkunstwerk und Identitätssystem. Überlegungen im Anschluss an Hegels Schellingkritik. In: Szeemann, Harald (Hg.): *Der Hang zum Gesamtkunstwerk. Europäische Utopien seit 1800.* Katalog der Wanderausstellung im Kunsthaus Zürich, 11. Feb. bis 30. April 1983 etc. Aarau – Frankfurt am Main 1983, 40-49.

Matussek, Matthias: Das katholische Abenteuer. Vom Mut, der Moderne ein Ärgernis zu bleiben. In: *DER SPIEGEL* 18 (2011), 136-138.

Mazenauer, Beat: Der Wille zur Perversion. Nietzsche im Dienst der Nationalsozialisten. In: *Friedrich Nietzsche. Wendepunkt der Moderne.* Zürich 1998, 62f. (Du 684)

Metken, Günter: „Die Wiedergeburt des Musikdramas aus dem Geiste der Kunstgeschichte". Richard Wagner und die Künste. Aus Anlass des *Rings* von Pierre Boulez und Patrice Chéreau, Bayreuth 1978. In: Szeemann, Harald (Hg.): *Der Hang zum Gesamtkunstwerk. Europäische Utopien seit 1800.* Katalog der Wanderausstellung im Kunsthaus Zürich, 11. Feb. bis 30. April 1983 etc. Aarau – Frankfurt am Main 1983, 70-83.

Meyer-Hepner, Gertrud: *Malwida von Meysenbug.* Berlin – Leipzig 1948.

Meyers Großes Konversations-Lexikon. Ein Nachschlagewerk des allgemeinen Wissens. Leipzig 1909.

Meysenbug, Malwida von: *Ausgewählte Schriften.* Herausgegeben von Sabine Hering et al. Königstein/Taunus 2000.

Meysenbug, Malwida von: *Memoiren einer Idealistin und ihr Nachtrag: Der Lebensabend einer Idealistin.* 2 Bde. Berlin 1917. (= *Memoiren* bzw. *Lebensabend*)

Michels, Ulrich: *dtv-Atlas Musik.* 2 Bde. München 2005.

Möbius, Paul Julius: *Über das Pathologische bei Nietzsche.* Wiesbaden 1902. (Grenzfragen des Nerven- und Seelenlebens 17)

Mosse, Werner: Adel und Bürgertum im Europa des 19. Jahrhunderts. Eine vergleichende Betrachtung. In: Kocka, Jürgen (Hg.): *Bürgertum im 19. Jahrhundert. Deutschland im europäischen Vergleich.* 3 Bde. München 1988, II, 276-314.

Müller, Sven Oliver: Einführung – Geschichte als Oper: Überlegungen zum Nutzen des Musiktheaters für die Geschichtswissenschaft. In: Wischermann, Clemens et al. (Hgg.): *GeschichtsBilder: 46. Deutscher Historikertag in Konstanz vom 19. bis 22. September 2006.* Berichtsband. Konstanz 2007, 136.

Nietzsche, Friedrich: *Briefwechsel. Kritische Gesamtausgabe.* Begründet und herausgegeben von Giorgio Colli und Mazzino Montinari, weitergeführt von Norbert Miller und Annemarie Pieper. Berlin etc. 1975-2004. (= KGB)

Nietzsche, Friedrich: *Werke. Kritische Gesamtausgabe.* Begründet von Giorgio Colli und Mazzino Montinari, weitergeführt von Volker Gerhardt et al. Berlin – New York 1967- . (= KGW)

Nietzsche, Friedrich: *Sämtliche Werke. Kritische Studienausgabe.* Herausgegeben von Giorgio Colli und Mazzino Montinari. München etc. 1980. (= KSA)

Nietzsche, Friedrich: *Werke in drei Bänden.* Herausgegeben von Karl Schlechta. Darmstadt 1997. (= *Werke*)

Orfei, Nadja-Irena: *Wiener Spaziergänge mit Wagner. Daniel Spitzers satirischer Blick auf Richard Wagner.* Diss. Freiburg (CH) 2007. eThesis: http://ethesis.unifr.ch/theses/downloads.php?file=OrfeiN.pdf (Link vom 22. Januar 2012).

Paletschek, Sylvia: Frauen und Säkularisierung Mitte des 19. Jahrhunderts. Das Beispiel der religiösen Oppositionsbewegung des Deutschkatholizismus und der freien Gemeinden. In: Schieder, Wolfgang (Hg.): *Religion und Gesellschaft im 19. Jahrhundert.* Stuttgart 1993, 300-317. (Industrielle Welt 54)

Paletschek, Sylvia: *Frauen und Dissens. Frauen im Deutschkatholizismus und in den freien Gemeinden 1841 – 1852.* Göttingen 1990.

Pauls, Birgit: *Giuseppe Verdi und das Risorgimento. Ein politischer Mythos im Prozess der Nationenbildung.* Berlin 1996.

Pfeiffer, Ernst (Hg.): *Friedrich Nietzsche – Paul Rée – Lou von Salomé. Die Dokumente ihrer Begegnung.* Frankfurt am Main 1970.

Precht, Richard David: Immer mehr ist immer weniger. Wer bestimmt eigentlich über den Fortschritt? In: *DER SPIEGEL* 5 (2011), 128f.

Precht, Richard David: *Wer bin ich – und wenn ja, wie viele? Eine philosophische Reise.* München [11]2007.

Raabe, Paul: *Spaziergänge durch Nietzsches Sils-Maria.* [6]2005 (1994).

Rath, Norbert: „Die biographische Wahrheit ist nicht zu haben" – Nietzsches und Freuds Kritik der Biographik. In: *Psychologie und Geschichte* Jg. 8, Heft 3/4 (2000), 281-298.

Rath, Norbert: Zur Nietzsche-Rezeption Horkheimers und Adornos. In: van Reijen, Willem / Schmid Noerr, Gunzelin (Hgg.): *Vierzig Jahre Flaschenpost: „Dialektik der Aufklärung" 1947-1987.* Frankfurt am Main 1987, 73-110. (Fischer Taschenbuch 6566)

Rattner, Josef: Richard Wagner im Lichte der Tiefenpsychologie. In: Müller, Ulrich / Wapnewski, Peter (Hgg.): *Richard-Wagner-Handbuch.* Stuttgart 1986, 777-791.

Ross, Werner: *Der ängstliche Adler. Friedrich Nietzsches Leben.* Stuttgart 1980.

Russell, Bertrand: Die geistigen Väter des Faschismus. In: Ders.: *Lob des Müßiggangs.* München [4]2006 (2002), 89-117.

Safranski, Rüdiger: *Romantik. Eine deutsche Affäre.* München 2007.

Safranski, Rüdiger: *Nietzsche. Biografie seines Denkens.* München – Wien 2000.

Safranski, Rüdiger: Nietzsche Übermensch. Kammerspiel oder Weltdrama. Ambivalenzen. In: *Friedrich Nietzsche. Wendepunkt der Moderne.* Zürich 1998, 42-45. (Du 684)

Salber, Linde: *Lou Andreas-Salomé. Mit Selbstzeugnissen und Bilddokumenten.* Reinbek [6]2004 (1990). (Rowohlts Bildmonographien 463)

Schad, Martha: *Ludwig II.* München [6]2006. (dtv portrait 31033)

Schaefer, Iris et al.: *Impressionismus. Wie das Licht auf die Leinwand kam.* Katalog anlässlich der Ausstellung „Impressionismus – Wie das Licht auf die Leinwand kam" im Wallraf-Richartz-Museum & Fondation Corboud, Köln, im Palazzo Strozzi, Florenz, und in der Albertina Wien. Texte von Iris Schaefer, Caroline von Saint-George, Katja Lewerentz, Heinz Widauer und Gisela Fischer. Mailand 2009.

Schäfers, Bernhard: *Stadtsoziologie. Stadtentwicklung und Theorien – Grundlagen und Praxisfelder.* Wiesbaden 2006. (Soziologie der Architektur und der Stadt 2)

Schahadat, Schamma: „Ein kostbares Stelldichein": Lou Andreas-Salomé. In: *Friedrich Nietzsche. Wendepunkt der Moderne.* Zürich 1998, 82. (Du 684)

Schain, Richard: *The Legend of Nietzsche's Syphilis.* Westport (CT) 2001. (Contributions in Medical Studies 46).

Scherrer, Paul / Wysling Hans: *Quellenkritische Studien zum Werk Thomas Manns.* Bern – München 1967. (Thomas-Mann-Studien 1)

Schleicher, Berta (Hg.): *Briefe von und an Malwida von Meysenbug.* Berlin 1920.

Schleicher, Berta: *Malwida von Meysenbug. Ein Lebensbild zum hundertsten Geburtstag der Idealistin.* Berlin 1916.

Schneede, Uwe M.: *Vincent van Gogh. Leben und Werk.* München 2003.

Schneider, Manfred: Halkyonische Töne. Nietzsche der Sprachkünstler. In: *Friedrich Nietzsche. Wendepunkt der Moderne.* Zürich 1998, 84f. (Du 684)

Schneller, Daniel: *Richard Wagners „Parsifal" und die Erneuerung des Mysteriendramas in Bayreuth. Die Vision des Gesamtkunstwerks als Universalkultur der Zukunft.* Bern 1997.

Scholz, Dieter David: *Richard Wagner. Eine europäische Biographie.* Berlin 2006.

Schopenhauer, Arthur: *Die Welt als Wille und Vorstellung.* München 1998.

Schorske, Carl E.: *Wien. Geist und Gesellschaft im Fin de siècle.* Frankfurt am Main 1982.

Schubert, Giselher: Die Zeit des Übergangs. Stilkunde der Musik des 20. Jahrhunderts – Folge I: Spätromantik oder Moderne. In: *Fono Forum* 1 (2008), 28-31.

Séginger, Gisèle (Hg.): *Spiritualités d'un monde désenchanté.* Actes du colloque de Strasbourg „Spiritualité profane et spiritualité religieuse", 6-7 mars 1997. Strasbourg 1998.

Seljak, Anton: *Der Umbruch zur Moderne im Klang. Gustav Mahlers Suche nach der musikalischen Weltformel.* Norderstedt [6]2012 (2011).

Seljak, Anton: *Richard Wagner und das Judentum. Feindschaft aus Nähe? Anmerkungen und Reflexionen.* Norderstedt 2011.

Seljak, Anton: Intertextualität (Michail Bachtin, Julia Kristeva, Gérard Genette). In: Schmid, Ulrich (Hg.): *Literaturtheorien des 20. Jahrhunderts.* Stuttgart 2010(a), 76-98.

Seljak, Anton: Literatursoziologie (Niklas Luhmann, Pierre Bourdieu, Lucien Goldmann). In: Schmid, Ulrich (Hg.): *Literaturtheorien des 20. Jahrhunderts.* Stuttgart 2010(b), 223-245.

Simmel, Georg: Die Großstädte und das Geistesleben. In: *Die Großstadt. Vorträge und Aufsätze zur Städteausstellung.* Jahrbuch der Gehe-Stiftung zu Dresden. Herausgegeben von Theodor Petermann. Band 9. Dresden 1903, 185-206, http://socio.ch/sim/verschiedenes/1903/grossstaedte.htm (Link vom 1. Januar 2012)

Simmel, Georg: Die Kreuzung sozialer Kreise. In: Ders.: *Soziologie. Untersuchung über die Formen der Vergesellschaftung.* Berlin ⁵1968 (1908), 305-344. (Gesammelte Werke, Bd. 2)

Sloterdijk, Peter: Doktor Wenn und Doktor Aber. Die Figur des Hochstaplers gehört ins Zentrum der modernen Kultur. In: *DER SPIEGEL* 49 (2011), 124-128.

Sloterdijk, Peter: Ich sage euch: man muss noch Chaos in sich haben, um einen tanzenden Stern gebären zu können. In: Heymann, Thomas / Schneider, Jochen (Hgg.): *Festschrift für Michael Bartsch zum 60. Geburtstag.* Karlsruhe 2006. (http://www.bartsch-partner.com/media/docs/mb/festschrift/sloterdijk.pdf; Link vom 22. Januar 2012)

SPIEGEL special Geschichte 3/2007: *Preußen. Der kriegerische Reformstaat.* Hamburg.

Stachel, Peter / Ther, Philipp (Hgg.): *Wie europäisch ist die Oper? Die Geschichte des Musiktheaters als Zugang zu einer kulturellen Topographie Europas.* Wien 2008. (Die Gesellschaft der Oper. Musikkultur europäischer Metropolen im 19. und 20. Jahrhundert 3)

Stähr, Wolfgang: VII. Symphonie in e-Moll. Werkbetrachtung und Essay. In: Ulm, Renate (Hg.): *Gustav Mahlers Symphonien. Entstehung – Deutung – Wirkung.* Kassel ⁴2007, 204-222. (Bärenreiter Werkeinführungen)

Steingart, Gabor: Das ist doch nicht normal. Wie sich die Verlässlichkeit aus unserem Leben verabschiedet. In: *DER SPIEGEL* 10 (2011), 136f.

Strauss, Botho: *Vom Aufenthalt.* München 2009.

Szeemann, Harald (Hg.): *Der Hang zum Gesamtkunstwerk. Europäische Utopien seit 1800.* Katalog der Wanderausstellung im Kunsthaus Zürich, 11. Feb. bis 30. April 1983 etc. Aarau – Frankfurt am Main 1983.

Szeemann, Harald: „Vorbereitungen". In: Ders. (Hg.): *Der Hang zum Gesamtkunstwerk. Europäische Utopien seit 1800.* Katalog der Wanderausstellung im Kunsthaus Zürich, 11. Feb. bis 30. April 1983 etc. Aarau – Frankfurt am Main 1983, 16-19.

Taureck, Bernhard H. F.: *Nietzsche und der Faschismus. Eine Studie über Nietzsches politische Philosophie und ihre Folgen.* Hamburg 1989.

Tegtmeier-Breit, Annegret (Red.): *Die Korrespondenzen der Malwida von Meysenbug.* 3 Teile (I: Briefregesten 1827-1873, II: Briefregesten 1874-1893, III: Briefregesten 1894-1903, Register). Redaktion und Einleitung: Tegtmeier-Breit, Annegret. Detmold 2000-2001. (Veröffentlichungen der staatlichen Archive des Landes Nordrhein-Westfalen. Reihe C, Quellen und Forschungen, Band 46)

Tegtmeier-Breit, Annegret: Lebensweg und Lebenswelt Malwida von Meysenbugs (Teil 1). In: *Die Korrespondenzen der Malwida von Meysenbug.* I: Briefregesten 1827-1873. Redaktion und Einleitung: Tegtmeier-Breit, Annegret. Detmold 2000, 15-68. (Veröffentlichungen der staatlichen Archive des Landes Nordrhein-Westfalen. Reihe C, Quellen und Forschungen, Band 46)

Tegtmeier-Breit, Annegret: Lebensweg und Lebenswelt Malwida von Meysenbugs (Teil 2). In: *Die Korrespondenzen der Malwida von Meysenbug.* II: Briefregesten 1874-1893. Redaktion und Einleitung: Tegtmeier-Breit, Annegret. Detmold 2001, 9-22. (Veröffentlichungen der staatlichen Archive des Landes Nordrhein-Westfalen. Reihe C, Quellen und Forschungen, Band 46)

Thadeusz, Frank: Explosion des Wissens. In: *DER SPIEGEL* 31 (2010), 126f.

Ther, Philipp: *In der Mitte der Gesellschaft: Operntheater in Zentraleuropa 1815-1914.* (Eröffnungsstück für ein internationales Forschungsprojekt über „Die Oper im Wandel der Gesellschaft. Die Musikkulturen europäischer Metropolen im ,langen' 19. Jahrhundert") Wien 2006. (Die Gesellschaft der Oper)

Thieme, Götz: Riss durch die Welt. Die Symphonien Gustav Mahlers. In: *Fono Forum* 11 (2008), 44-47.

Thomä, Dieter: *Totalität und Mitleid. Richard Wagner, Sergej Eisenstein und unsere ethisch-ästhetische Moderne.* Frankfurt am Main 2006. (Suhrkamp Taschenbuch Wissenschaft 1765)

Tietz, Gunther (Hg.): *Malwida von Meysenbug. Ein Portrait.* Frankfurt am Main – Berlin – Wien 1985. (Ullstein-Buch 30175: Die Frau in der Literatur)

Tilly, Richard: Unternehmermoral und -verhalten im 19. Jahrhundert. Indizien deutscher Bürgerlichkeit. In: Kocka, Jürgen (Hg.): *Bürgertum im 19. Jahrhundert. Deutschland im europäischen Vergleich.* 3 Bde. München 1988, II, 35-64.

Valéry, Paul: *Cahiers.* Tome I. Edition établie, présentée et annotée par Judith Robinson. Paris 1973. (Bibliothèque de la Pléiade 242)

Venturelli, Aldo: *Kunst, Wissenschaft und Geschichte bei Nietzsche.* Quellenkritische Untersuchungen. Berlin 2003. (Monographien und Texte zur Nietzsche-Forschung 47)

Vogt, Mario-Felix / Leikert, Sebastian / Oberhoff, Bernd: „Tönend bewegte Psyche". Musik und Psychoanalyse. In: *Fono Forum* 7 (2010), 30-34.

Volz, Pia Daniela: *Nietzsche im Labyrinth seiner Krankheit. Eine medizinisch-biographische Untersuchung.* Würzburg 1990.

Voss, Egon: Der symphonische Wagner. Zur Matinee des BR-Symphonieorchesters. In: *Lucerne Festival zu Ostern, 8.-16. März 2008. Konzertprogramm 3*, 60-66.

Voss, Egon: *Richard Wagner. Dokumentarbiographie.* München – Mainz 1983.

Vratz, Christoph: Ästhetische Elefantiasis. In: *Fono Forum* 7 (2010), 18-23.

Wagner, Richard: *Werke, Schriften und Briefe.* Elektronische Daten. Herausgegeben von Sven Friedrich. Berlin 2004. (Digitale Bibliothek 107) (= *Werke, Schriften und Briefe*)

Wagner, Richard: *Dichtungen und Schriften.* Jubiläumsausgabe in zehn Bänden. Herausgegeben von Dieter Borchmeyer. Frankfurt am Main 1983. (= *Dichtungen und Schriften*)

Wagner, Richard: *Das Judentum in der Musik.* In: Ders.: *Die Kunst und die Revolution. Das Judentum in der Musik. Was ist deutsch?* Herausgegeben und kommentiert von Tibor Kneif. München 1975, 51-77. (= *Das Judentum in der Musik* [1850])

Wagner, Richard: *Sämtliche Briefe*. Herausgegeben im Auftrage der Richard-Wagner-Stiftung Bayreuth von Gertrud Strobel et al. Leipzig 1967- . (= Briefe)

Wagner, Richard: *Mein Leben*. Erste authentische Veröffentlichung. Vorgelegt und mit einem Nachwort von Martin Gregor-Dellin. München 1963. (= Mein Leben)

Wagner, Richard: *Sämtliche Schriften und Dichtungen*. Volksausgabe. Leipzig ^{6}1912-1914. (= Sämtliche Schriften und Dichtungen)

Wagner, Richard: *Gesammelte Schriften und Dichtungen*. Leipzig ^{3}1897-1898. (= Gesammelte Schriften und Dichtungen)

Wagner, Richard: *Das Judentum in der Musik*. Leipzig 1869 (Fassung von 1869 im Kontext mit dem öffentlichen Brief an Gräfin Marie Muchanov). http://mydocs.strands.de/MyDocs/05845/05845.pdf (Link vom 22. Januar 2012) (= Das Judentum in der Musik [1869)

Walser Smith, Helmut: *Fluchtpunkt 1941. Kontinuitäten der deutschen Geschichte*. Stuttgart 2010.

Walther, Helmut: *Nietzsche als Komponist*. Vortrag beim Seminar der Gesellschaft für kritische Philosophie in Kottenheide zu Nietzsches 100. Todestag vom 15.-17. Oktober 2000, http://www.f-nietzsche.de/n_komp.htm (Link vom 1. Januar 2012).

Wapnewski, Peter: *Der traurige Gott. Richard Wagner in seinen Helden*. München 1978.

Wehler, Hans-Ulrich: *Von der „Deutschen Doppelrevolution" bis zum Beginn des Ersten Weltkrieges, 1849-1914*. München 1995. (Deutsche Gesellschaftsgeschichte 3)

Wehler, Hans-Ulrich: *Von der Reformära bis zur industriellen und politischen „Deutschen Doppelrevolution", 1815-1845/49*. München ^{2}1989. (Deutsche Gesellschaftsgeschichte 2)

Weisstein, Ulrich: Einleitung. Literatur und bildende Kunst: Geschichte, Systematik, Methoden. In: Ders. (Hg.): *Literatur und Bildende Kunst. Ein Handbuch zur Theorie und Praxis eines komparatistischen Grenzgebietes*. Berlin 1992, 11-33.

Welsch, Ursula / Wiesner, Michaela: *Lou Andreas-Salomé. Vom „Lebensurgrund" zur Psychoanalyse*. München – Wien 1988.

White, Harry et al. (Hgg.): *Musical Constructions of Nationalism: Essays on the History and Ideology of European Musical Culture, 1800-1945*. Cork 2001.

Whittle, Ruth / Pinfold, Debbie: *Voices of Rebellion. Political Writing by Malwida von Meysenbug, Fanny Lewald, Johanna Kinkel and Louise Aston*. Oxford 2005.

Wiesner-Bangard, Michaela / Welsch, Ursula: *Lou Andreas-Salomé. „... wie ich Dich liebe, Rätselleben"*. *Eine Biographie*. Leipzig 2002. (Reclam Bibliothek Leipzig 20039)

Wittenauer, Volker: *Im Dienste der Macht: Kultur und Sprache am Hof der Hohenzollern. Vom Großen Kurfürst bis zu Wilhelm II*. Paderborn 2007.

Zelinsky, Hartmut: Verfall, Vernichtung, Weltentrückung. Richard Wagners antisemitische Werk-Idee als Kunstreligion und Zivilisationskritik und ihre Verbreitung bis 1933. In: Friedländer, Saul / Rüsen, Jörn (Hgg.): *Richard Wagner im Dritten Reich*. Ein Schloss Elmau-Symposion. München 2000, 309-341.

Zorn, Wolfgang: Verdichtung und Beschleunigung des Verkehrs als Beitrag zur Entwicklung der „modernen Welt". In: Koselleck, Reinhart (Hg.): *Studien zum Beginn der modernen Welt*. Stuttgart 1977, 115-134.

Zweig, Stefan: *Der Kampf mit dem Dämon. Hölderlin, Kleist, Nietzsche*. Frankfurt am Main [2]2009 (2007). (Fischer Taschenbücher 12186)

Nietzsche-Diskographie (Auswahl)

Klavierkompositionen. Carsten Storm. Culex-Verlag 2007.

Sämtliche Werke für Klavier solo. Michael Krücker. NCA 2008.

The music of / La musique de Friedrich Nietzsche. Lauretta Altmann, Wolfgang Bottenberg, Sven Meier, Valerie Kinslow, Erik Oland und The Orpheus Singers (Leitung: Peter Schubert). ATMA Classique 1998.

Friedrich Nietzsche: Compositions of his Youth (1857-63), Vol. 1, Lauretta Altmann, Wolfgang Bottenberg, Sven Meier, Valerie Kinslow, Erik Oland. ALBANY 1996.

Friedrich Nietzsche, Compositions of his Mature Years (1864-82), Vol. 2, Lauretta Altmann, Wolfgang Bottenberg, Sven Meier, Valerie Kinslow, Erik Oland. ALBANY 1997.

Musica di Friedrich Nietzsche. Verschiedene Interpreten. Edipan 1985 (Vinyl LP).

Weiterführende Links zur Musik Nietzsches:[374]

http://www.thenietzschechannel.com/music/music.htm

http://www.f-nietzsche.de/musik.htm

---

[374] Links vom 20. Januar 2012

Register